"창의성을 찾아 떠나는 발랄하고 유쾌한 여행. 앨런 가넷은 작가가 되는 길에 장애는 없다는 희소식을 전한다. 정말로 작가가 되기를 원하는가? 여기 창의성이 기다리고 있다."

세스 고딘Seth Godin, 《린치핀Linchpin》의 저자

"《생각이 돈이 되는 순간》은 창의성에 얽힌 그릇된 믿음, 즉 창의력이 몇 몇 제한된 소수에게만 허락된 천재의 특권이라는 신념을 여지없이 깨뜨린다. 가넷이 입증해 보이듯, 우리 모두에겐 독창적인 아이디어를 생각해내고 그것을 실현할 잠재력이 있다. 잘 알려진 인물들의 흥미로운 일화가 곳곳에 버무려진 이 책은 창의력에 관한 과학적 이론과 실제를 통해, 누구나 각자의 분야에서 비약적인 진전을 이룩할 수 있도록 안내한다."

다니엘 핑크Daniel Pink, 《파는 것이 인간이다To Sell Is Human》의 저자

"인터넷은 콘텐츠 제작자와 남다른 창작 기질을 갖춘 사람 그리고 자기 생각을 타인과 공유하고 싶어 하는 사람들을 위한 운동장을 만들어주었다. 《생각이 돈이 되는 순간》은 사람들의 교류를 가로막고 서로 이해하지 못하게 만드는 구조적 장벽을 허무는 학구적인 관점을 제공하는 한편, 모든 사람이 자신의 창작활동을 통해 어떻게 걸작을 만드는 능력을 획득할 수 있는지를 알려준다."

알렉시스 오하니언Alexis Ohanian,
이니셜라이즈드캐피털Initialized Capital과 레딧Reddit의 공동설립자

"상상력이 부족하고 생각이 경직되고 창의력이 고갈됐다고 생각하는 사람들을 위한 책. 당신이 더 이상 그런 사람이 아니라는 걸, 가넷이 확실하게 보여줄 것이다. 당신은 그저 방법을 몰랐을 뿐이다."

앤 핸들리Ann Handley, 《누구나 작가가 될 수 있다Everybody Writes》의 저자

"성공한 유명 창작가들과의 인터뷰를 통해 가넷은 창의적 발상이 한순간 스쳐 지나가는 천재성의 결과가 아니라, 올림픽 참가자들에게 메달을 안겨주는 땀의 성과라는 사실을 밝힌다. 성공한 기업가든 올림픽 메달리스트든 이들이 얻은 성공은 몇 해에 걸친 준비와 연습이 축적된 결과물이다. 이 책은 치열한 자기 탐구와 실험정신, 거장과 대가들로부터의 피드백 그리고 아이디어의 점진적인 개선책 같은 효과적인 실행법을 찾아낸다."

K. 안데르스 에릭슨K. Anders Ericsson, 플로리다 주립대학교 심리학 교수이자
《1만 시간의 재발견Peak: Secrets from the New Science of Expertise》의 공동저자

"놀라울 정도로 창의적이며 실용적인 책이다. 창의력이란 번개가 번쩍이는 천재의 순간이 아닌, 지속적인 영감과 창조적 성공을 찾아 불을 밝히고 탐구하는 흥미로운 과정이라는 사실을 역설한다."

숀 앵커Shawn Anchor, 《거대한 잠재력Big Potential》의 저자

"이 책은 디지털 마케터들의 필독서다. 우리가 하는 일은 고객의 마음을 움직이는 놀라운 이야기를 들려주는 것이다. 가넷은 이런 기술을 연마하는 것이 가능할 뿐 아니라, 이런 기술을 갖추면 훌륭한 로드맵을 가질 수 있다고 분명히 밝힌다."

비벌리 잭슨Beverly Jackson,
MGM리조트인터내셔널MGM Resorts International의 사회전략 부사장

"사업의 혁신을 꾀하는 사람에게 강력히 추천한다. 앨런 가넷은 이 시대 그 누구보다 민첩한 두뇌를 가진 기업가이자 작가다. 그의 저술은 참신하고 감칠맛 나며 상쾌할 만큼 재미가 있어 단숨에 읽게 된다. 그 이상을 원한다면 직접 확인해보라."

셰인 스노Shane Snow, 《드림팀Dream Teams》《스마트컷Smartcuts》의 저자

THE
CREATIVE
CURVE

THE

생각이 돈이 되는 순간

전 세계가 열광한 빅히트 아이디어의 비밀

앨런 가넷 지음
이경남 옮김

CREA-
TIVE
CURVE

RHK
알에이치코리아

ALLEN GANNETT

★★★ 세스 고딘, 다니엘 핑크 강력 추천! / 〈포브스〉 선정 '30세 이하 리더 30인' ★★★

성공의 패턴

창의성이란 본질적으로 이런 것이다 또는 저런 것이다 하는 거짓말들은 익히 들어봤을 것이다.

오랜 세월 우리는 번개가 번쩍하는 순간에 기막힌 아이디어가 떠올랐다는 특별한 사람들의 이야기를 믿어왔다. 베스트셀러 소설을 쓰거나 찬탄을 자아내는 그림을 그리는 일, 그것도 모자라 확산 속도가 빠른 모바일 앱을 개발하는 일에도 합리적인 생각이나 논리와는 무관한 신비한 요소가 개입되곤 한다. 이러한 요소는 우리 같은 하찮은 인간이 아닌 '천재들'만의 전유물처럼 보인다.

수백 년 동안 현자와 비평가 들은 창의적 업적을 이끌어낸 특별한 개인의 에피소드와 창작가의 잠재의식, 신성한 의도에 관해 현란하게 떠들어댔고, 대중은 이 말에 아주 쉽게 설득당해왔다.

이 책의 목적은 히트한 창작품 속에 숨은 진실을 드러내는 것이다. 많은 이들이 열광한 작품 뒤에는 분명한 과학적 근거가 있다. 그리고 오늘날 우리는 신경과학의 발전 덕분에, 인기 작품을 창작하는 데 필요한 '영감'의 순간을 해독하고 구조를 밝힐 수 있는 전례 없는 능력을 갖추게 되었다.

나는 늘 패턴에 남다른 관심을 가졌고 패턴에 매혹되었으며 패턴을 찾는 데 열중해왔다. 어릴 적에는 컴퓨터 게임을 몇 시간씩 하면서도 인공지능이 어떤 식으로 작동하기에 가상의 적을 무찌르고 왕국이나 행성을 구할 수 있는지 알아내고자 패턴이 나타나길 기다렸다. 이 같은 버릇은 10대 때 게임 프로그램 출연에 대한 집착으로 이어졌고, 결과도 꽤 괜찮았다. 나의 이러한 집착은 최근 들어 두 곳에서 안주할 자리를 찾았다.

나는 낮에는 대형 브랜드 기업들이 그들의 마케팅 데이터 안에 함축된 의미, 즉 패턴을 찾도록 도와주는 회사를 운영한다. 우리 회사는 〈포천〉 500대 기업과 빠르게 성장하는 스타트업 들을 도와, 과거 데이터를 기초로 향후 최고의 성과를 올릴 수 있는 전략과 마케팅 경로를 정확히 파악할 수 있게 해준다.

나는 밤에는 히트한 창작품 속에 숨은 패턴을 찾는 일과 관련된 일이라면 뭐든지 한다. 지난 2년 동안 나는 크리에이티브 분야에서 성공한 세계적 거장들을 찾아 몇몇을 인터뷰했다. 유명 셰프부터 베스트셀러 소설가, 심지어 최고 유튜버들과 식사를 하거나 담소를 나누었고, 소위 '천재 크리에이터'라고 불리는 이 시대의 리더들과 스카이프로 대화하기도 했다. 또 창의성, 천재성, 신경과학 연구 분야에서 내로라하는 학자들과도 이야기 나눌 기회를 가졌다.

그렇게 해서 내가 알아낸 것이 무엇일까?

결국 창의성을 둘러싼 신화는 신화에 불과하다는 사실이다. 이는 엑스맨처럼 남다른 초능력을 가지고 태어나지 않아도, 위대한 예술작품을 창조하거나 큰 기업을 이룰 수 있다는 말이다. 사실, 히트작을 낸 크리에이터들은 이를 만들기 위해 지렛대로 활용하는 패턴이 있었다. 그리고 이는 대부분의 사람들이 이용할 수 있는 패턴이다. 직관적이긴 하지만 배울 수 있으며, 신비주의와는 아무런 관련이 없다. 환각제를 들이마시지 않아도, 놀랍고 위력적인 영감과 통찰의 순간을 맞이할 수 있다.

앞으로 이 책에서 소개할 내용을 토대로 삼는다면, 당신도 크리에이티브 분야에서 세계 최고의 천재들이 이룩한 것을 '의도적으로' 따라 할 수 있고, 이를 통해 당신만의 위대한 아이디어를 창작해내고 실행하며 목표에 조금씩 다가설 수 있을 것이다.

그럼, 이제 시작해보자.

앨런 가넷

PART 1 크리에이티브에 관한 거짓말

THE MYTHOLOGY OF CREATIVITY

PART 2 **돈이 되는 크리에이티브의 법칙**

THE LAW OF THE CREATIVE CURVE

THE CREATIVE CURVE

크리에이티브에 관한 거짓말

THE MYTHOLOGY
OF CREATIVITY

어떤 아이디어가 갑자기 의식 위로 떠오르는 '영감의 순간'이 있다.
어디에서 비롯되었는지는 잘 모르지만, 창작에 임하는
사람들에게 나타나는 이런 초자연적인 재능이야말로
'영감의 폭발'로 이어지는 예기치 못한 순간의 본질이다.

01
꿈이 만든 작품

1963년 11월.

폴 매카트니Paul McCartney는 잠에서 깼지만[1] 꿈속에서 들은 멜로디가 머릿속을 떠나지 않았다. 스물한 살의 팝스타는 런던 한복판 윔폴스트리트[2] 57번지 꼭대기 층에 살고 있었다. 그는 침대에서 일어나 방 한구석에 놓인 작은 피아노로 엉거주춤 다가갔다.

'어떤 식으로 진행되었더라?'

그는 피아노 앞에 앉아 꿈에서 들은 음표들을 되살려내려 했다. 아주 익숙한 멜로디였다는 생각이 들었다. 용케도 악절이 짜 맞춰졌나. G, F#m7, B, Em, E. 그는 그 멜로디를 반복해서 연주했다. 멜로디 진행 방식이 마음에 들었지만 아무리 생각해도 예전에 한 번 들었다가 희미하게 잊힌 노래 같았다. 이미 있는 멜로디가 아닌지

불안했다. '너무 익숙해'라고 생각하며 '어디서 들었지?'라고 물었다.

매카트니가 꿈에서 들은 선율은 '예스터데이Yesterday'란 이름으로 탄생했다. 세계 음악 역사상 가장 많이 녹음되고 3,000개 이상의 다른 버전으로 편곡된 명곡이다. 이 노래는 미국 TV와 라디오에서 700만 번 이상 전파를 탔고[3] 사상 네 번째로 많은[4] 수익을 올렸다.

매카트니 자신도 이렇게 말했다. "이 곡은 세기를 강타하는 노래가 될 거야." 실제로 '예스터데이'는 20세기 최고의 히트곡이라고 해도 과언이 아니다. 그리고 이 노래는 분명 꿈이 만들어낸 결과물이다. 그는 TV 다큐멘터리 〈비틀스 앤솔로지The Beatles Anthology〉에서 그때의 경험으로 창작활동에 대한 생각이 크게 바뀌었다고 말했다. "놀랍게도 그 곡은 꿈속에서 다가왔어요. 뭘 좀 아는 척 큰소리칠 수 없는 것도 그 때문입니다. 음악은 정말 신비스러워요."

느닷없이 나타난 폴 매카트니의 선율은 번뜩이는 천재성이 예술적 창의성으로 이어진 고전적인 사례다. 어떤 아이디어가 갑자기 의식 위로 떠오르는 '영감의 순간'이 있다. 어디에서 비롯되었는지는 잘 모르지만, 창작에 임하는 사람들에게 나타나는 이런 초자연적인 재능이야말로 '영감의 폭발'로 이어지는 예기치 못한 순간의 본질이다. 그들은 샤워를 하거나 달리거나 걷다가 멋진 아이디어가 떠오르는 순간을 경험한다.

J. K. 롤링J. K. Rowling이 런던으로 가는 열차 안에서《해리포터Harry Potter》를 떠올리고, 모차르트가 힘들이지 않고 곡을 풀어내는 등의 이야기는 내가 '창의력에 관한 영감 이론Inspiration Theory of Creativity'이

라 부르는 것의 현대식 버전이다. 이렇게 주장하는 사람들은 히트한 창작품이란 예기치 않은 천재성이 번뜩이는 순간 나타나는 신비스러운 내면의 결과물이라고 말한다. 우리 문화 역시 천부적인 재능을 가지고 태어난 고고한 존재가 순수한 영감을 통해 대단한 작품을 만들어낸다는 생각을 의심 없이 받아들여 왔다.

더구나 이런 생각은 음악이나 문학 같은 전통적인 예술에만 국한되지 않는다. 디지털 시대, 천재의 원형이라고 할 수 있는 스티브 잡스Steve Jobs가 창의성을 유기적 과정이라고 설명한 말은 세간에 자주 인용된다. 그는 말했다. "어떻게 그런 대단한 일을 했느냐는 질문을 받으면[5] 창작가로서 약간의 죄의식을 갖게 된다. 그런 대단한 일을 실제로 '한' 것이 아니라 그저 '보았을' 뿐이기 때문이다."

창의력에 관한 영감 이론은 요즘 대다수의 사람이 창작활동의 위대함을 바라보는 방식을 지배한다. 그런데 왜 이같이 갑작스러운 영감의 순간이 일어나는 것일까? IQ 천재이기 때문이라는 설명이 유일한가? 이런 창의적 순간의 상황을 연구한다면, 영감 이론의 타당성 여부를 증명할 수 있을까?

원곡을 찾아서

매카트니에게 '예스터데이'의 선율이 다가온 그날도, 늘 그랬듯게으름을 피워도 괜찮은 그런 아침이었다. 그와 여자 친구 제인은 런던의 식당이나 클럽에서 밤늦게까지 시간을 보내는 일이 잦았기에, 여느 때처럼 정오쯤에 눈을 떴다.

눈을 뜨는 순간 떠오른 선율이 너무 또렷하고 매우 간결해서 매카트니는 마음 한구석이 켕겼다. 선율은 세련됐고 정말 완벽했다. 이를 그대로 옮겼다가는 본의 아니게 표절 시비에 말릴 수 있겠다는 생각까지 들었다. '아버지가 자주 연주했던 클래식이었나?' '스테어웨이 투 파라다이스Stairway to Paradise인가?' '시카고Chicago?' '룰러바이 오브 더 리브스Lullaby of the Leaves인가?'

이미 많은 히트곡을 냈음에도 비틀스는 곡을 쓰는 일에는 늘 진지했다. 한 인터뷰에서 존 레넌John Lonnon은 그들의 첫 번째 넘버원 싱글 '플리즈 플리즈 미Please Please Me'를 쓸 때 얼마나 치밀하게 작업했는지 설명했다. "우리는 가능한 한 단순하게 곡을 만들려고 했어요. …… 이 곡을 히트 퍼레이드에 곧장 진입시키는 것이 목표였습니다. '로이 오비슨Roy Orbison' 같은 노래를 쓸 생각이었죠."

매카트니에게 있어 '예스터데이'는 평소 그의 작곡 방식으로 볼 때 분명 예외적인 경우였다. '예스터데이'의 음조는 재즈 선율 같았다. 나중에 그는 말했다. "아버지는 흘러간 재즈가락을 많이 알았어요. 그때 들었던 음악이 기억에서 되살아난 것이 아닐까 생각했죠."

매카트니는 혹시 이 선율을 아는 사람이 있는지 알고 싶어 친구들을 찾았다. 제일 먼저 작곡 파트너인 존 레넌에게 물었다. 레넌은 처음 듣는 곡이라고 했다. 그래도 의심쩍었던 매카트니는 많은 히트곡을 낸 친구 라이오넬 바트Lionel Bart에게 물었다. 선율을 흥얼거리는 매카트니 앞에서 바트는 멀뚱한 표정을 지었다.

그래도 확신이 서지 않은 매카트니는 좀 더 확인해보기로 했다. 나이도 좀 있고 경험도 많아서 이 의심을 분명하게 정리해줄 사람은 없을까? 그는 '드림보트Dreamboat' 외에 16곡을 히트시킨 영국 가수 알마 코건Alma Cogan을 찾아갔다. 이 노래를 알아들을 만한 사람이 있다면 분명 그녀일 것이라고 생각했기 때문이다. 매카트니가 꿈에서 들은 선율을 피아노로 연주하자, 코건과 그녀의 여동생은 "좋군요!"라고 말했다.

"들어본 적 없어요? 누구 다른 사람의 노래는 아닌가요?" 매카트니의 질문에 코건이 대답했다. "아뇨. 처음 듣는 곡이에요. 멋지네요."

그제야 매카트니는 안심했다. 꿈에서 제대로 한 곡을 건진 것 같았다. 창의력에 관한 영감 이론의 신비성이라는 게 이런 것이리라.

이제 우리는 이 영감 이론을 두 가지 중 하나로 해석할 수 있다.

하나는 긍정적인 견해인데, 천재의 번뜩임은 누구에게나 닥칠 수 있다는 것이다. '예스터데이'는 계획할 수 없는 꿈을 통해 매카트니에게로 왔다. 그러니 우리도 얼마든지 음악차트 상위에 랭크될 선율을 꿈에서 계시받을 수 있다.

두 번째는 조금 불편한 견해인데, 평소에 다듬어놓은 재능이나 타고난 천재성이 없다면 이러한 순간을 결코 만날 수 없다는 것이다. 창의력에 관한 영감 이론은 소위 천재적 재능을 가진 사람에게만 유효하다. 이에 따라 우리는 나 자신이 다음번 위대한 음악가나 소설가 혹은 창업가가 되겠다는 야망을 접고, 그저 예술의 소비자나 후원자가 되는 것으로 만족해야 한다는 결론에 이르게 된다. 낙천적인 사람이라면 무작정 기다리면서 어느 순간 느닷없이 영감이 찾아오기만을 바라야 할 것이다.

영감 이론은 우리 시대의 창의적 예술가들에게서 나온 수많은 일화를 통해 탄탄한 지지를 얻고 있다. 작가들은 창의적 영감을 기다리고, 창업자들은 대단한 아이디어가 떠오르기만을 기다린다고 말하며, 음악가들은 생소한 그루브를 타기를 기대한다.

작가에게 덧씌워진 틀을 뚫고 나가거나 '몰입'의 순간을 찾아내는 방법을 조언하는 창의성에 관한 책과 블로그 포스트도 수없이 많다. 위대한 예술가들의 전기 영화는 그들의 창의성의 불가피성을 증폭시킬 뿐 아니라, 그것이 미친 천재성의 영역이라고 주장한다. 그러는 사이, 나머지 우리들은 방관자가 되고 만다.

그러나 이 이론이 통째로 틀렸다면 어쩔 것인가? 번개가 치기를 기다릴 필요가 없다면?

예스터데이로 가는 길

'예스터데이'의 탄생 스토리는 비교적 널리 알려졌지만, 매카트니가 꿈속의 선율을 하나의 완성된 노래로 다듬은 과정은 그만큼 알려지지 않았다.

이 노래가 어느 한순간 그 앞에 뚝 떨어졌다고 생각한다면 잘못 짚었다. 꿈결에 들린 선율은 단순한 코드 진행에 불과했다. 그는 꿈에서 들은 선율 하나만 붙잡고 잠에서 깼지만, 이는 완성된 노래와는 거리가 멀었다. 우선 그 선율에는 가사가 없었다. 매카트니는 노래의 구조와 계속 씨름하면서 거기에 어울리는 가사를 만들어야겠다고 생각했다.

매카트니가 알마 코건에게 그 선율을 들려주고 있을 때, 그녀의 어머니가 방으로 들어오며 물었다. "스크램블드에그 먹을 사람?" 덕분에 매카트니는 임시로 가사를 만들 수 있었다. 그가 만든 첫 가사는 이랬다.

Scrambled eggs
스크램블드에그

Oh, my baby, how I love your legs
오, 내 사랑, 네 다리는 너무 사랑스러워

Diddle diddle
만지작만지작

I believe in scrambled eggs.
스크램블드에그가 최고야

이때부터 노래가 완성되기까지는 거의 20개월에 가까운 기간과 치열한 작업이 필요했다. 매카트니는 강박관념에 사로잡혔다. 그가 이 노래와 씨름하는 동안 주변 사람들은 계속 조금씩 달라지는 그 노래를 듣는 데 신물이 나기 시작했다.

기타리스트 조지 해리슨George Harrison은 기자와의 인터뷰에서 이

때의 상황을 이야기해주었다. "눈만 마주치면 그 노래에 대해 이야기했어요. 자기가 무슨 베토벤이라도 되는 줄 알았던 모양이에요."

비틀스가 두 번째 영화 〈헬프Help!〉를 찍기 시작했을 때도 매카트니는 달라지지 않았다. 잠깐 쉬는 시간에도 그는 노래를 다듬었다. 짜증이 난 영화제작자 딕 레스터Dick Lester가 결국 폭발했다. "그 망할 놈의 노래를 다시 한번 연주하면 피아노를 내다버릴 거야. 곡을 완성시키든가 포기하든가 해!"

그 후 프랑스 첫 순회공연에서도 그는 '예스터데이'를 다듬기 위해 호텔 방에 피아노를 갖다 놓게 했다. 결국 보람이 있었다. 프로듀서 조지 마틴George Martin은 곡을 듣는 순간 완전히 얼이 빠졌다. "이건 뭔가 달라!"

사실 매카트니는 이 곡이 너무 독창적이라 비틀스 앨범과 맞지 않을 것 같아서 걱정이었다. 그러다가 아무래도 이 선율에는 좀 더 어두운 가사가 어울릴 것 같다는 생각이 머리를 스쳤다(스크램블드 에그로는 감상적인 분위기가 나오지 않았다). "사람들이 슬픈 노래를 좋아하는 것 같다고 생각한 적이 있어요. 혼자 있을 때 레코드판을 올려놓고 약간 감상에 젖고 싶을 때가 있잖아요." 그는 1965년 5월 포르투갈 순회공연 중에 마지막 가사를 써서 마침내 곡을 완성했다.

그로부터 한 달 뒤, 매카트니는 조지 마틴과 스튜디오에서 '예스터데이'를 녹음했다. 마틴에 따르면, 매카트니는 EMI의 제2스튜디오로 들어와 어쿠스틱 기타로 '예스터데이'를 연주했다. 마틴이 생각해볼 수 있는 유일한 변형은 현악 오케스트라를 덧붙이는 것이었지만 매카트니는 그건 너무 과하다고 생각했다. 마틴은 4중주를 제안했고, 마침내 선율을 살리되 묵직한 추가분이 붙어 '예스터데이'가 탄생했다.

번개 같이 번뜩인 영감의 결과물로 알려진, 이 아이콘 팝은 사실 2년에 가까운 오디세이 여정을 겪었다. 그 여정은 때로 매카트니와 친구들을 지치게 했다. 비틀스에 얽힌 신화는 '예스터데이' 탄생을 갑작스럽게 창의적 천재성이 폭발한 순간으로 칭송하지만, 실상은 꿈결의 선율에서 녹음에 이르기까지 한 줄로 곧장 이어지는 그런 매끈한 경로와는 거리가 멀다. '예스터데이'는 번갯불 같은 순간의 산물이 아니라, 힘겹고 치열한 산고를 거친 작품이었다.

그렇다면 그 곡이 신묘한 영감의 순간에서 비롯된 것이라 말할 수는 없는 걸까? 이런 문제를 어떻게 설명해야 하는가?

'예스터데이'의 탄생 스토리에 남다른 흥미를 느끼는 사람들이 있다. 창의성에 대해 관심이 많은 학자나 음악사학자 그리고 광적인 비틀스 팬이다. 이들은 모두 그 선율이 실제로 어디에서 왔는지에 대한 의문에 답하기 위해 이 문제를 깊이 파고들었다.

'예스터데이'의 기원에 관한 이론 중 가장 해명적인 성격을 띤 것은 비틀스 전문가인 이안 해먼드Ian Hammond의 이야기다.[6] 해먼드는 이 노래가 '조지아 온 마이 마인드Georgia on My Mind'의 레이 찰스Ray Charles 버전 선율을 직접 발전시킨 것이라고 지적했다. "'예스터데이'는 '조지아 온 마이 마인드'와 코드 진행이 같을 뿐만 아니라 이 노래의 베이스라인을 그대로 따랐습니다."

실제로 비틀스와 폴 매카트니는 레이 찰스에 열광했다. 그들은 독일 함부르크의 술집과 클럽에서 레이 찰스의 노래를 듣고 처음 무대에 섰다. 나중에 자신들의 노래를 부르기 시작했을 때 존 레넌은 이렇게 말했다. "아주 힘들었어요. 다른 사람들, 그러니까 레이 찰스나 리틀 리처드 같은 스타들의 명곡들을 불러야 했기 때문이죠."

매카트니에게 신성한 영감처럼 보였던 것은 실제로 그가 좋아하는 음악의 잠재된 결과물일 가능성이 있다. 대부분 음악이 그렇듯, 그것은 이미 존재하는 코드 진행이 발전한 것이다. 해먼드의 지적대로, '조지아 온 마이 마인드' 레이 찰스 버전도 미국의 싱어송라이터 호기 카마이클Hoagy Carmichael의 원곡을 발전시킨 것이었다. 이런 식의 섭취와 재창조, 영향은 히트한 창작품 스토리에서 흔히 볼 수 있는 일이다.

'예스터데이'를 어떻게 써나갈지 고민하던 매카트니는 갑작스러운 영감에만 초점을 맞추었지만, 어떤 인터뷰에서 그는 자신의 작업에 보다 기계적인 부분이 있다는 점도 인정했다. "아주 영적인 사람이라면 신으로부터 선율을 하나 받을 수 있을 겁니다. 이때 예술가는 그저 전달하는 사람일 뿐이에요. 좀 더 냉소적으로 생각할 수도 있어요. 프레드 아스테어나 거스윈 같은 사람을 좋아하는 내 음악적 취향이나 아버지에게서 들었던 모든 것들을 오랜 세월 '나'라는 컴퓨터에 입력해놓습니다. 그러다 마침내 어느 날 아침, 내 컴퓨터가 아주 괜찮은 곡이라고 생각한 걸 출력해내는 겁니다."

어떤가? 이처럼 이견이 없을 정도로 '천재'라고 확신하는 대상이라고 해도, 거기에 어떤 종류의 기원이 있는 경우가 많다. 창의력에 관한 영감 이론은 고대 그리스 시대 이래로 수천 년 동안 우리 주변을 맴돌았다. 이 이론은 여전히 여러 지면을 통해 열거되고 있지만, 이제부터 논하게 될 현대의 이론은 잠재된 창의성이 우리 모두의 내면에 있다는 것을 입증한다.

매카트니 같은 창작 예술가에 대한 우리의 인식에 문제가 있다 해도, 아니 좀 더 정확히 말해 그들을 지칠 줄 모르고 무섭게 몰입하는 존재로 설명한다 해도, 그것만으로 그들의 놀라운 상업적 성공을 전부 설명할 수는 없다.

대부분의 예술가는 다른 사람으로부터 인정이나 갈채를 전혀 받지 못한 상태에서도 오랜 세월 작품 활동에 노고를 쏟는다. 소설가들은 단 한 권도 팔리지 않을 소설을 완성하는 데 몇 해씩 공을 들인다. 화가나 조각가, 안무가나 음악가들 중 대다수도 예술적으로나 상업적으로 의미 있는 성공을 맛보지 못한 채 몇 해씩 작업을 지속해나간다. 대중의 인기를 얻는 것이 땀의 문제만은 분명히 아닌 것이다.

그렇다면 창작품을 히트시키는 진짜 요인은 무엇일까?

창의성에 관해서는 우리 모두가 무한한
가능성의 세계에 존재하므로
색다른 아이디어가 다른 모든 소음을 차단할 때까지
참고 기다리라고 하는 것이 전통적인 견해다.

02

거짓말 배우기

앞서 이야기한 대로 나는 늘 병적이라 할 만큼 패턴을 찾아내는
데 열심이었다. 유기적이거나 독특해 보이는 현상이라고 해도 실제
로는 반복적인 과정이나 체계의 결과인 경우가 많다. 그래서 나는
그 패턴이 가볍든 의미심장하든, 제대로 해독하기만 하면 지향하는
목표를 성취할 수 있다고 믿는다.

열여덟 살 때 내 머릿속은 오직 게임쇼에 출연해야겠다는 생각
으로 가득 차 있었다. 일반인들이 흔히 하는 일은 아니지만, 일단
재미있고 무엇보다 적지 않은 보상을 기대해도 좋은 도전이었기 때
문이다. 그래서 나는 게임쇼라는 쇼 모두에 출연 신청을 했다(하다
보니 '이런 쇼도 있었나?' 싶을 정도로 별별 쇼가 많았다).

어떤 쇼는 에세이를 요구했다. 〈제퍼디*Jeopardy*〉처럼 온라인으로

미리 시험을 봐야 하는 곳도 있었고, 〈휠 오브 포천Wheel of Fortune〉처럼 신청양식만 작성하면 되는 곳도 있었다.

나는 이메일을 보내고 웹 양식을 작성한 다음 기다렸다.

사람들이 원하는 것

몇 달 동안은 감감 무소식이더니, 어느 날 〈휠 오브 포천〉에서 오디션을 보러 오라는 메일을 보내왔다. 나는 오디션까지 남은 몇 주 동안 퀴즈 공부를 하는 대신, 프로듀서가 정말로 원하는 것이 무엇인지 알아내기로 했다. 에피소드 수십 개를 찾아보면서, 나는 출연자의 행동에 공통된 요소가 없는지 살폈다. 메시지 보드에서 게임이 돌아가는 방식과 자신의 경험을 올린 오디션 참가자들의 블로그 글을 읽었다. 한동안 탐색한 끝에 나는 하나의 패턴을 찾아냈다. 퀴즈를 잘 푸는 것이 출연자를 선정하는 기준이 아니었다. 프로그램 기획자는 또박또박 분명하게 그것도 아주 큰 소리로 말하고 망신스러운 짓도 마다하지 않으며 녹화장의 청중들 앞에서도 전혀 기죽지 않고 넘치는 에너지를 발산하는 출연자를 찾고 있었다.

내가 어휘 공부는 제쳐두고 스스로 망가진 모습을 보여줄 수 있는 방법 몇 가지를 생각해낸 것도 그 때문이었다. 나는 청중을 웃기거나 난처하게 만들 만한 '엘모Elmo(미국의 장수 어린이 프로그램 〈세서미스트리트Sesame Street〉에 등장하는 캐릭터-옮긴이)' 같은 인상을 줄 궁리만 했다. 그리고 오디션 날 아침, 에스프레소를 진하게 한 잔 마셨다. 에너지가 부족하면 안 되니까.

효과가 있었다. 그해 나는 〈휠 오브 포천〉 출연자로 뽑혔다. 버지니아에서 온 조앤이라는 여성에게 지긴 했지만(솔직히 어휘 공부도 했어야 했다), 그래도 하나의 가설을 세울 수 있었다. TV 프로듀서들은 나처럼 활력이 넘치는 별난 유형을 찾고 있다는 것.

나는 출연에 성공한 것이 얼마든지 반복될 수 있는 일로, 결코 요행이 아니었다는 사실을 확인하고 싶어서 다른 게임쇼에도 응모했다. 몇 달 뒤에는 MTV의 〈무버스 앤드 체인저스_Movers and Changers〉에 출연할 자격을 얻었다. 가수 닉 캐넌_Nick Cannon이 사회를 보는 조금 호들갑스러운 비즈니스 경연 프로였다. 나중에 나오는 〈샤크 탱크_Shark Tank〉와 비슷한 쇼였는데 어쨌든 나는 또 1등을 놓쳤다. 나의 사업 아이디어를 평가한 사람들은 미국의 경제 및 금융 전문 방송채널인 CNBC의 짐 크레이머_Jim Cramer 같은 명사들이었다. 크레이머는 속담 섬에서 나를 탈락시켰고, 늘 하던 대로 "팔아, 팔아, 팔아!"를 외쳤다.

패턴에 대한 나의 집착은 더욱 진지해져 갔다.

이 책은 마케팅에 관한 책이 아니지만, 내가 알아낸 것들은 대부분 마케터로서의 좌절에서 비롯된 것이다(그런 의미에서 마케터들도 내 이론을 참고할 수 있을 것이다). 2011년에 나는 벤처 자금으로 만든 스타트업의 'CMO(최고마케팅책임자)'로 취직했다.

얼른 실적을 올리고 싶다는 마음에 다시 패턴을 찾았다. 소비자를 분석한 내용과 우리가 만든 광고를 자세히 살폈다. '햐, 이것 봐라?' 나는 결국 노력한 만큼 성과를 향상할 수 있는 데이터를 확보할 수 있었다. 그리고 고객의 반향을 끌어낼 주제와 전술을 찾아냈다. 그러나 이 같은 패턴을 찾아내려면 몇 시간에 걸친 수작업이 필요했다. 대단히 지루한 과정이었다.

결국 2012년에 직장을 그만두고, 마케터들에게 예측 분석을 제공하는 '트랙메이번TrackMaven' 회사를 차렸다. 그리고 스프레드시트와 엑셀로 이뤄지던 작업을 자동화해나갔다.

현재 세계 굴지의 브랜드 기업들이 우리를 통해 그들의 마케팅 데이터를 해독한다. 어떤 브랜드의 마케팅 콘텐츠를 수백만 개 살펴보면 중요한 질문에 답해줄 패턴을 찾을 수 있다는 전제 아래, 트랙메이번의 소프트웨어가 구축되었다. 금융서비스 회사는 페이스북 광고에 더 많이 투자해야 하는가? 유통 브랜드가 자사 블로그에 할인이나 신제품에 관해 언급할 때 얻을 수 있는 유익은? 기업이 보내는 이메일에 고객이 '수신 거부' 버튼을 누르지 않도록 하는 이상적인 수치가 있는가? 우리는 기업들이 이러한 질문에 대한 답을 쉽게 찾을 수 있도록 돕는다.

트랙메이번은 설립 이후[1] 놀라운 성장을 거듭했다. 우리는 제도권 자본으로 2,800만 달러 이상을 모금했고 〈포천〉 선정 500대 기업부터 고성장 스타트업까지 수백 곳의 기업들과 함께 일해왔다. 또 〈Inc.〉 500이 뽑은 미국에서 가장 빨리 성장한 기업이 되었다.

우리는 세계 최고의 브랜드 기업들로부터 데이터를 받기 때문에 다른 사람들이 보지 못하는 데이터를 본다. 이런 특별한 분석으로 나는 또 다른 놀라운 패턴을 찾아냈다. 바로, 마케터들이 대부분 실패하고 있다는 패턴이다.

잘못된 패턴

마케팅은 그 어느 분야보다 창의적일 수밖에 없다. 그러나 콘텐츠 마케팅 인스티튜트Content Marketing Institute에 따르면, 컨슈머마케터 중 자신의 콘텐츠가 효과 있다고 생각하는 사람은 30%밖에 안 된다. 또 다른 자료[2]에 의하면, 기업 대 기업 마케팅 캠페인 중 목표를 달성하는 경우는 2.8%에 불과하다. 마케터들에게 실패는 피할 수 없는 현실이 된 것이다. 왜 조직에서 가장 창의적이라는 사람들이 실패하는가? 나는 그 점이 궁금했다.

이 질문에 대한 답을 찾기 위해 나는 수많은 마케터를 찾아다녔다. 그들이 2% 부족한 이유를 알고 싶었다. 너무 많은 콘텐츠를 만들어냈을까? 반대로 너무 적었을까? 성공에 관한 통계는 어쩌면 그렇게 한결같이 부정적일까?

마침내 나는 요즘 마케터들이 잘못된 패턴을 따르고 있다는 사실을 알아냈다. 그들은 '이노베이션'이나 '컬래버레이션'이나 '브레인스토밍' 같은 단어를 사용한다. 내가 보기에 이것은 번갯불의 순간을 기다리는 사람들을 위한 산업용어다. 영감 신화를 믿는 사람늘처럼 그들은 때가 되면 멋진 캠페인 아이디어가 '번쩍' 하고 떠오를 것이라고 믿는다. 마케터들은 직장과 실무에서 무의식적으로 창의력에 관한 영감 이론의 신화를 따르고 있다.

그게 무슨 의미인가? 그들은 사무실 자리 배치도 브레인스토밍을 촉진할 수 있도록 설계한다. 회의실과 화이트보드가 사방에 흩어져 있다. 그런 것들을 그런 방식으로 놓기만 해도 억눌린 창의성이 풀려나올 것처럼 말이다. 어떤 트레이드 그룹에 따르면, 모든 사무실의 70% 가까이가 협업과 교류를 조장할 목적에서 오픈 스페이스로 설계된다. 기업과 팀들은 확실히 전보다 더 많은 횟수로 브레인스토밍을 한다. 그럼에도 불구하고, 마케터의 콘텐츠는 대부분 유행되지 않고 판매를 촉진하지도 않는다. 대박을 기대하게 만든 오픈된 사무실 평면도와 화이트보드는 창의적인 새 시대를 여는 데 별다른 영향을 주지 않는다.

마케터들만 그런 방식을 받아들이는 건 아니다. 나는 화가와 셰프, 작가, 기업가 등 다양한 직업과 경력을 가진 창작가들을 만났다. 덕분에 모든 창작 분야에서 일하는 사람들이 창의력에 관한 영감 이론을 주류 세계에서 성공하기 위한 (하지만 실제로는 실패하는) 모델로 채택한다는 사실을 확인할 수 있었다. 내가 아는 작가, 내가 아는 기업가, 내가 아는 예술가들은 갑작스럽게 전구가 켜지는 순간을 최대한 활용하려고 한다. 그러나 브레인스토밍과 영감에 아무리 초점을 맞춰도, 대부분의 경우 소설은 실패하고 스타트업은 파산하며, 예술가들은 평작만 내놓는다. 창작 분야 전체에서 생각과 연상이 자유롭게 흐르는 창의성의 패턴을 충실히 따른다 해도, 어딘가 부족한 부분은 채워지지 않는다.

THE CREATIVE CURVE

설상가상인 것은, 남다른 열정을 가지고도 창작활동이 천재에게만 허용된 섭리라고 믿는 바람에 창작을 포기하는 사람이 너무 많다는 것이다. 그들은 꿈을 포기하고 문화의 창작가가 아닌 소비자가 되고 만다. 최근 전 세계 5,000명을 상대로 연구한 조사에 따르면,[3] 자신의 잠재된 창의성을 어느 정도 발휘하고 있다고 생각하는 사람은 25%에 불과했다.

그런가 하면 소수이긴 해도 파블로 피카소Pablo Picasso부터 스티브 잡스에 이르기까지 상업적으로 대성공을 거둔 천재도 있다. 그들은 어떻게 그런 일을 해낼까? 그리고 다른 사람들은 왜 그만한 결과를 얻지 못할까? 이러한 천재 크리에이터들은 자신의 아이디어를 대단한 작품이나 상품으로 바꾸는 능력을 선천적으로 갖고 태어나는 것일까? 아니면 그저 운이 좋았을 뿐인가? 그것도 아니면 우리가 이해하지 못하는 어떤 힘이 작용한 것일까? 웬만한 사람들은 주류 무대에서 성공을 거둘 기회가 전혀 없는 걸까?

이 질문에 대한 답을 얻기 위해 나는 히트한 창작품을 '역설계' 해보기로 했다. 성공한 식당이든 인기 시나리오든 사람들이 즐겨 읽는 시詩이든 히트하려면 무엇이 필요한가? 거기에 패턴이 있는가? 히트한 창작품은 연습하고 연마하여 향상시킬 수 있는 것인가?

나는 최초의 순간으로 곧장 달려가 그 문제와 맞붙었다. 크리에이티브 분야에서 상업적 성공을 거두고 정상에 도달한 사람들과 이야기를 나누었다. 세계적 성공을 거둔 사람들을 만나 비록 그들이 정확한 말로 표현하지는 않아도 자신의 잠재력을 분출시키기 위해

했던 조치를 찾아내려 했다. 유명 화가와 셰프 들의 말을 듣기 위해 전 세계를 찾아다니고 록스타나 기업가 들과 스카이프를 통해 대화를 나누는 과정에서, 나는 수십 명의 천재 크레이터들의 어린 시절이나 브레인스토밍 과정, 심지어 작업장의 설계도까지 알게 되었다. 그렇게 찍은 점들을 서로 연결하여 하나로 이을 수 있는지 알아보고 싶었기 때문이다. 나는 다양한 환경 속에서 이들을 만났다. 때로는 이메일로 간단히 연락을 주고받기도 했고, 여러 계층의 매니저들을 거쳐 그들과 접촉하기도 했다. 그리고 그들로부터 적지 않은 사람들을 소개받았다.

나는 또한 창의성에 관한 최근의 과학을 닥치는 대로 섭렵하고 천재성을 해독하는 최신 도구나 기술을 사용하는 학자들을 인터뷰했으며, 학계의 평가를 거친 논문이나 저널을 수도 없이 검토했다. 무엇보다 히트작 탄생에 무엇이 필요한지 설명하는 데 과학이 도움을 줄 수 있는지 알고 싶었다.

결과가 어땠을까? 나는 성공 뒤에 감춰진 패턴을 찾았을 뿐 아니라 놀랍고도 흥미로운 사실도 발견했다. 바로 '창의력에 관한 영감 이론은 전혀 사실이 아니라는 것'이었다.

앞으로 보여주겠지만, 그동안 작성한 수많은 연구 자료들은 우리 대다수가 히트작을 연달아 내는 예술가들과 똑같은 잠재된 창의성을 가지고 태어난다는 사실을 증명한다. 나는 또한 돈과 사람들의 관심을 좌우하는 데 적용되는 진화적 토대가 있다는 것도 알아냈다. 성공한 아이디어에 신비로운 원천이 있는 건 아니라는 것, 우리가 천재의 섬광이라고 생각하는 것이 사실 누구나 배양할 수 있는 생물학적 과정이라는 것도 알아냈다. 다시 말해, 나는 주류에서 성공을 가능하게 해주는 과학과 방법이 있다는 것과 누구나 노력하면 그 방법을 터득할 수 있다는 사실을 알아낸 것이다.

이 책에서 나는 여러분에게 내가 찾아낸 그 패턴을 자세히 설명할 것이다. 이 책은 마케팅 서적도 아니고 자기계발서도 아니다. 이 책은 창의력이 필요한 분야에서 대단한 성공을 낳는 패턴을 이해하는 데 도움을 주는 지침서다. 여러분은 창의적 발상의 역사를 배우고, 그리스 시대부터 오늘날 스냅챗Snapchat과 인스타그램Instagram 등이 눈부신 속도로 움직이는 시대에 이르기까지 이 창의적 발상이 어떻게 발전해왔는지를 살펴보게 될 것이다. 트렌드 창조의 기반이 되는 신경과학을 확인하는 것은 물론, 놀라운 창의력으로 성공한 사람들이 주류 세계에서 성공할 확률을 높이기 위해 따르는 네 가지 패턴을 알고, 왜 그런 패턴이 위력을 발휘하는지를 설명해주는 과학을 이해하게 될 것이다. 물론 이런 의식적인 과정을 밟은 사람들도 있지만, 창작활동을 하는 사람들 대부분은 '무의식적으로' 이들 패턴을 따라간다.

주의할 점은 한 가지다. 창의성에 관한 학문적 정의는 색다른, 그러면서도 가치가 있는 어떤 것을 만드는 능력이다. 뭔가 이색적이고 독창적인 깃을 만늘어내는 일이 창의성의 전부라고 생각한다면 오산이다. 창의적인 것은 가치가 있어야 하고 많든 적든 사람들이 그 창의적 산물에서 중요성이나 유용성을 찾아내야 한다. 히트곡을 만들어낸 팝스타는 뭔가 색다르고 가치 있는 음악을 만들어낸다. 확산 속도가 빠른 앱을 만들어내는 기업가는 분명 연구해볼 만한 대상이다. 따라서 나는 단지 게티 미술관Getty Museum이나 루브르Louvre 박물관에서 만날 수 있는 전통적인 화가 혹은 예술가에게만 초점을 맞추지 않을 것이다. 앞으로 전통적인 의미의 창작가들을 많이 언급하겠지만, 수많은 현대 예술가나 기업가, 창의적인 개인들 그리고 싱어송라이터 테일러 스위프트Taylor Swift부터 메뉴 팀을 따로 운영하는 벤앤제리스Ben & Jerry's 같은 기업도 포함할 것이다.

또한 트렌드 과학에도 뛰어들 것이다. 트렌드라고 하면, 노래든 제품이든 아이디어든 어떤 것의 가치를 많은 사람이 인정한다는 의미가 있다. 트렌드에서는 인간 심리에서 모순적으로 보이는 두 가지 충동을 확인할 수 있다. 즉 사람들은 익숙한 것을 원하면서도 색다른 것을 찾는다. 우리는 알 수 없는 것으로부터 자신을 보호하기 위해 집 안의 편안함이나 가까운 친구들처럼 낯익은 것을 찾는다. 하지만 우리는 또한 색다르고 흔치 않은 자극이나 혹시 모를 보상을 추구한다. 새로운 식당을 찾거나 신곡을 듣고 싶어 하는 사람이라면 내 말의 의미를 이해할 것이다.

연구 결과에 따르면, 이런 모순되는 충동에서 비롯되는 긴장이 선호도와 친숙성의 관계에서 종형 곡선을 만들어낸다. 개인이나 집단이 어떤 창작품에 노출될 때, 노출 빈도가 쌓이면서 그것을 더욱더 좋아하게 되다가 인기의 정점에 이른다는 것이다. 하지만 그 상태가 계속되어 노출이 계속 많아지면 인기는 시든다.

나는 이러한 종형 곡선을 '크리에이티브 커브Creative Curve'라고 부른다. 사회학자와 심리학자, 경제학자 들은 수십 년 동안 이처럼 대립하는 충동과 그들이 만들어낸 종형 곡선을 알고 있었고, 그에 관한 저술과 논문을 많이 남겼다. 저술가 모스 페컴Morse Peckham은 1967년에 쓴 책《혼돈에 대한 인간의 분노Man's Rage for Chaos》⁴에서 이러한 역설이 어떻게 우리의 문화적 미학을 이끌어내는지 설명했고, 거의 50년 뒤인⁵ 2016년에 조나 버거Jonah Berger는 그의 책《보이지 않는 영향력Invisible Influence》에서 '비슷하지만 다른' 아이디어가 사회에 미치는 영향을 설명했다. 좀 더 최근에는 저널리스트 데릭 톰슨Derek Thompson이《히트메이커스Hit Makers》라는 저술에서 20세기 산업 디자이너들이 이러한 현상을 '가장 진보적이면서도 받아들일 수 있는 영역 안에 있는Most Advanced Yet Acceptable' 기준으로 관찰한 경위를 밝혔다.

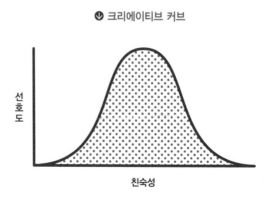

⊙ 크리에이티브 커브

선호도

친숙성

최적의 긴장감

그러나 아직까지 크리에이티브 커브에서 '스위트 스폿Sweet Spot'
을 찾아내는 방법에 대해 설명한 사람은 없다. 스위트 스폿이란 선
호도와 친숙성, 안전함과 놀라움, 유사성과 차이점이 최적의 긴장
을 유지하는 지점을 말한다. 나는 인터뷰와 연구를 병행하는 과정
에서 높은 인기를 누리는 창작가들이 의식적이든 무의식적이든 바
로 이 스위트 스폿을 찾아내는 방법을 개발해왔다는 사실을 발견했
다. 그들이 그 점을 분명하게 말로 표현하지 못한다 해도 그 사실에
는 변함이 없다. 창의적 재능이라는 것은 사실 크리에이티브 커브
의 역학을 이해하고 그것을 주류 세계에서 통하는 방식으로 사용할
줄 아는 능력을 뜻한다.

어느 분야에서 일하든 내가 인터뷰한 혁신가들은 놀라울 정도로
비슷한 방법을 구사했다. 그들은 익숙한 것을 이해하고 청중이 분
명 반응하리라 생각되는 정도의 색다름을 활용했다. 그다음 그들은
천천히 자신의 예술적 스타일을 바꿔가며 작품에 대한 지속적인 흥
미를 유도해냈다.

이 창작가들이 창의적 재능을 터득하기 위해 배운 방법을 나는
'크리에이티브 커브의 법칙'이라고 부르겠다. 책에서 이들 법칙의
개요와 세부적 내용을 네 가지로 설명할 것이다. 소비 법칙, 모방
법칙, 창작 공동체 법칙, 반복 법칙이 그것이다.

천재 크리에이터들이 다른 사람들보다 뛰어난 성과를 꾸준하게
올리는 것은 의식적으로든 무의식적으로든 이런 크리에이티브 커

브의 법칙을 활용하기 때문이다. 그들은 크리에이티브 커브의 법칙을 통해 친숙한 것과 색다른 것이 적절하게 배합된 아이디어를 찾거나 만들어내는 데 필요한 측정 가능한 성공 시스템을 개발한다.

책에서 각 법칙의 기반에 놓인 과학적 사고를 설명하고 아울러 그 법칙의 활용법을 사례를 들어 설명할 것이다. 다행히도 이들 법칙은 어떤 창의적 분야나 창의적인 인간 모두에 적용할 수 있다.

창의성에 관해서는 우리 모두가 무한한 가능성의 세계에 존재하므로 색다른 아이디어가 다른 모든 소음을 차단할 때까지 참고 기다리라고 하는 것이 전통적인 견해다. 우리는 행운의 순간이 샤워하거나 출퇴근하거나 회의 도중 같은 예기치 않은 상황에서 불쑥 찾아온다는 말을 귀가 닳도록 들었다.

이 책에서 나는 그렇지 않다는 것을 입증해 보일 것이다. 그리고 크리에이티브 커브에 감춰진 과학을 분석하여 어떤 분야에서든 히트작을 만들어낼 수 있는 확률을 극대화할 수 있는 방법론을 제시할 것이다.

창의성이란 우리 내면에서 넘실대며 뒤끓다가
아무런 예고도 없이 표면을 뚫고 솟구치는
통찰의 섬광인 걸까?

03

천재의 탄생 신화

창의력에 관한 영감 이론을 믿는 사람들은 창의성이란 우리 내면에서 넘실대며 뒤끓다가 아무런 예고도 없이 표면을 뚫고 솟구치는 '통찰의 섬광'으로 규정되는, 신비한 내적 과정이라고 주장한다. 간단히 말해, 창의성은 우리가 흔히 알고 있는 것처럼 신으로부터 무작위로 받은 재능이라는 것이다.

그러나 영감 이론에는 두 가지 요소가 더 있다. 첫째, 창의적인 아이디어가 번뜩이려면 전통적인 의미의 천재가 되어야 한다. 즉 IQ가 높아야 한다. 둘째, 약간 신경과민이거나 조증躁症이 있으면 더욱 좋다. 다시 말해 창의적 명민함은 타고나는 것이어서 날 때부터 있는 사람과 없는 사람이 있다. 약간 '다르다'는 것은 그것을 갖고 태어났다는 의미다.

엔터테인먼트 분야에서는 특히 이런 이론을 자주 강조한다. 1985년에 아카데미 작품상을 비롯하여 여덟 개 부문을 수상한 영화 〈아마데우스*Amadeus*〉가 대표적인 경우다.

〈아마데우스〉는 볼프강 아마데우스 모차르트*Wolfgang Amadeus Mozart*[1]와 안토니오 살리에리*Antonio Salieri*의 아슬아슬한 라이벌 관계를 그린다. 살리에리는 자신을 모차르트의 맞수로 생각했다. 영화는 어린 모차르트가 왕과 교황 앞에서 눈을 가린 채 피아노를 완벽하게 연주하는 모습을 보여주고, 믿어지지 않는 재능을 가진 천재 모차르트가 네 살 때 첫 협주곡을 작곡했다고 이야기한다.

영화 속 살리에리는 작곡할 때 애처로울 정도로 쓰고 다시 고쳐 쓰며 작품과 씨름한다. 하지만 그는 이제 막 청년이 된 모차르트가 놓고 간 그의 초고를 보고 매우 놀란다. 어느 한 곳도 고치거나 다듬은 흔적이 없는데도, 흠잡을 데 없이 완벽했기 때문이다. 그 장면에서 살리에리는 완성된 모차르트의 악보를 보며 탄식한다. "이럴수가! 믿을 수가 없어. 이건 그냥 초고잖아. 그런데도 고친 흔적이없어. …… 이건 바로 신의 음성이야!"

살리에리는 놀라는 한편 질투심에 사로잡힌다. 모차르트에게서는 신성한 음악이 그저 흘러나오는 것 같다. 게다가 영화가 묘사하는 대로라면, 모차르트는 자신을 대단하게 여기지도 않는 애송이술주정꾼에 불과하다.

모차르트는 창의력에 관한 영감 이론의 화신이다. 유명한 영화평론가[2] 로저 에버트Roger Ebert는 〈아마데우스〉에서 그리는 모차르트의 캐릭터가 "모차르트를 천박하게 만든 것이 아니라, 진정한 천재는 작품을 너무 쉽게 쓰기 때문에 자기 자신의 작품을 대수롭지않게 여긴다는 사실을 극적으로 만드는 수단이었다"라고 말했다.

이 영화 속 모차르트의 모습은 저명한 독일 음악잡지가 1815년에 출간한 모차르트의 편지가 근거가 되었다. 이 잡지의 발행인은모차르트의 열혈 팬이자 모차르트 전문가였는데, 그는 다른 사람을만날 때마다 모차르트가 피아노의 도움 없이 머릿속으로 작곡했다고 말했다.

그 편지에서 모차르트는 자신의 작곡 과정에 대해 이렇게 설명한다. "방해받지만 않으면 내 주제는 저절로 확대되어 체계와 짜임새를 뚜렷이 갖추게 됩니다. 아무리 길어도 전체 윤곽은 머릿속에서 거의 완성되고 마무리됩니다. 그래서 멋진 그림이나 그럴듯한 조각상처럼 한눈에 찬찬히 뜯어볼 수 있죠. 상상만으로 부분 부분의 이음새까지 모두 들을 수는 없지만, 사실 나는 그것을 동시에 한 꺼번에 듣습니다."

이 편지는 모차르트 주변에 솟아난 신화의 초석이 되었다.[3] 이 재기 넘치는 작곡가는 음악적 관념을 쌓기까지 단 한 방울의 땀도 흘리지 않는다. 그는 '저 높은 곳에 있는 분Higher Power'으로부터 그 완벽한 관념들을 신비스러운 형태로 건네받는다는 것이다. 이는 천재의 섬광을 들먹이는 다른 많은 단골 이야기들과 크게 다르지 않다. 이런 설명은 열망이 있어도 자기가 신과 연결되어 있는 천재라고 확신할 수 없다면, 그저 창의적 노력을 포기하라고 하는 것과 마찬가지다. 한 세대에 한 번 나올까 말까 한 재능을 타고나지 않았다면, 이제 와서 성과를 올릴 가망은 없다는 말이 아닌가.

그런데 모차르트의 편지에는 한 가지 문제가 있었다. 그것이 위조품이었다는 것이다.[4]

모차르트를 특별한 영감으로 작곡하는 천재로 그려놓은 초상은, 잡지를 팔려는 욕심이 과했던 한 출판업자가 지어낸 가짜였다. 잡지 발행인이었던 요한 로흘리츠Johann Rochlitz는 모차르트를 너무나 존경한 나머지 모차르트가 썼거나 모차르트에 관한 것이라고 보이는 수많은 편지와 일화 들을 닥치는 대로 출판했다. 그러나 나중에 모차르트에 관한 책을 집필한 전기 작가들이 그에 관한 이야기들이 대부분 과장된 것이고 일부는 이 편지처럼 완전히 조작된 것이라는

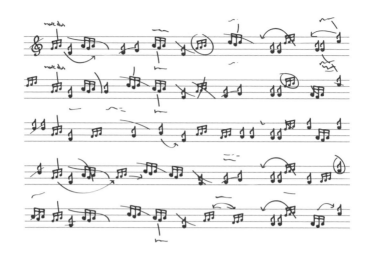

사실을 밝혀냈다. 그런데도 신화는 여전히 위력을 발휘했다. 수백 년이 흐른 지금까지도 모차르트에 대한 이러한 초상은 우리의 의식 속에 깊이 박혀 좀처럼 떠날 줄 모른다.

실제 모차르트는 어땠을까?[5] 그는 매우 반복적이고 고된 과정을 거쳐 오랜 시간을 작곡에 투자했다. 그는 자신이 작곡한 현악사중주들을 가리켜 "오랜 시간 공들인 노력의 소산"이라고 설명했다. 모차르트는 수많은 작품을 스케치했다. 이 스케치는 음악의 초고에 해당하는 것으로, 그는 각 부분을 이렇게 저렇게 끼워 맞춰가며 작곡했다. 심지어 자신의 작품을 편집하기 쉽도록 초고를 쓸 때 일종의 속기법까지 사용했다.

모차르트가 순전히 머릿속으로만 작곡했다는 주장은 사실이 아니다.[6] 가짜가 아닌 진짜 편지에서 그는 자신이 써 내려가는 음표를 직접 들어보기 위해 피아노 앞에 앉아 작곡했다고 분명히 밝힌다.

모차르트에 관한 신화 중에는 '신동 모차르트'라는 개념도 빠질 수 없다. 영화 〈아마데우스〉에서 살리에리는 모차르트가 네 살 때 처음 협주곡을 작곡했다고 말한다. 실제로 그는 첫 번째 피아노 협주곡을 열한 살 때 썼다. 아버지의 강압을 이기지 못해 몇 해 동안 매일 집중적인 연습을 한 끝에 쓴 곡이었다. 그러나 이 첫 번째 작품도 실제로는 그의 순수한 창작품이 아니라 다른 사람의 노래를 재해석한 것에 불과했다.

그의 아버지는 모차르트를 세 살 때부터 훈련시켰지만, 모차르트의 첫 번째 진짜 '독창적인' 협주곡[7]은 그가 열일곱 살이 되었을 때 나왔다. 물론 열일곱 살이란 나이도 어리긴 하다. 하지만 당시 모차르트는 거의 14년째 치열한 훈련을 거듭해온 터였다. 매일 하루도 빠짐없이 14년 동안 연습한 결과라는 것은 '타고난' 세계적 수준의 작곡가에게는 어울리는 설명이 아니다.

마지막으로 한 가지가 더 있다. 모차르트와 살리에리는 사실 친한 친구 사이였다. 그렇다. 때로 직업상 경쟁을 벌이기도 했지만 우정 어린 경쟁을 벌이지 않을 때 두 사람은 같이 있는 것을 좋아했고 함께 작곡하기도 했다. 칸타타 '오필리아의 회복을 위해 La Ricuperata Salute di Ofelia'[8]가 바로 그런 합작품이다. 살리에리는 한동안 모차르트의 아들을 지도하기도 했다.

창의력에 관한 영감 이론의 초기 기수인 모차르트는 사실 맹렬한 수고를 아끼지 않은 부지런한 노력파였던 것이다.

그런데 창의력에 관한 영감 이론이 대중문화와 영화에서만 나타나는 것은 아니다. 주류 매체와 학계에서도 기승을 부린다.

〈뉴욕타임스New York Times〉의 칼럼니스트 데이비드 브룩스David Brooks는 2016년에 쓴 창의성에 관한 작품[9]에서 "영감은 자신이 어떻게 할 수 없는 것"이라고 주장했다. 그는 영감을 단순한 노력의 결과로 여기지 않는다. "영감을 받는 사람에게는 어떤 중재자도 없다." 브룩스는 그렇게 말했다. "그들은 무언가가 그들을 통과하는 느낌을 자주 받는다. 그것은 자신보다 더 큰 어떤 힘이다. 그리스인들은 그것을 뮤즈Muses라고 했다. 기독교인은 하나님이나 성령이라고 말할 것이다. 그런가 하면 전혀 새로운 관점에서 사물을 바라볼 때 무의식의 저 깊은 곳에서 폭발하는 신비한 무엇이라고 말하는 사람도 있다."

브룩스는 그런 영감은 인간이 이해할 수 있는 범위를 벗어난다고 주장했다. 창의성이 다소 신비스러운 어떤 것이라는 생각은 서구 문명에 만연해 있다. 학자들은 천재가 탁월한 유형의 인간이라는 생각에 유독 집착하는 것 같다. 창의성을 주제로 한 박사 논문들[10]을 검토해보면 10개 중 6개는 개인적 현상으로서의 창의성에 초점을 맞춘다.

그러나 앞으로도 이야기하겠지만, 창의력에 관한 이런 영감 이론도 역시 근거 없는 속설에 지나지 않는다. 위조된 모차르트의 편지처럼 영감 이론은 수백 년 동안 비평가들에 의해 윤색되고 부풀려졌다. 요약하면, 이런 신화에는 네 가지 중요한 요소가 있다.

첫째, 그것은 개인, 즉 이런 재능을 타고난 '독보적 천재'의 영역이다. 둘째, 결정적 아이디어는 갑자기 어느 순간 창작가에게 엄습한다('예스터데이'도 그렇게 왔다). 셋째, 일단 영감에 사로잡히면 성공은 쉽게 따라온다. 마지막으로 넷째, 모차르트처럼 창의적인 사람들은 약간 실성하거나 신경과민이거나 조증이 있다. 이 세 가지를 다 갖춘 경우도 흔하다!

이런 개념은 과장되었거나 아니면 모차르트의 경우처럼 아예 조작되었다. 이런 개념들은 도대체 어디서 나온 걸까? 왜 그렇게 많은 사람들이 이런 영감의 속설을 믿게 되었을까? 그리고 창의적 재능에 감춰진 진실은 무엇일까?

창의성의 역사

"시인은 가볍고[11] 날개 달린 신성한 존재여서, 영감이 떠올라 신들리고 이성을 잃기 전에는 절대 시를 쓸 수 없다." 데이비드 브룩스가 한 말인 줄 알았다면 2,000년을 헛짚었다. 이 말을 한 사람은 플라톤이다.

창의성에 관한 우리 현대인의 관점은 대부분 고대 그리스가 그 기원이다. 플라톤은 예술가를 신이 창조한 실재實在를 모방하는 사람이라고 생각했다. 사실상 그 단어,[12] 즉 그리스인들이 예술작품을 설명하는 데 사용하곤 했던 '미메시스Mimesis'라는 말 역시 '모방'이라는 뜻이다.

플라톤은 예술가에 대한 이 같은 견해를 더욱 확장했다.[13] "이런 사랑스러운 시들은 사람이 만든 것이 아니라 신이 만든 신성한 작품이며, 시인은 신을 해석하는 존재일 뿐 신에 꼼짝없이 묶여 그 신성함에 사로잡힌 사람이다."

플라톤과 그리스인들이야말로 창의적 인간이 신에게서 나온 개념을 운반하는 홀린 영혼이라는 생각의 역사적 토대를 제공했다. '천재'에 해당하는 라틴어 '게니우스Genius'[14]는 개인을 사로잡고 보호하는 영혼을 의미하는데, 그리스인들은 이 개념을 그대로 전달받았다.

그리스인들은 또한 예술가를 보통사람과 다른 존재로 여겼다. 플라톤은 시인들이 시상에 빠지는 상태를 '착란'이라고 불렀다. 아리스토텔레스 역시 같은 말을 반복한다.[15] "광기가 닥칠 때 사람들은 시인이 되고 예언자가 되고 무당이 된다. …… 광기에 휩싸인 동안 그들은 아주 좋은 시인이 되지만, 치유되면 더는 시를 쓸 수 없다." 천재는 광기와 떼려야 뗄 수 없는 존재 같았다.

그리스인들은 창의력에 관한 영감 이론에 꼭 필요한 아이디어를 제공했다. 예술가는 신성한 영감을 받은 자들이고 그들의 작품은 광기의 소산이다. 시대를 거치며 예술가의 역할은 계속 발전했다.

중세를 찾아서

박물관이나 화랑에 가면 위대한 예술가들을 만날 수 있다. 경매장에서는 유명 작품들이 고가에 팔린다. 그러나 중세인에게 예술가는 신의 실재를 베끼는 모방자에 지나지 않았다. 따라서 초기 서구 사회에서 예술가는 단순한 장인 이외에 특별한 존재가 아니었다.

예술사에 관한 책을 많이 집필한 데보라 헤인스Deborah Haynes 교수는 나와의 전화 통화에서 이렇게 말했다. "이들 초기 예술가들은 사회적으로 볼 때 상인보다도 지위가 낮았어요. 신분으로 따져도 노예보다 겨우 나은 정도였다고 볼 수 있습니다."

'유명 예술가'라는 개념도 없었다. 예술작품 대부분에는 서명이 없었는데, 예술이 보통 작업장에서 창작되는 집단적 노력의 결과물인 탓도 있었다. 예술가들이 창작하는 작품이 독창적인 경우도 거의 없었다. 예술가들은 교회나 시민 단체가 요구하는 정치적, 종교적 내용의 예술을 그저 엄격한 지침에 따라 반복적으로 모방하여 재생했다. 그들은 그저 숙련된 노동자였을 뿐 딱히 비범할 것도 없는 존재였다. 요즘 시대의 숙련된 목수나 벽돌공과 크게 다르지 않았던 것이다.

그러나 시간이 흘러 유럽에 무역이 발달함에 따라 미술 시장이 폭발적으로 늘어났다. 신흥 상인 계급들은 재력을 과시하며 왕 못지않은 호화로운 생활을 추구했고, 부유한 귀족들은 자신들의 궁전을 화려하게 장식하려 했으며, 교회는 장엄한 프레스코와 조각들을 꾸준히 요구했다. 예술에 대한 이런 갈망이 결국 서구 예술에 두 가지 중요한 변화를 가져왔다.

첫째, 작품에 대한 사람들의 관심이 커지면서, 예술가들이 권력의 맛을 알아가기 시작했다. 배포가 커진 예술가들은 집단 흥정을 벌였고, 길드에 가입했다. 노조의 초기 형태인 길드는 예술가들의 작업 조건과 도구, 비용, 심지어 기법까지 직접 정했다. 이렇게 길드는 예술가들의 사회적 지위를 높였다.

그러나 데보라 헤인스에 따르면,[16] 예술가 개인의 지위가 격상하고 사업이 번창하자, 그들은 길드에서 탈퇴하여 새로운 후원자 집단과 직접 계약을 맺어 작업하기 시작했다.

새로 찾아낸 후원자들의 재력과 만족을 모르는 예술에 대한 욕구가 더해져, 이탈리아 르네상스의 원동력이 되었다. 곧이어 개인으로서 '예술가'라는 개념이 나타났다. 처음으로 '유명' 예술가가 나타나고 레오나르도 다빈치Leonardo da Vinci나 미켈란젤로Michelangelo 같은 거장들이 나왔다. 그들의 작품을 탐내는 사람들이 많아지면서, 예술가들을 초인이나 영웅으로 우러러 받드는 문화가 조성되었다. 후원자들은 기꺼이 그런 문화에 합세했고 처음으로 저명한 예술가들이 창의적인 천재 또는 천재적 자의식을 가진 존재로 여겨지기 시작했다.

바티칸과 색주가

바티칸 고위관리는 미켈란젤로[17]가 시스티나 성당의 제단에 그린 프레스코화를 보고 소스라치게 놀랐다. 그림은 예수의 재림 이후 벌어진 최후의 심판을 묘사하고 있었다. 그러나 당대의 일반적인 종교화와 달리 이 그림 속 사람들은 대부분 당당하게 옷을 벗고 있었다. 누드 풍자화가 없었던 건 아니지만, 누드화를 그릴 때는 벗은 모습을 부끄럽게 만드는 것이 일반적이었다.

〈최후의 심판〉은 이탈리아 르네상스에서 중요한 의미를 갖는 작품에 속한다. 그런데도 교황청 전례 담당관이었던 비아지오 다 체세나Biagio da Cesena는 이 작품이 바니오Bagnio, 즉 색주가의 벽에나 어울리는 그림이라고 비난했다.

미켈란젤로는 자신의 그림에 대한 비아지오의 비판에[18] 화가 났다. 그는 성자들의 옷을 벗기기로 결정한 유일한 화가였지만, 그래도 관리들에게 휘둘릴 생각까진 없었다. 그는 그림 한구석에 인물을 하나 더 그려 넣음으로써 복수를 했다. 비아지오를 죽음의 사자 미노스Minos로 그려 넣은 것이다. 더욱이 그림에서 비아지오 얼굴을 한 인물은 뱀에 한 번도 아니고 두 번씩이나 몸이 감겨 괴로워하고 있었다. 이는 단테가 기록한 음란하고 사악한 자를 처단하는 지옥의 제2원을 상징하는 장치였다.

당연히 비아지오는 격노했다. 미켈란젤로라는 작자가 자신을 어떻게 보고 이런 짓을 하는가? 그는 곧장 교황에게 달려가 하소연했다. 하지만 교황은 중재를 거절했다. 전하는 말에 따르면, 그때 교황이 비아지오에게 이렇게 말했다고 한다. "내 권한도 지옥에는 미치지 못한다네."

미켈란젤로는 새로 발굴한 유명 예술가의 위력을 입증해 보이는 중이었다. 예술가가 고위 성직자와 맞설 수 있는 능력을 갖춘 세상이 된 것이다.

우리가 이런 세세한 이야기를 알게 된 것은 조르지오 바사리Giorgio Vasari의 수고 덕분이다. 바사리는 르네상스 시절 이탈리아 예술가들의 간단한 전기적 스케치를 백과사전처럼 저술한 최초의 예술사가다. 그의 저술로 인해 그가 다룬 예술가들은 성인에 가까운 지위로 격상되었다.

바사리는 또한 그의 책에서 창의성에 관한 르네상스식 견해를 정의했다. 설명에 따르면, 고대 그리스인들은 예술가를 신의 작품을 베끼는 사람으로 보았고 중세 지도자들은 예술가를 단순한 기술자들로 여겼지만, 르네상스 문화의 예술가들은 자신을 단순히 신을 따라 하는 사람들이 아니라 '신 같은' 존재로 여겼다. "특별한 은총에 의해 우리 안으로 들어온 신성한 빛은 우리를 다른 피조물들보다 뛰어난 존재로 만들 뿐만 아니라, 이렇게 말해도 죄가 되지 않는다면, 신과 같은 존재로 만든다고 할 수 있다."

'창조'는 신의 고유영역이 아니게 되었다. 이제는 예술가들도 만물을 '창조'하니까 말이다. 게다가 르네상스 철학자들, 특히 바사리 같은 사람들은 지성과 창의성을 연결 짓기 시작했다. 초기 사상가들은 예술가들의 작업을 기껏해야 '모방'이라는 말로 요약할 수 있는 하찮은 기술로 여겼지만, 바사리는 위대한 예술가의 지성에 초점을 맞추었다.

바사리는 어떤 위대한 화가에 대해 설명하면서 "그는 뒤늦게, 이미 성인이 된 뒤에 그림을 그리기 시작했지만, 그런데도 천성의 도움을 받아 그림에 이끌렸고 매우 아름다운 지성에 의해 놀라운 결실을 이룩했다'고 표현했다. 이처럼 예술에 대한 관점이 달라지면서 예술가들은 화실에서 그림을 배우는 것이 아니라 유명 예술 아카데미에서 공부하는 코스를 택했다. 그런 최초의 대학이 바사리 자신이 메디치 공작의 재정적 후원을 받아 설립한 '아카데미아 델 디세뇨Accademia del Disegno'였다.

예술가들은 매우 지적이고 신과 같은 창작가에 만족하지 않고, 그들의 예술로 현실을 '개조'하기 시작했다. 시인 필립 시드니Philip Sidney[19]는 이렇게 썼다. "자연은 탐구자 시인이 만들었던 것만큼 그렇게 화려하게 수 놓은 풍부한 세상을 만들어내지 않았다." 그래도 예술가들을 미친 사람으로 취급하는 시선은 여전했다. 셰익스피어는 썼다. "미치광이나 연인이나[20] 시인들은 모두 상상력으로 가득 차 있는 사람들이다."

예술가들은 다소 신경질적이고 광적이긴 하지만 신과 같은 존재가 되었고, 예술가 자신도 그런 평가를 즐겼다.

괴물과 사람

"우리 각자 유령 이야기를 하나씩 짓자!"[21]

스물여덟 살에 이미 유명 시인으로 입지를 굳힌 조지 고든 바이런George Gordon Byron은 폐소공포증이 있었다. 1816년 여름, 바이런과 그의 친구들은 스위스 호숫가 별장에 칩거하고 있었는데, 갑작스러운 화산 폭발 때문에 비와 암흑에 갇히고 말았다. 겨울처럼 바뀐 날씨 속에 그들은 꼼짝없이 집에 갇혀 무료한 나날을 보내야 했다.

시간이나 죽일 셈으로 바이런과 친구들은 독일의 유령 이야기들을 큰소리로 읽기 시작했다. 바이런이 유령 이야기를 하나씩 써보자고 불쑥 제안한 것도 이런 무료함을 달래보기 위해서였다. 그 자리에 있던 친구 중에는 퍼시 셸리Percy Shelley의 연인 메리도 있었다. 당시 열여덟 살이었던 메리는 셸리와 함께 2년 전 사랑의 도피행각을 벌여 세상을 유랑하던 중이었다. 그녀의 부모는 모두 문학계가 알아주는 거장이었지만, 그녀는 부모의 명성과 관계없이 작가로서 독자적인 길을 개척하고 있었다. 셸리 옆에 앉아 있던 메리는 난감했다. 유령 이야기라니, 뜬금없이 웬 유령?

며칠이 흘렀다. 바이런과 셸리는 각자의 유령 이야기를 다듬느라 여념이 없었다. 메리는 셸리에게 잘돼가는지 물었지만, 그녀 자신은 손도 못 대고 있었다. 그러던 중 셸리와 바이런이 최근에 나온 과학적 발견을 두고 나누는 이야기를 우연히 듣게 되었다. 한 식물학자가 죽은 이후에도 계속 몸을 움직이는 초소형 동물을 관찰했다고 주장한 이야기였다. 두 시인은 죽은 사람이 생명을 되찾을 수 있는지를 두고 논쟁을 벌였다. 과학이 조금 진보했다고는 해도 어림없는 이야기였다.

하지만 그들의 대화 속에는 메리가 유령 이야기를 쓰는 데 필요한 전부가 담겨 있었다. 그녀는 순식간에 단편 하나를 완성했다. 친구들의 반응에 용기를 얻은 그녀는 결국 이야기를 장편으로 늘려

2년 뒤 익명으로 출간했다. 메리가 지은 소설의 제목은 《프랑켄슈타인*Frankenstein*》이었다.

메리 울스턴크래프트 셸리*Mary Wollstonecraft Shelley*는 책이 나왔을 때 겨우 스무 살이었지만, 이 젊은 작가는 자신보다 긴 세월을 살아남을 흥미로운 이야기를 만들어냈다. 그녀의 이야기 속 주인공은 전형적인 천재 크리에이터였다. 그 천재는 광기에 휩싸여 자신의 전문지식으로 괴물을 창조해낸, 놀라운 능력의 과학자이다.

셸리가 활동하던 시기는 영국 낭만주의 운동이 한창일 때였다. 낭만주의자들에게 있어 천재란 무언가에 홀린 미친 사람이고, 그림이나 시나 문학작품을 만들어내는 재능을 타고난 사람이었다. 신을 닮긴 했으나 정상적인 범주에서 살짝 벗어난 그들은 붓과 연필로 온갖 세상을 창조해냈다.

'광기 어린 천재*Mad genius*'라는 개념은 빅토리아 시대에도 이어졌다. 1850년대 말, 찰스 다윈*Charles Darwin*은 《자연 선택에 의한 종의 기원에 대하여*On the Origin of Species by Means of Natural Selection*》라는 책을 내놓았다. 이 책은 창의성과 천재의 과학적 진화의 뿌리를 탐구하려는 노력의 기폭제가 되었다. 실제 빅토리아 시대의 학자들은 《유전적 천재*Hereditary Genius*》, 《천재적 인간*Man of Genius*》, 《천재의 광기*Insanity of Genius*》 등(모두 정확한 원제는 알 수 없다)을 비롯한 소위 광기 어린 천재의 과학적 기원에 대한 책들을 수없이 써댔고, 이는 대부분 주류 학계의 관심을 끌었다.[22]

이 중에서 1891년에 출간된 《천재적 인간》은 천재와 광기의 연관성을 입증하려고 한 시도였다. 저자인 체사레 롬브로소Cesare Lombroso는 아무런 논리적 근거도 없이 "어떤 위대한 천재의 정신이 비정상적이라는 사실은 의문의 여지가 없다. 우리는 이런 사실로 인해 다른 천재적인 인간들에게도 정도의 차이만 덜할 뿐 정신이상의 증세가 있으리라 추정할 수 있다"고 주장했다.

그가 제시한 증거들은 대부분 터무니없는 것들이었다. 이를테면, 그는 예술가들은 키가 작고 얼굴이 창백하다고 강조한다. 또 이 모든 것을 계시를 통해 알았으며 천재들은 '말장난과 언어를 희롱하는 기질'을 갖고 있다고 덧붙인다.

그는 이러한 '불온한' 특성이 어디서 왔다고 생각한 걸까? 그는 유전성 퇴행에서 비롯되었다고 봤다. 즉 부모에게 있는 능력 중 기능이 떨어지는 정신적·육체적 조건이 자녀들에게 유전적으로 전해지는데 롬브로소에 따르면, 이 같은 유전적 특징은 대부분 자녀들을 미치게 만드는 원인이 된다는 것이다. 하지만 또 다른 경우 그런 특성이 좀 더 의아한 현상을 초래하기도 하는데, 그것이 바로 천재라고 주장했다.

그의 주장은 인종주의자, 성차별주의자, 반유대주의자를 양산해 냈다. 롬브로소는 유대인 중에 천재들이 많다고 지적했는데, 그가 천재를 퇴행의 징조로 여겼다는 점을 고려한다면, 이 말은 결코 칭찬이 아니었다. 반유대주의적 망발을 서슴지 않은 그는 이렇게 썼다. "조금 이상한 지적 같지만 유대인의 피가 섞인 집단은 다른 집단에 비해 정신병자가 4~6배 많다."

그는 또한 여성들에게는 천재성을 찾아보기 어렵다고 주장했다. "오랫동안 지켜본 결과, 음악가를 지망하는 남성이 수백 명인 데 비해 여성은 수천 명에 불과하며, 여성 중 위대한 작곡가는 단 한 사람도 없었다." 그는 역사적으로 볼 때 유독 여성들에게 기회가 주어지지 않았다는 사실은 외면한 채, 여성은 기질적으로 새로운 것을 시도하려고 하지 않는다고 결론 내렸다. 또 그는 덧붙였다. "여성들은 진보적인 운동에 방해가 된다."

여성 참정권자가 아니었던 롬브로소의 주장은 퇴행을 거듭했다. 그는 광기와 천재의 탄생이 날씨와 고도의 영향을 받는다고도 주장했다. 천재를 많이 배출하려면 구릉이 많은 지역이어야 한다고 말한 것이다. "벨기에나 네덜란드, 혹은 이집트 같은 평지 국가에서는 천재들이 많이 나오지 않는다."

롬브로소는 왜 구릉이나 따뜻한 기후가 광기와 천재 탄생의 조건이라고 생각한 걸까? 그가 보기에 광기는 유전적이지만 말라리아나 한센병처럼 온대성 기후에서 기승을 부리는 질병에 의해 촉진된다고 생각한 것이다.

19세기 말에는 이처럼 천재에 대한 선정적인 견해가 인기를 끌었다. 존 니스벳John Nisbet이 집필한 《천재의 광기》는 롬브로소의 책과 같은 해에 출간됐다. 이 두 책은 남들보다 조금 뛰어나다는 사람도 '평균적인 사람'에 해당하지만, 천재는 예술에서든 과학에서든 '오직' 한 가지 능력만 과도하게 발달한 사람이기에 결핍된 인간이라고 지적한다.

이러한 책들 때문에 19세기 말 과학자나 일반 대중은 천재성을 질병에 의해 조장하거나 강화할 수 없는 타고난 유전적 특성으로 보았다. 동시에 천재는 광기나 정신착란과 밀접하게 얽혀 있는, 부정적인 사람으로도 인식됐다. 그런데 어쩌다가 천재에 대한 이런 부정적 견해가 뒤집혀 요즘처럼 천재를 숭배하는 문화로까지 발전된 것일까?

흰개미들의 IQ

천재의 특성이 부정적인 쪽에서 긍정적인 방향으로 바뀌게 된 건 1800년대 말 인디애나주 존슨 카운티에 있는 터먼Terman의 가족 농장에서 벌어진 일과 관련이 있다.[23]

이 농장은 지역에 비해 규모가 큰 편이어서 전체 면적이 640ac(에이커. 약 4,047㎡)에 달했다. 즉 축구장 350개 정도를 합한 크기였다. 관련 사업이 잘된 덕분에 터먼 농장은 비싼 최고급 농기구 및 장비를 갖추었고 암소나 양, 닭, 칠면조도 많이 사들였다.

농장주인 터먼은 수집가였다. 그는 땅을 사들였고 동물과 책(그들은 가족 서재에 200권에 가까운 책을 소장했다)을 수집했으며, 자식도 14명이나 낳았다. 자녀 모두가 사랑스러웠지만, 그중에도 아들 루이스Lewis는 그에게 특별한 존재였다.

루이스는 그의 막내아들로, 당시 열 살이었다. 옅은 붉은색의 머리카락부터 다른 아이들과 달랐다. 그는 운동이나 야외활동을 싫어했고, 저녁이면 혼자 방에 틀어박혀 책을 읽곤 했다. 호기심이 남달랐던 루이스였지만 존슨 카운티의 농장에서 책 외에 다른 배출구는 거의 없었다. 그래서인지 어느 날 외판원이 '골상학'에 관한 책을 팔러 왔을 때 루이스는 비상한 관심을 보였다.

1700년대 후반, 유럽에 처음 소개된 골상학은 인간 뇌의 구조와 뇌가 인간의 성격에 어떤 영향을 미치는지를 탐구하는 학문이었다. 골상학은 두뇌의 특정 부위가 다양한 특성에 영향을 미치고 그 부위의 크기가 그 특성의 강점과 약점을 나타낸다는 점을 이론화했다. 골상학자들은 사람의 두개골을 만져보는 것만으로 능력 있는 사람인지 아니면 게으르고 비생산적인 사람인지 알아낼 수 있다고 주장했다. 사실 골상학은 인종차별의 근거로 사용되기도 했지만, 외판원이 그날 밤 소개한 골상학은 손금보기와 다를 바 없었다.

하지만 루이스는 외판원의 말솜씨에 홀렸다. 그날 저녁 그럴듯한 논리와 시범 동작으로 터먼 가족들을 현혹시킨 외판원은 방 안을 돌아다니며 사람들의 두개골을 만져보고 그들의 앞날을 예측했다.

루이스 차례가 되어 그의 두개골을 만져본 그는 소년이 대단한 일을 이룰 상이며 성공할 수밖에 없는 운명이라고 말했다. 가가호호 방문하며 책을 파는 외판원의 이 한마디는, 세상이 천재를 이해하는 방식을 바꾼 일련의 사건의 발단이었다. 물론 그러한 사실을 그가 알 리는 없었지만.

루이스 터먼은 그날 저녁 두 가지를 얻었다. 자신감과 성격 차이에 대한 각별한 흥미였다. 그는 왜 어떤 사람들(자신 같은)은 위대한 일을 할 운명을 타고나고, 다른 사람들은 그렇지 않은지 의문을 품게 되었다. 그의 인생은 골상학자의 예언을 사실로 입증해 보이는 순서를 밟았다. 루이스는 학교에서 월반하여 교사들에게 깊은 인상을 남겼다. 형제들은 들판에서 일하고 가축을 돌보느라 여념이 없었지만, 루이스는 다른 길을 걸었다. 부모의 든든한 지원을 받아 공부를 계속하여 인디애나 주립대학을 나와 매사추세츠 클라크 대학교에서 심리학 박사과정에 등록했다. 그의 박사학위 논문은 똑똑한 아이와 멍청한 아이들의 정신적·신체적 능력을 평가하는 데 초점이 맞춰졌다.

1900년대 초에 세상은 똑똑한 아이들을 의심이나 심지어 경멸의 눈초리로 보고 있었다. 1800년대 후반부터 고개를 들기 시작한 광기 어린 천재 문학의 책임도 일부 있었다. 지능이 높은 사람이나 천재는 현실에 적응하지 못하고 머릿속에 걱정이 가득한 사람으로 여겨졌던 것이다. 루이스는 실험과 연구를 통해 그렇지 않다는 사실을 입증해 보일 수 있다고 생각했다.

머지않아 심리학이라는 신흥 학문에 발을 들여놓게 된 그는 스탠퍼드 대학교에 자리를 잡았지만, 그곳에서도 지능에 대한 관심을 계속 키워갔다. 그가 초기의 IQ 테스트[24] 이야기를 들은 곳도 그곳이었다. IQ 테스트는 프랑스의 알프레드 비네Alfred Binet가 고안한 것으로 학습부진과 발달장애를 가진 학생들을 가려내기 위해 시작한 실험이었다. 루이스 터먼의 생각은 달랐다. 비네 테스트로 천재를 평가한다면 어떻게 될까?

그는 비네의 취지를 미국의 현실에 맞게 고쳐서 중앙값이 '100'이 되도록 점수를 표준화했다. 스탠퍼드에서 팀을 꾸려 작업했기에 이 검사를 스탠퍼드-비네 검사라고 명명했다. 루이스는 어린 시절 그를 찾아왔던 골상학자의 주장대로 천재는 유전적이며 인류의 진보를 위해서는 천재성을 측정할 수 있어야 한다고 생각했다. 타고난 재능을 길들이기 위해서는 그런 재능을 가진 사람을 가려내는 절차가 필요했다.

1916년에 모든 사람의 지능을 검사해야겠다고 생각한 루이스는 《지능 측정 *The Measurement of Intelligence*》이라는 책을 썼다.[25] 각자의 집에서 1시간만 할애하면 누구나 해볼 수 있는 IQ 검사서가 포함된 책이었다.

이 책 한 권으로 그는 학계의 유명인사가 되었다. 그러나 그 명성에도 불구하고 IQ 테스트가 일반화되기까지는 제1차 세계대전이라는 사건이 필요했다. 당시 미군은 170만 명에 달하는 지원병 전원을 대상으로 IQ 검사를 실시했다. 처음으로 지능 검사가 미국에서 용인되는 순간이었다.

그러나 루이스의 검사엔 문제가 있었다. 당시 많은 학자가 그랬듯 그도 인류를 유전학적으로 개량하려는 목적을 가진 '우생학'을 신봉하고 있었던 것이다. 우생학은 강제 불임이나 낙태를 통해 인구 집단을 개선하거나 한 사회가 중요하지 않다고 여기는 사람들에게 불이익을 주려는 의도를 갖고 있었다. 그는 사람들의 지능 수준을 토대로 똑똑한 사람이 아니라, 똑똑하지 않은 사람들에게 각별한 관심을 가져야 한다는 점을 강조하려고 했다. 이러한 취지에서 그는 정신박약자에 대한 불임시술을 지지했다.[26] 결국 노스캐롤라이나 같은 몇몇 주에서는 IQ 검사에서 낮은 점수를 받은 사람들을 대상으로 강제 불임시술을 집행하는 법이 통과되는 일까지 벌어지기도 했다.

지능이 높은 사람들을 탐구하기 위해 루이스는 일단 아이들이 살아온 과정을 추적 조사하기로 했다. IQ가 높은 아이들은 살면서 어떤 과정을 밟는가? 평범하게 사는가? 성공하는 편인가? 아니면 '신경질적이고 광기 어린 천재'라는 빅토리아 시대의 이미지가 사실인가? 1921년에 그는 검사 결과와 교사들의 추천을 기반으로 1,521명에 달하는 젊은 천재들을 모았다.[27] 그들 모두는 검사에서 IQ 135 이상을 받은 이들이었다.

이 학생들은 루이스 터먼의 이름을 조금 비틀어 '터마이츠Termites(흰개미)'라고 불렸다. 이후 그들은 5~10년마다(실제로 지금까지도) 조사를 받아 그 경로를 평가받았다. 어렸을 때부터 높은 IQ를 가진 개인의 삶을 확인하고 추적할 수 있다면, 두 가지 뚜렷한 사실을 확인할 수 있을 것이라는 가설에서 나온 발상이었다. 첫째, 그들은 적응력이 뛰어나고 별다른 걱정 없이 살 것이다. 둘째, 그들은 대단한 성공을 만끽할 것이다.

연구 결과가 어땠을까? 가설과는 전혀 달랐다. 루이스는 천재들이 뛰어난 적응력을 가지고 있다는 사실은 확인했지만, 알코올 중독, 자살, 이혼 비율은 보통 수준이었고, 성공이라는 기준으로 보면 대부분이 놀라울 정도로 평범했다.

그랬다. 두각을 나타낸 흰개미들도 소수 있었지만, 그들 중에는 세상의 이목을 집중시킬 정도의 성공을 거두거나 노벨상을 받거나 이름을 날린 사람은 단 한 명도 없었다. 그가 검사했던 대상자 중에 훗날 노벨상을 수상하게 된 아이가 두 명 있었지만 그 아이들은 천재 기준에 해당하는 점수를 받지 못했다.

루이스 터먼이 죽고 난 후 1968년에 그의 제자 한 명이 전문 직업을 가진 흰개미들의 중간성과를 평가해보기로 했다. 그녀는 전문 분야에서 대단한 성공을 거둔 수백 명의 흰개미들을 목수나 가게점원 같은 블루칼라 직종의 사람들과 비교했다. 그들에 비해 내세울 만한 업적이 없는 블루칼라들의 IQ가 많이 낮았을까?

사실 두 집단의 IQ 차이는 아주 미미했다. 다른 점이 있다면 교육의 탓으로 돌릴 수 있는 성격 차이 정도였다. 성공한 집단은 자신감과 인내심이 강했고, 어린 시절 부모로부터 격려를 많이 받았다.[28] 지능에 관한 루이스의 추측이 완전히 빗나간 것이다. 높은 IQ는 성공과 별다른 관계가 없었다.

하지만 IQ 검사로 대표되는 그의 성공 복음주의도 한 가지 사실만은 입증했다. IQ가 높은 사람들은 정상적인 삶을 살았고 주어진 환경에 잘 적응했다. 루이스는 천재의 개념을 긍정적인 속성으로 바꾸는 데 성공했다.

루이스의 연구는 얼마 가지 않아 창의력에 관한 현대판 영감 이론으로 자리 잡았다. 즉 창의성은 무작위로 번뜩이는 영감으로 규정할 수 있는 신비한 내적 과정의 결과라는 것이 그 이론의 요지였다. 오늘날 우리는 여전히 천재들을 스티브 잡스나 일론 머스크Elon Musk처럼 신경이 예민한 사람으로 보지만, 그들은 더 이상 위험한 존재도 아니고 따라서 경계해야 할 대상도 아니다. 오히려 요즘의 천재는 칭송의 대상으로 받들어진다.

그러나 루이스 터먼의 연구를 통해 IQ와 창의성 사이에 특별한 연관이 없다는 사실이 드러났다. 그렇다면 창의적 재능은 도대체 어디서 오는 것일까?

———
위대한 예술가가 되려면 재능을 가지고 태어나야 하는 걸까?
아니면 열심히 노력하고 연습해야 하는 걸까?
예술적 재능은 타고나는 것이 아닌가?

04

재능이란 무엇인가?

지금부터 헤어드라이어를 원래의 용도와 다르게 사용하는 방법을 생각나는 대로 이야기해보라. 30초 주겠다.

몇 가지를 생각해냈는가? 여섯 가지? 그보다 많은가?

우선 어떤 물체 표면에 붙은 먼지를 날려버리는 데 헤어드라이어를 쓸 수 있을 것이다. 예전에 나의 할머니는 헤어드라이어를 활용하면 케이크 프로스팅(설탕을 입히는 작업−옮긴이)을 아주 윤기 나게 할 수 있다고 가르쳐주셨다.

이러한 유형의 문제로 답변을 끌어내는 방식을 '확산적 사고 검사Divergent Thinking Test'라고 한다. 어떤 문제를 놓고 다양한 해결책을 찾아내려 할 때 동원되는 확산적 사고는 창의성으로 연결된다.[1] 즉 사고가 확산될수록 창의적이 된다. 내놓는 답의 수와 독창성을 보면 그 사람의 잠재된 창의성을 정확히 평가할 수 있다는 것이다.

학자들은 인간의 지능과 창의성의 관계를 밝히기 위해 오스트리아에서 연구를 시작했다.[2] 창의적 재능을 가지려면 IQ가 높아야 할까? 그렇다면, 얼마나 높아야 하는 걸까?

그들은 조사에 297명의 참가자를 모집했다. 일부는 어떤 대학교의 학생들이었고 또 일부는 주변의 마을 사람들이었다. 학자들은 먼저 참가자들의 IQ를 조사했다. 그다음 잠재된 창의성을 측정하기 위해 여섯 개의 확산적 사고 문항을 제시했다. 마지막으로 학자들은 훈련을 받은 패널들에게 참가자들이 제출한 응답의 독창성을 1(독창적이지 않음)부터 4(매우 독창적임)까지 수치로 평가하게 했다.

어떤 결과가 나왔을까?

잠재된 창의성을 측정하는 여러 가지 방법 중 그 사람이 얼마나 많은 아이디어를 생각해내는지도 측정 기준이 되었다. 학자들은 IQ와 아이디어의 양 사이에 아주 밀접한 관계가 있다는 걸 발견했다. 하지만 이 관계는 평균 IQ 100에 못 미치는, IQ 86 이하에서만 성립했다. 참가자의 IQ가 86을 넘어가면 이러한 관계가 통하지 않은 것이다. 다시 말해, 평균 이하이긴 하지만 IQ 90인 사람도 '천재'라고 할 수 있는 IQ 150인 사람보다 더 많은 아이디어를 내놓을 수 있다는 말이다.

이것이 과학자들이 말하는 '역치 이론Threshold Theory'이다.[3] IQ가 일정한 역치를 넘어가면 잠재된 창의성은 누구나 같다. IQ 역치가 86이라는 말은, IQ 점수에서 상위 80% 안에만 들면 잠재된 창의성에서 차이가 없다는 뜻이다. 이 정도면 상당히 규모가 큰 집단이다.

그런데 이렇게 아이디어의 '양'만으로 창의성을 측정할 수 없다면 어떻게 창의성을 알아볼 수 있을까? 학자들은 잠재된 창의성을 규정할 수 있는 보다 엄격한 정의를 찾았다. 바로 각자가 떠올린 아이디어의 '질'이었다.

질적인 면에서 그들은 다시 IQ와의 상호관계를 찾아냈지만, 그것 역시 어느 수준까지만 성립했다. 이번에는 IQ 104에서 상호관계가 멈췄다. 다시 말해 IQ가 104만 넘으면 누구나 천재 IQ 영역에 속한 사람들과 같은 수준의 독창적 아이디어를 떠올릴 '잠재력'을 가진 것이다. 이 역시 매우 큰 집단이어서 전체의 40%를 차지했다. 전 세계 인구 중 대략 30억 명이 여기에 해당한다. 많은 사람들이 우상시하는 천재 엘리트 못지않은 잠재된 창의성을 가진 사람의 수가 그만큼 많다는 뜻이다.

어떻게 하면 이들의 보이지 않는 잠재력을 해방시킬 수 있을까?

그림 그리기 13년

위대한 예술가가 되려면 남다른 재능을 가지고 태어나야 하는 걸까? 아니면 열심히 노력하고 연습해야 하는 걸까? 예술적 재능은 티고나는 것인가 아닌가가 창의력을 연구하는 사람들이 던지는 질문의 핵심이다.

평범해 보이는 조너선 하디스티Jonathan Hardesty도 이에 대한 답을 알고 싶었다. 하디스티를 보면⁴ 우리 집 가족 모임에서 아무나 붙들고 아무 말이나 쏟아내는 수다스러운 삼촌이 생각난다. 삼촌은 10년 전에나 유행했을 법한 안경에 구릿빛 턱수염을 길렀는데, 에너지가 넘쳐서 온종일 수다를 떨어도 지칠 줄 모른다. 하디스티는 동네 식당이나 서점에서 눈인사 정도는 나누었을 법한 친숙한 외모를 지녔다. 아무리 봐도 화가처럼은 보이지 않는다.

그러나 하디스티의 작품들은 다섯 자리 가격에 팔린다. 그는 이 시대의 독보적인 정상급 화가일 뿐 아니라 사실상 전 세계 사람들에게 다작의 유용성을 가르치는 교사이기도 하다.

나는 그와 화상통화를 하면서 웹캠을 통해 그의 스튜디오를 살펴볼 수 있었다. 스튜디오라고는 하지만, 그저 뜰 안에 마련한 커다란 작업장이라고 하는 것이 보다 정확한 묘사일 것 같다. 화면으로 보니, 사방의 벽과 모든 가구마다 그림이 놓여 있었다. 그는 이 공간을 그림을 그리는 작업실뿐 아니라 온라인 강좌의 강의실로도 사용하고 있다.

하디스티는 처음부터 화가가 되려 했던 것은 아니라고 했다. 많은 이들이 그렇듯 여덟 살 때 잠깐 그림에 관심을 보인 것 외에, 대학교를 졸업할 때까지 그는 연필이나 붓을 들고 작정한 채 무얼 그려본 적이 없었다. 학교를 졸업하고 결혼한 지 얼마 지나지 않은 2002년, 그는 한 대학교 메디컬센터 기금모금 사무소의 조수 자리를 구했다. 서류를 챙기고 사소한 업무를 처리하며 온갖 궂은일을 도맡아 해야 하는 자리였다.

그 시절 이야기를 들어보니, 딱히 소개할 만한 것도 없는 그렇고 그런 업무 환경이었다. "사무실에 들어가면 사람들이 득달같이 달려들어 이거 해달라 저거 해달라 하며 성화였어요."

그의 상사는 주변 사람들을 무시했고 그에게는 관심조차 없었다. 며칠씩이나 걸려 서류를 철하고 정리해봐야, 다음 날에는 더 많은 서류가 책상 위에 놓였다. 어느 날 퍼뜩 정신이 든 그는, 이제 하고 싶은 일을 하면서 살아야겠다고 결심했다. 그리고 기왕 조수 노릇을 할 거라면 적어도 가장 유능한 조수가 되어야겠다고 생각했다.

그는 먼저 업무 절차부터 개선하기로 했다. 그리고 학교 당국이 그의 제안을 받아줄 의향이 있는지 알아보았다. 서류 정리 과정을 전산화한다면 엄청난 시간을 절약할 수 있었다. 그렇게 하면 일도 쉬워지고 대학교도 예산을 절약할 수 있을 터였다. 하지만 그의 상사는 그 자리에서 하디스티의 제안을 거절했다. 기금모금 사무소는 업무를 전산화할 생각이 없었던 것이다.

그곳에서 일하는 동료들이 새삼 불쌍해 보였다. 모두가 하기 싫은 일을 억지로 하는 것 같았다. 순간 그는 더 이상 이대로는 안 되겠다고 생각했다. "영혼이 죽어가는 느낌이었습니다." 하디스티는 내게 그렇게 말했다.

그는 목적이 좀 더 분명한 삶을 살기로 결심하고 자신에게 딱 맞는 직업을 찾기 시작했다. 무엇을 하면 정말 행복해질 수 있을까? 그는 맡겨진 서류 정리 일을 일상적으로 하면서도 온종일 떠오르는 생각을 노트패드에 끼적였다.

무얼 하든 새로 택한 직업에는 온 힘을 쏟아야겠다고 마음먹었다. 하지만 여기저기를 계속 기웃거리는 못된 버릇 때문에 점차 지쳐갔다. 어느 순간에는 지질학자가 되고 싶어서 서가에 있는 지질학 책을 죄다 꺼내 읽었다가, 다음 달에는 조종사 면허를 따는 일에 몰두했다. 그런가 하면 뮤지션을 꿈꾸기도 했다. 록스타가 된 자신의 모습을 그리며 평소 해보고 싶었던 동네 밴드 '펄 잼Pearl Jam'에 들어갔다. 밴드의 이름이 조금 알려지긴 했지만 여기저기 떠도는 연주생활은 지겨웠다. "마음에 안 들었어요. 늘 똑같았죠. 일주일의 3, 4일 밤은 완전히 똑같은 곡만 불러댔거든요."

그는 이런저런 직업을 생각해봤다. 무얼 하면 집에서 일할 수 있을까? 언젠가 아이들도 생길 텐데 아내와 아이들 곁에서 할 수 있는 일은 없을까? 무엇보다 사무실 같은 삭막한 환경에서 벗어나고 싶었다. 그는 무작위로 문제를 고르는 운전면허시험 같은 일 말고, 뭔가 창의적인 일을 할 수 있는 분위기를 원했다.

오랜 궁리 끝에 그는 자신에게 딱 맞을 것 같은 직업을 생각해냈다. 화가였다! 집이나 스튜디오에서 그림을 그리고, 화랑에 그림을 내다 팔면 된다. 그림을 그린다면 햇볕도 닿지 않는 칙칙한 사무실 천장 타일만 쳐다볼 일도 없을 테고, 온종일 아내와 앞으로 생길 아이들과 가까이 있을 수도 있다. 완벽했다.

단 한 가지가 마음에 걸렸다. 마지막으로 그림을 그려본 것이 여덟 살 때였다. 게다가 가족 중에도 그림 그리는 일과 관련된 사람이 없었다. 그런데도 그는 그날 밤 자신과 굳은 약속을 했다. 유명 화가가 되는 날까지 매일 드로잉을 하고 그림을 그릴 것이라고 말이다.

하디스티의 첫 번째 드로잉은 자화상이었다. 작품 하나를 끝내고 나니 뿌듯했지만, 한편으로는 두렵기도 했다. 본인이 아니라 덜 떨어진 '나폴레옹 다이너마이트Napoleon Dynamite(미국 코미디 영화의 주인공-옮긴이)' 같았기 때문이다. 하지만 어설프기는 해도, 그리는 동안은 시간 가는 줄 모를 정도로 재미있었다.

사람들의 솔직한 반응을 알아보기 위해[5] 그는 아티스트들의 인터넷 커뮤니티인 '콘셉트아트ConceptArt.org'에 그림을 올리기 시작했다. 포스트 제목은 '완전 신출내기의 여정 : 그림과 스케치Journey of an Absolute Rookie : Paintings and Sketches'로 했다. 그리고 포스트에는 이렇게 썼다. "완전 밑바닥부터 시작하는 신출내기입니다. 하지만 매일 적어도 그림 하나와 스케치 하나씩 올릴 겁니다. 주말에는 두 개씩도 가능할 것 같습니다. 보시는 작품 순서는 제가 그린 순서입니다. 2002년 9월 15일에 시작하여 하루도 빠짐없이 그립니다. 제 마음을 모든 사람에게 있는 그대로 털어놓는 겁니다. 볼품이 없든 그런대로 괜찮든 제가 그리는 것을 빠짐없이 전부 올리겠습니다."

하디스티의 포스팅은 정말 도움이 되는 피드백을 받고 싶은 의도에서 시작된 것이지만, 새로운 기술을 연마하려는 사람의 시도를 보여주는 흔치 않은 기록이기도 했다. 이후 13년 동안 그는 매일같이 최신 그림을 업로드하면서, 팔로워 숫자들을 업데이트했다. 다음은 2002년에 그가 그린 바로 그 첫 번째 자화상 드로잉과 5년 후 그가 그린 그림이다.

⬆ 조너선 하디스티 그림 스캔.
Copyright ©2002 and 2007. 조너선 하디스티의 허락을 받아 재인쇄.

　　두말할 필요 없이, 하디스티의 실력은 몇 년 사이에 크게 향상되었다. 비결이 무엇일까? 사람들은 대부분 취미로 그림을 그린다. 그것도 몇십 년씩. 그러나 일정한 수준에 올라 화가로 성공하는 경우는 극히 드물다. 그런데 어떻게 그는 그렇게 훌륭한 화가가 될 수 있었던 것일까?

전문가로 가는 길

　　새로운 기술을 마스터하려면 어떤 식으로 배워야 하는가?

　　"연습하고, 연습하고, 또 연습하라." 흔히들 그렇게 말한다. 여러분도 '1만 시간의 법칙'이라는 터무니없는 이론을 들어본 적이 있을 것이다. 그런 이론도 흡족한 답을 주지 못한다. 아무리 오랜 시간을 연마해도 대부분은 세계적 수준의 전문가 근처에도 가지 못한다. 운전만 해도 그렇다. 우리는 수천, 수만 시간을 운전하며 보내지만 나스카NASCAR 대회에 나갈 엄두는 내지 못한다. 경험한 햇수와 기술은 관계가 거의 없다는 연구 결과도 있다.

노련한 증권 컨설턴트를 조사해본 결과,[6] 그들의 투자 실력도 초보자와 별 차이가 없었다. 또 다른 조사에서도[7] 환자의 치료 결과만 놓고 볼 때 노련한 치료사와 초보 치료사 사이에 별다른 차이가 없다는 것이 드러났다. 결론은, 어떤 일을 하는 데 보낸 세월, 즉 경험의 시간은 성공과 밀접한 관계가 없다는 것이다.

전문성을 연구하는 사람들은 이 문제를 다른 각도에서 접근해보기로 했다.[8] 특정 기술에서 능력이 뛰어난 사람과 그렇지 못한 사람을 비교하면 어떤 결과가 나올까? 훈련하고 배우는 방법에서 두 집단의 차이를 알아낼 수 있을까?

어떤 연구자는 세계 최고 수준의 단거리 육상선수와 그저 잘하는 축에 속하는 선수를 비교했다. 둘 사이에는 신체적 차이뿐 아니라 정신적 차이도 있다는 사실을 확인할 수 있었다. 최고 수준의 단거리 육상선수들은 일반적인 주자들보다 자신의 내면 상태를 좀 더 철저히 점검하고 경기 중에도 성적을 올릴 수 있는 방법을 보다 집중적으로 궁리했다.

최고 수준의 체스선수를 평가한 연구도 비슷한 결론에 도달했다.[9] 즉 프로 선수들은 체스를 대하는 정신 자세에서부터 보통 선수들과 격이 달랐다.

이러한 정신 자세를 가리켜 심리학자들은 '멘탈 모델Mental Model' 이라고 부른다. 멘탈 모델은 개념이나 상황에 대한 두뇌의 표상이다. 예를 들어, 어떤 협상 테이블에서 양편이 밀고 당기며 해결책을 찾으려고 할 때, 협상의 성격에 대해 각자가 갖고 있는 개념이 각자의 멘탈 모델이 되는 것이다.

연구자들은 모든 유형의 기술에서 멘탈 모델이 매우 중요한 의미[10]를 갖는다는 사실을 알아냈다. 그리고 계속된 연구를 통해, 의학 전문가와 컴퓨터 프로그래머, 비디오 게임 플레이어에서 향상된 멘탈 모델이 비슷한 패턴으로 나타난다는 사실도 발견했다.

멘탈 모델이 단순한 경험이 아니라면, 어떻게 그런 모델을 배울 수 있을까?

이럴 때 사람들은 흔히 편안한 답에 기대고 만다. '재능'이라고 결론 내버리는 것이다. 그들은 날 때부터 특정 기술력을 지닌 사람들이 있다고 말한다. 그것은 선천적인 것이며, 후천적으로 배울 수 있는 영역이 아니라고. 그러니 노력은 그만두고 그저 편히 앉아 〈아메리카 갓 탤런트America's Got Talent〉나 보면서 입으로 불을 뿜는 여덟 살짜리가 그런 '재주'를 타고났다고 단정하면 된다.

전문가들은 평범한 사람을 훈련시켜 그들에게서 초인적인 능력을 끌어낼 수 있는지 알아보기로 했다. 다음의 숫자 배열을 보라. 그리고 할 수 있는 한 많은 자릿수를 기억해보라. 급할 것 없으니 여유를 가지고.

38958502582502590501501851009944451510511058
11958150981950810958105981095881293567

어느 정도 외운 것 같다면, 책을 덮고 순서대로 적어보라.

이 숫자는 80자릿수다. 몇 자리까지 틀리지 않고 적었는가? 4자리? 아니면 10자리? 1자리도 못 외웠다고?

나는 보통 6자리 정도 외운다. 대학생들은 보통 7자리를 외우는 것으로 조사되었다(그래서 나도 주눅 들지 않았다). 그 이상을 외웠다면 자신을 대견하게 여겨도 좋다.

여기서 연구자들은 놀라운, 아니 얼핏 보아 불가능해 보이는 사실을 알아냈다. 잘 알려진 기억법을 사용하여 평범한 대학생을 훈련시켰더니, 최대 '80자리' 이상의 숫자도 거뜬히 외운 것이다. 이런 사실은 여러 차례 반복 실험을 통해 확인되었다. 어떤 연구원은 이 같은 기억 기술 연구를 이렇게 요약했다. "최근에 실시한 연구 결과, 적절한 방법과 훈련을 적용할 경우 의욕적인 건강한 성인이 특별한 유형의 기억 과제에 대해 이례적인 수준의 성적을 얻지 못하게 막는 그 어떤 과학적으로 입증된 증거도 찾아내지 못했다."

학생들의 기억 능력을 극적으로 향상시킨 것은 유전적 재능이 아니었다. 1만 시간의 훈련은 더더욱 아니었다(다시 말하지만 '1만'은 잘못된 수치다. 이 문제는 나중에 다루겠다). 핵심은 그들을 훈련한 '방법'에 있었다.

연구진들은 기량이 뛰어난 예술가들을 관찰한 결과,[11] 그중 약 절반은 신동이라 할 만한 수준이었지만 나머지 절반은 "그다지 눈에 띄지 않는 어린 시절을 보내며 성인에 접어들 때까지 비상하다는 말을 듣지 못한 사람들이었다"고 지적했다. 그러니 굳이 천재가 아니더라도 창의력 분야에서 얼마든지 두각을 나타낼 수 있다. 그저 그들처럼 훈련만 하면 된다.

예술가의 천국

조너선 하디스티가 거장이 되는 데는 평범하지 않은 장소가 필요했다. 사우스다코타South Dakota(미국 중앙대평원 북부에 위치한 주-옮긴이)였다.

하디스티는 네티즌들로부터 많은 격려를 받았다. '게키추Gekitsu'라는 ID를 쓰는 사람은 엄청난 맞춤법이 포함된 감탄의 메시지를 남겼다. "우리 모두의 마음을 사로자블때까지 연습을 그만두지않을 기세군요. 나도 그런열정 한번 가져봐쓰면."

하디스티는 매일 드로잉하고 그림을 그렸다. 처음에는 실력이 부쩍부쩍 느는 것 같았지만, 얼마 가지 않아 벽에 부딪혔다. 도무지 진전이 없었다. 그가 올린 포스팅 글에도 회의감이 배어들기 시작했다. 2003년 5월에 올린 그의 온라인 글에서 그는 횡설수설했다. "내 능력이 이 정도밖에 안 되다니 정말 절망스럽습니다. …… 그만 둬야 할 것 같아요. …… 걱정하지 마세요. 그럴 일은 없을 테니, 하지만 오늘이 바로 그날이라는 느낌이 확실히 드네요. …… 3d로는 아무것도 머릿속에 그릴 수가 없네요. ······ 연필도 펜도 말을 안 들어요. 휴. 잠이나 자야겠어요."

새로운 방법이 필요했다. 하지만 어떤 방법?

그는 우연한 기회에 인터넷에서 '아틀리에 운동Atelier Movement'이라는 훈련법을 찾아냈다. 이 훈련법[12]은 예술가를 일개 기술자로 취급하며 작업장에서 제작 기법을 가르치던 르네상스 이전 시대의 관례를 따른 것이었다. 그 시절 거장은 스튜디오에 제자를 몇 명 거느리면서 그들에게 거장의 작품을 그대로 베끼는 훈련을 시켰다. 그러다 이탈리아 르네상스 시대에 접어들면서 부유한 후원자들이 개별 예술가와 엘리트 아카데미를 후원하기 시작하면서 이 훈련 모델은 힘을 잃었다.

하지만 1800년대에 장 레옹 제롬Jean-Leon Gerome이라는 프랑스 화가가 아틀리에(프랑스어로 작업장을 의미한다) 모델을 다시 들고나와 스튜디오에서 학생들을 훈련시키기 시작했다. 그는 많은 제자를 두었고, 그들 대다수는 화가로서 성공했다.

현대판 아틀리에는 4년 과정이 보통이다. 그동안 학생들은 매일 조각을 놓고 극사실주의적인 고전 드로잉(바그 드로잉Bargue Drawing이라고 한다)을 해야 하고, 살아 있는 모델도 그린다. 그러다 검은색과 흰색 물감을 첨가한다. 마지막 해가 되어서야 기본적인 물감을 가지고 훈련을 시작한다. 이런 식으로 4년 동안 학생들은 수천 시간을 들여서 그림의 기본을 천천히 완벽하게 다듬는다.

하디스티는 이 모델을 접한 순간 흥분했다. 관련 자료를 살펴볼

수록 아틀리에에 대한 관심이 더욱 커졌다. 이런 프로그램이면 위대한 화가가 되는 데 필요한 것들을 배울 수 있겠다는 확신이 들었다. 그는 인터넷을 뒤져 미국의 여러 아틀리에에 관한 정보를 섭렵했고 마침내 자신에게 딱 맞을 것 같은 아틀리에를 찾았다. 선생도 평판이 좋았고 아틀리에도 오픈되어 있었다. 단 한 가지 문제가 있었다. 장소가 사우스다코타주의 수폴스Sioux Falls였던 것이다.

그는 아내에게 그곳으로 이사해도 좋을지 물었다. 아내는 좋다고 했지만, 그녀의 가족들은 고개를 갸우뚱했다. 그들은 사위가 허황한 꿈을 좇고 있는 게 아닐지 걱정했다. 그들만 그런 것도 아니었다. 그의 스레드에 글을 올리는 사람들도 아무래도 사기 사이트인 것 같다며 만류했다. 그런데도 하디스티는 짐을 꾸려 아내와 함께 사우스다코타로 차를 몰았다.

사우스다코타에서 수입도 없이 화가로 살아야 하는 혹독한 일상의 현실과 마주하자, 그의 들떴던 흥분은 금방 가라앉았다. 결국 그는 동네 제과점인 브레드스미스Breadsmith에 일자리를 얻었고, 새벽 5시부터 8시간을 제과점에서 일했다. 일이 끝나면 아틀리에로 가서 밤 9시까지 그림을 그리고 잠을 자고 다음 날 일어나 똑같은 일을 반복했다.

두 사람에게 부족한 건 시간뿐이 아니었다. 돈이 부족했던 부부는 고지서가 날아오면 서로의 얼굴만 바라봤다. 수중에 몇 달러밖에 남지 않았을 때도 있었다. 두 사람은 값싼 식료품을 파는 동네 가게를 찾았다. 이내 싸구려 탄수화물에 진력이 난 부부는 단백질

식품을 찾아 슈퍼마켓 안을 이리저리 돌아다니다가 렌틸콩 자루를 발견했다. 단백질이 풍부한 데다 비싸지도 않았다. 한 봉지에 39센트. 가난한 부부에게는 완벽한 영양식이었다. 3주 동안 그들은 렌틸콩과 빵으로만 버티며 얼마간의 돈을 모았다. 평생 먹을 렌틸콩을 그때 다 먹은 하디스티는 이제 렌틸콩이라면 쳐다도 보지 않는다고 했다.

그렇지만 사우스다코타에서 보낸 시간은 투지로 가득 찼고, 이러한 투지는 그의 변신을 재촉했다. 하디스티를 바꾼 이 훈련법에 무슨 비결이 있었던 것일까?

목적을 가지는 것

'1만 시간의 법칙'이란 말은 익히 들어봤을 것이다. 말콤 글래드웰Malcom Gladwell이 2008년에 발표한 베스트셀러 《아웃라이어Outliers》에서 처음 소개된 말이다.

이 책이 출간된 이후 어떤 일이든 1만 시간만 연습하면 누구나 전문가 수준으로 할 수 있다는 주장이 경영과 자기계발 분야를 관통하는 하나의 진리가 되었다. 구글Google에 따르면, 이 구절을 언급한 웹사이트가 14만 개를 웃돌 정도다.

이 법칙의 근거가 된 것은 스웨덴 출신으로 플로리다 주립대학 교수인 K. 안데르스 에릭슨K. Anders Ericsson[13]의 연구 논문이다. 에릭슨 교수는 기술 습득의 문제를 처음 연구한 주인공인데, 그는 뭔가 오해가 있다고 말했다. 엄밀한 의미에서 이 규칙이 그런 뜻은 아니었다는 것이다. "글래드웰은 나의 논문을 잘못 읽었습니다." 그는 내게 이렇게 말했다.

1만 시간의 법칙에는 두 가지 중요한 결함이 있다. 첫째, 이 법칙에는 기술 습득에 있어 '얼마나 많은' 시간을 보내느냐가 아닌, 그 시간을 '어떻게' 보내느냐가 중요하다는 사실이 무시되고 있다. 앞에서도 말했지만 아무리 경험이 많은 치료사나 증권 컨설턴트라고 해도 초보자보다 늘 좋은 결과를 얻는 것은 아니다.

왜 그럴까? 사람들이 어느 정도 수준의 기술을 익히고 나면 더이상 의식적으로 기술을 향상시키려고 애쓰지는 않기 때문이다. 운전만 해도 그렇지 않은가? 출·퇴근 시간에 운전을 하면서도 우리는 좀 더 안전하고 세련된 방식으로 회전이나 가속을 해보려는 시도를 하지 않는다. 이 정도면 잘하는 편이라고 만족해한다. 처음 운전을 시작할 때는 적절히 회전하는 법, 앞차를 추돌하지 않도록 감속하는 법, 평행 주차하는 법(나는 지금도 자신이 없다) 등 차를 다루는 데 필요한 모든 기술을 배우고 터득한다. 이런 기술에 계속 관심을 가지고 운전하다 보면 아마 깨닫지 못하는 사이에 조금씩 운전 실력이 좋아질 것이다. 시간이 흘러가면서 기술이 몸에 배고 그래서 의식을 하지 않게 된다. 운전은 어느새 운전자가 의식하지 않는 사이 몸이 따라가는 행위가 된다.

결국 많은 시간을 계속 운전하면서도 좀 더 나은 기술을 배우려고 애쓰지 않게 되는 것이다. 1만 시간의 법칙을 믿는다면 운전면

허증을 가진 사람도 나중에는 카레이서 같은 기술을 터득해야 한다. 그런데 현실이 어디 그런가? 1만 시간 혹은 그 이상으로 차를 몰아도 운전 실력은 여전히 고만고만하다. 에릭슨은 그 이유를 이렇게 설명했다. "자동성은 전문성을 기르는 데 적입니다." 그는 덧붙였다. "무슨 일이든 저절로 하게 되는 수준에 이르면, 자신이 하는 일을 통제할 능력을 잃게 됩니다." 통제할 수 없으면 향상시킬 수 없다.

에릭슨의 연구는 단순히 1만 시간을 반복해서 어떤 과제를 연습하는 것이 아니라, '목적이 있는 연습Purposeful Practice'을 하는 것이 중요하다는 사실을 보여준다. 목적이 있는 연습이란, 확실한 목표와 피드백 메커니즘을 가지고 사소한 기술도 반복적으로 익혀가는 특별한 형태의 연습을 말한다. 운전 강사와 함께 평행 주차를 연습할 때도 마찬가지다. 피드백은 강사나 경험 있는 멘토에게서 나온다. 그런 피드백을 통해 작은 기술을 하나 익히면 좀 더 어려운 기술에 도전할 수 있게 된다.

에릭슨은 목적이 있는 연습의 위력[14]을 입증하기 위해 전문 바이올리니스트를 대상으로 연구했다. 그는 일주일 동안 연습에 투자하는 시간의 양이 대충 비슷해도, 최고 수준의 바이올리니스트들의 경우 '목적이 있는 연습'에 더 많은 시간을 들인다는 사실을 알아냈다. 에릭슨은 바이올린을 배우는 학생들이 이처럼 좀 더 효과적으로 연습해나가는 과정을 내게 설명해주었다.

교사는 학생의 바이올린 연주를 듣고 문제점을 찾아낸다. 연주가 너무 빨랐을 수도 있고 너무 느렸을 수도 있다. 그러면 교사는 정확한 속도로 연주하는 데 특별히 초점을 맞춰 연습하도록 지시한다. 학생은 이런 연습을 계속 반복하고, 교사가 이제 학생이 정확한 빠르기를 완전히 터득했다고 인정해줄 경우에만 더 어려운 기술로 넘어간다.

음악만 그런 것이 아니다. 체스 선수들에게도 비슷한 결과를 확인할 수 있다. 목적이 있는 연습 시간의 양은 체스 기술을 예측할 수 있는 가장 좋은 측정치다. 게임의 횟수가 아닌 것이다.

목적의식이 없는 연습, 즉 방법을 이미 알고 있는 것을 연습하는 행위는 이미 자리 잡은 의식 작용을 더욱 굳힐 따름이다. 따라서 배우는 사람은 목적이 있는 연습으로 방식을 바꿔야만 기술에 대한 새로운 정신활동 체계를 획득할 수 있고, 그렇게 해서 자신의 능력을 향상시킬 수 있다.

1만 시간의 법칙의 두 번째 심각한 결함은 에릭슨이 연구를 통해 목적이 있는 연습을 1만 시간씩 해도 전문가가 된다는 사실을 확인하지 '못했다'는 점에 있다. 그저 에릭슨은 1만 시간의 목적이 있는 연습이 그가 연구한 전문가들의 '평균' 연습량일 뿐이라는 사실을 알아냈다. 누군가는 그보다 훨씬 적은 시간으로도 그 정도 수준에 도달했고, 또 누구는 그보다 더 많은 시간을 쏟아부어 그 수준에 도달했다. 에릭슨은 이렇게 설명했다. "자신이 몇 시간째 연습에 몰두하는지를 몸이나 세포가 계속 파악하고 있다는 것도 웃기지만, 1만 시간에 어떤 마법의 시계가 장착되어 있어 상황을 바꿔준다는 이 같은 생각은 참으로 희한한 발상입니다."

에릭슨은 어떤 과제를 익히는 데 필요한 시간의 양은 사람마다 다르고, 같은 사람이라 해도 과제에 따라 다르다고 말했다. 예를 들어, 특정 기술을 추구하는 사람이 많지 않을 때는 많은 시간을 들이지 않아도 그 분야에서 전문가가 될 수 있다. 숫자 기억 실험을 떠올려보면 알 수 있을 것이다. 바이올린이나 체스와 달리 숫자를 기억하는 문제에서 세계적 수준의 달인이 되려고 애쓰는 사람은 많지 않다. 따라서 연구원들이 대상자들을 훈련시켰을 때 "기본적으로 그들은 약 400시간 정도의 연습만으로 세계 최고가 될 수 있었다"고 에릭슨은 말했다. 400시간이면 1만 시간의 4%다. 에릭슨이 처음 숫자 기억 훈련을 실험했을 때는 1년 정도 주말에만 연습하여 80자릿수 이상을 기억하면 세계 챔피언이 될 수 있었을 것이다. 하지만 이것도 옛날 얘기다. 요즘 숫자 외우기 기록은 450자릿수 이상을 기억해야 세계 최고라는 소리를 듣는다. 이 정도를 해내려면 훨씬 더 많은 시간과 노력을 투자해야 한다.

반면, 1만 시간 정도의 연습으로는 어림도 없는 분야가 있다. 에릭슨은 피아노 국제 콩쿠르에서 우승하는 사람들은 약 2만 5,000시간을 연습에 쏟아붓는다고 내게 일러주었다.

다시 말해, 어떤 기술을 터득하기 위해서는 목적이 있는 연습에 많은 시간을 투자해야 하지만, 구체적인 시간의 양은 때에 따라 달라진다. 애석하게도 어떤 기술을 터득하는 문제는 전문가들이 연습하는 과정을 일일이 기록으로 남기지 않기 때문에 과학적으로 연구하기가 무척 어렵다.

이와 같은 사실도 모른 채, 조너선 하디스티는 목적이 있는 연습에 몰두하는 과정을 기록으로 남기고 또 그것을 세상에 알린 몇 안 되는 사례 중 한 사람이 되었다. 아틀리에에서 학생들은 4년 동안 목적이 있는 연습에 대략 6,000시간을 투자한다. 전체적으로 볼 때 하디스티는 공식, 비공식 훈련을 통해 목적이 있는 연습에 2만 5,000시간 이상 투자했을 것으로 스스로 추정했다. 결국 그는 나폴레옹 다이너마이트처럼 보이는 우스꽝스러운 자화상을 그려내는 수준에서 화가 지망생이라면 누구나 부러워할 만한 수준의 그림을 그리는 경지에 올랐다.

하디스티는 지금도 이런 형태의 목적이 있는 연습을 계속하고 있다. 이제는 거장 대우를 받게 되었지만, 그는 '여전히' 좀 더 잘 그리려고 애쓴다. 그는 설명했다. "내 작품에는 아직도 결함이 많습니다. 그래서 초심을 잃지 않으려고 열심히 노력하죠."

그는 요즘 '효율적인 붓질'을 맹렬히 연습 중이라고 했다. 캔버스에 가해지는 붓의 압력을 세심하게 조절하여 가능한 한 붓질의 횟수를 줄여 색다른 결과를 만들어내는 방식이다. 이런 기술을 연마하기 위해 하디스티는 목적이 있는 연습 방법을 개발해냈다. 그는 이렇게 설명했다. "작업이 끝났을 때 물감이 남으면 캔버스 쪼가리에 붓질을 한 번 합니다. 그다음 그 붓질을 정확히 그대로 반복하려고 하죠. 그 붓질의 무작위성을 복제하는 겁니다. 그러려면 적당한 양의 물감과 적절한 압력이 필요해요. 의사가 수술하는 것과 같은 원리입니다."

최근 하디스티는 '클래시컬아트온라인Classical Art Online'[15]이라는 온라인 아틀리에를 열어 4년 동안 사우스다코타주로 이사 올 여유가 없거나 올 생각이 없는 사람들에게 이런 교습법을 제공하고 있다. 그는 또한 무엇이든 배우길 좋아하는 자신의 성격을 새로운 기술에 적용했다. 요즘 따로 틈을 내어 다른 종류의 스튜디오에서 시간을 보내고 있는데, 바로 주짓수柔術 체육관이다.

하디스티는 배운다는 것 자체에 푹 빠졌다. "무언가를 밑바닥부터 다시 시작한다는 것에 전율을 느낍니다." 그의 새로운 목표는 무엇일까? 무릎이 멀쩡할 때 이종격투기에 출전하는 것이다.

이번에도 그를 못 미더워하는 사람들이 있다. 하디스티는 내게 웃으며 말했다. "아내가 여전히 우습게 봐요. '당신은 못 싸울걸.' 이런 식이죠. 그럼 그냥 알았다고 하며 넘기죠."

인터뷰를 마무리할 무렵, 그는 곧 첫 번째 시합에 나갈 예정이라고 했다. 그는 조만간 틀림없이 격투기 링에 오를 것이다.

두뇌의 가소성

그래도 의문은 남는다. 왜 목적이 있는 연습의 효과가 남다른 걸까? 나는 이에 대한 답을 의외의 직종에서 찾았다. 택시기사다.

사울Saul은 런던의 택시기사다.[16] 그는 우버Uber 택시가 나오기 전에 곱사등의 지붕을 가진 블랙캡을 몰았다. 그는 런던 거리를 누비며 고객들을 원하는 목적지로 데려다주었다. 공항처럼 하루에도 몇 번씩 들르게 되는 곳도 있지만 처음 가보는 곳도 있었다. 어떤 고객이 자기 어머니를 찾아간다며 가자고 했던 이름 모를 동네는 런던에 이런 곳이 있었나 싶을 정도로 생소했다. 덕분에 사울은 다른 런던 택시기사들처럼 남들보다 길을 잘 찾는 능력을 갖게 되었다.

어느 날 사울은 신경학 연구에 참가할 택시기사를 모집한다는 신문광고를 봤다. 그는 전화를 걸었고 다음 날 유니버시티 칼리지 런던University College London의 연구실로 갔다. 연구팀은 운전기사들이 택시를 몇 년씩 운전할 경우 그들의 두뇌에 어떤 변화가 나타나는지 알아보기 위해 택시기사의 두뇌를 스캐닝할 계획이라고 했다. 사울은 다른 택시기사 18명과 함께 연구에 참가하기로 사인하고 몇 가지 검사를 받았다. 그는 종교, 가치관, 경력 등에 관한 질문에 답했다.

오늘날 우리는 MRI 덕분에 사람의 두뇌 구조까지 관찰할 수 있게 되었는데, 연구진은 택시기사들의 두뇌를 검사한 후 예상치 못한 사실을 발견했다. 그들의 두뇌 해마조직 뒷부분이 보통사람들보다 컸던 것이다. 인간 뇌에서 이 부분은 공간적으로 현재 자신이 있는 위치와 목적지를 찾아가는 방법을 아는 데 대단히 중요한 역할을 담당한다. 가령 집에 가기 위해 커다란 나무나 기념물 같은 랜드마크를 활용할 때 이 해마가 활성화된다. 다시 말해, 택시기사들의 두뇌는 런던을 돌아다니기 쉽도록 구조를 최적화한 것이다.

그렇다면 한 가지 의문이 생긴다. 사울의 두뇌가 원래 그런 식으

로 되어 있던 건 아닐까? 그래서 택시기사라는 직업을 선택했을지도 모른다. 아니면 택시기사를 하다 보니 두뇌 구조가 바뀐 것일지도.

   이를 알아보기 위해 연구진은 온종일 런던 거리를 운전하고 다니는 또 다른 직종의 운전자들과 택시기사의 두뇌를 비교해보았다. 버스기사들이었다. 다른 변수들을 통제한 상태에서 보면, 버스기사들의 해마는 택시기사만큼 크지 않았다. 왜 그랬을까?

노선이 정해져 있는 버스기사는 늘 같은 길을 다니는 반면 택시기사의 목적지는 매번 다르고 때로는 낯선 곳에도 가야 한다. 다시 말해, 택시기사들은 길을 찾기 위해 목적이 있는 연습을 하게 되는 것이다. 고객이 갈 곳을 말하면 그들은 이런저런 목적지로 가는 법을 알아야 한다(당시만 해도 GPS가 나오기 전이었다). 그런 다음 그들은 그들이 얼마나 잘했는지에 따라 양성 또는 음성적인 피드백을 받는다. 시간이 흐르면서 이처럼 목적이 있는 연습이 택시기사의 두뇌 구조를 바꾸는 것이다.

이러한 결론을 뒷받침하는 두 번째 증거가 있었다. 연구진이 경력이 다른 택시기사들을 대상으로 실험한 결과, 운전한 햇수에 따라 해마 뒷부분의 크기가 다르다는 사실을 밝혀낸 것이다. 런던 거리를 운전한 경험이 많은 기사일수록 해마는 더 커졌다.

다른 기술에서도 비슷한 관계를 찾아볼 수 있다. 연구에 따르면,[17] 음악가나 이중 언어를 구사하는 사람, 심지어 저글러들도 연습량이 많아지면 두뇌의 구조가 바뀌는 것을 경험한다.

인간 두뇌의 생리 기능이 상황과 경험에 맞게 달라지며 적응한다는 이런 개념을 가리켜 '두뇌 가소성Brain Plasticity'이라고 한다. 한 연구[18]에서는, 뇌와 관련된 훈련을 아무리 짧게 경험한다고 해도 두뇌의 구조에 영향을 미친다는 것을 밝혀냈다. 잠깐 동안의 어휘 수업도 두뇌 구조에 영향을 미친다. 60분 동안의 컴퓨터 교육을 10번 한 경험이 노인의 두뇌 성능에 미친 영향이 10년 넘게 지속되었다는 연구 결과[19]도 있다.

어떻게 이런 일이 가능한 걸까?

이를 알아보기 위해 나는 워싱턴 대학교 교수이자 두뇌 가소성 전문가인 조이스 셰퍼Joyce Shaffer와 이야기를 나누었다.[20] 그녀는 신경세포생성Neurogenesis이 기본 메커니즘이라고 이야기했다. 즉 새로운 뇌세포는 계속 생산된다. 연구에 따르면,[21] 남성과 여성 모두 매일 1,400개 이상의 뇌세포를 새로 만들어낸다. 새롭게 만들어진 뇌세포가 완전히 성숙하는 데는 8주가 걸리는데, 그 기간에 뇌세포는 두뇌에서 가장 활동적인 영역으로 옮겨간다.

온종일 런던 거리를 누비며 특정 장소를 찾아다니는 택시기사의 경우, 새로운 뇌세포가 두뇌에서 길을 찾는 능력을 담당하는 부위와 힘을 합친다. 그 결과 그의 뇌는 학습하는 능력에 맞게 조정되기 시작하는 것이다. 셰퍼의 설명대로라면, "그런 뇌세포의 기능이 직업을 선택하는 데 영향을 줄 수 있다." 게다가 새로운 경험으로 이들 세포를 단련시키지 않으면, 세포들이 죽을 수도 있다. 새로운 뇌세포를 유지하려면 계속 '학습'을 해야 한다는 말이다. 학습할 때 이 새로운 세포들이 두뇌에서 활성화되는 특별한 부위에 연결된다. 셰퍼는 "우리는 두뇌 기능을 변경하여 관계나 구조나 실적을 향상할 수 있다는 사실을 너무 과소평가합니다"라고 말했다.

다른 변수들을 배제한 상태에서 특성 분야의 전문가들을 연구해보면, 일찍부터 어떤 특정한 능력을 드러내는 경우는 '드물다'는 걸 확인할 수 있다. 대신 두 가지 중 한 가지 현상이 나타난다.

첫째, 전문가라는 사람들은 어렸을 때 어떤 활동을 통해 간접적으로 특정 기술을 배웠을 가능성이 있다. 가령 다섯 살 된 아들에게 소프트볼을 가르쳐주면, 일곱 살쯤 됐을 때 그 아이는 남들보다 달리는 데 더 많은 시간을 들였을 가능성이 있다. 이 경우 부모는 아들이 달리기에 타고난 재능이 있다고 오해하게 될 수 있다.

둘째, 아이가 아주 평범하더라도 부모들은 대부분 아이에게 아주 잘한다고 말한다. 지극히 당연한 현상이고 마땅히 그래야 한다. 그런데 이것이 양성 피드백 루프로 이어져 아이가 그 기술을 연마하는 데 더 많은 시간을 투자하게 만들고, 그로 인해 양성 피드백의 양이 꾸준히 증가하게 되면, 몇 해가 지났을 무렵 이것이 비범한 능력으로 나타날 수 있다.

뛰어난 운동선수나 그 밖의 전문가들의 배경을 조사한 어느 연구팀은 "그들이 경쟁자들과 비교할 때 다른 발달 경로를 밟았다"는 사실을 밝혀냈다. "실력이 뛰어난 사람들은 일찍부터 철저히 관리받았으며, 최고의 교사를 만나 최고의 환경 속에서 훈련받았다."

간단히 말해, 비범한 재능은 유전적 로또의 결과로만 나타나는 것이 아니다. 재능은 체계적이고 목적이 있는 연습이 꾸준히 축적된 결과이기도 한 것이다. '타고난 재능'이란 개념은 루이스 터먼의 IQ 테스트가 인기를 얻은 데서 비롯되었지만, 이후 실시된 연구는 모든 출신 배경을 가진 사람들이 그들이 생각하는 것 이상의 잠재된 창의성을 가졌다는 사실과 평균 또는 그 이상의 지능을 갖춘 사람들에게 IQ와 잠재된 창의성은 아무런 상관관계가 없다는 사실을 밝혀냈다.

천재들의 전유물로 보였던 창의성이 학습된 능력이며, 목적이 있는 연습을 꾸준히 반복함으로써 그러한 능력을 크게 향상시킬 수 있다는 사실을 과학적으로 입증할 수 있다면, 우리는 좀 더 창의적인 사람이 될 수 있을까?

답부터 말하자면 그렇다. 그러나 그 원리를 이해하려면 세상이 어떤 기준으로 어떤 것을 '창의적'이라 하고 어떤 사람을 '천재'로 규정하는지부터 먼저 알아야 한다.

―――
폴 매카트니가 1885년에 '예스터데이'를 썼다면
누가 관심이나 보였겠는가?
J. K. 롤링이 《해리 포터》를 1650년에 썼다면
아무도 거들떠보지 않았을 것이고,
그녀는 결국 그 원고를 장작불에 던져버렸을 것이다!

05

누가 천재인가?

　찰스 다윈은 기겁했다.[1] 나이는 물론 돈도 많았던 이 박물학자는 알프레드 월리스Alfred Wallace라는 젊은 과학자가 자신에게 보낸 편지를 읽고 또 읽었다. 그가 알기로 월리스는 잉글랜드 남부의 커다란 농업도시인 하트버드셔에서 자라, 교실이 하나뿐인 학교에서 6년을 보낸 것이 정규교육의 전부인, 즉 보잘것없는 학력과 배경을 가진 사나이에 불과했다.

　이에 비해 다윈은 스물두 살의 나이에 '신사계급의 박물학자'로 그의 경력을 시작했다. 아버지는 의사였고 조부 중 한 분은 생물학의 초기 연구서인 《주노비아Zoonomia》를 저술한 학자였다. 다윈은 대학교를 졸업한 후 진보적인 지식인들과 접할 수 있는 기회를 자주 가졌는데, 대부분은 19세기의 엄격한 과학적 규범에 회의를 품고 있던 사람들이었다.

그러나 이번만은 월리스가 한발 앞섰다.

대학교를 졸업한 젊은 찰스 다윈에게 교수 중 한 명이 자리를 하나 추천했다. 남아메리카를 항해할 해군탐사선 비글호HMS Beagle에 박물학자로 동승할 것을 권한 것이다. 모험을 원했던 다윈은 기다렸다는 듯이 지원했고, 마침내 비글호에 올랐다.

이후 5년 동안 그는 비글호를 타고 세계 곳곳을 다녔다.[2] 다윈은 꼼꼼하게 일지를 쓰는 데 많은 시간을 할애했다. 대부분 시간을 바다에서 보내야 했지만, 그래도 몇 주 또는 몇 달씩 육지에 올라갈 때가 있었고, 그때마다 그는 아름다운 남아메리카의 야생을 탐구할 수 있는 기회를 얻었다.

항해 도중에 다윈은 갈라파고스 섬을 찾게 되었다. 그는 앵무새들의 모양이 거주하는 섬에 따라 달라진다는 사실을 발견했다. 전해진 이야기에 따르면, 앵무새 생각에 골몰하던 중 다윈의 머리에 어떤 생각이 스쳐 갔다고 한다. '자연선택설'이 번갯불처럼 다가온 것이다! 적어도 이것이 내가 8학년 과학교실에서 배운 이야기다. 오랜 세월, 중학생들은 그렇게 배웠다.

그러나 사실은 좀 다르다. 그 순간 다윈은 앵무새들이 다양한 특징을 가지고 있다는 사실을 눈치챈 것 이상의 그 어떤 시도도 하지 않았다. 별나다고 생각한 것이 그의 반응의 전부였다. 왜 그런 차이가 존재하는지에 대한 번갯불 같은 깨달음의 순간도 없었다. 극적인 계시 같은 건 더더구나 없었다. 이후로도 몇 년이 지날 때까지 그는 자연선택이라는 개념을 염두에 두지 않았다.

영국으로 돌아온 다윈은 선상일지를 정리하고 다듬어《비글호 항해기*The Voyage of the Beagle*》를 발표했다. 1839년에 출간된 이 책으로 다윈은 저명인사가 되었다. 19세기의 닐 디그래스 타이슨Neil deGrasse Tyson(칼 세이건 이후 스타로 부상한 천체물리학자–옮긴이)이었던 셈이다. 그의 이야기는 독자들의 호기심을 자극했고 그의 명성은 계속 높아져 갔다.

다윈이 자연선택설을 이론화하기 시작한 것은 1842년 이후다. 자신이 수집한 표본들을 찬찬히 살피던 그는 결국 피할 수 없는 결론에 도달했다. 획기적인 결론이었다. 그러나 문제가 하나 있었다. 당시 다윈은 학계가 모두 공인하는 학자였고, 선망의 고급 사교클럽인 애서니엄 클럽Athenaeum Club과 당대 엘리트 과학자들의 모임인 왕립협회Royal Society의 회원이었다. 반항적인 기질이 없었던 건 아니지만, 다윈은 과학자로서 자신의 입지가 가져다주는 명예와 재산을 한껏 향유하고 있었다. 그런 상황에서 자신이 최근에 정립한 이론을 공표할 경우 이교도라는 낙인과 함께 협회에서 추방당할 것은 불 보듯 빤한 일이었다. 과학은 어디까지나 신을 보좌하는 학문이었는데, 진화론은 신이 지구상의 모든 피조물을 단숨에 창조했다는 사실을 통째로 부정하는 학설이었던 것이다.

이리한 문제로 다윈은 자신의 이론을 공식적으로 발설하지 않았지만, 몇 해 전부터 가까운 친구 몇몇에게는 조심스럽게 털어놓고 있었다. 1850년대에 접어들자, 친구들은 그 이론을 발표하라고 다원을 설득했다. 이에 힘입어 다윈은 자연선택설에 관한 책을 쓰기 시작했다. 건강이 좋지 않았던 탓에 자진해서 시골집에 칩거한 다윈은 없는 기력을 추슬러가며 저술에 몰두했다.

그러던 중 1858년 6월 18일,[3] 알프레드 월리스로부터 아홉 장에 달하는 편지를 받은 것이다. 월리스의 첫 번째 직업은 측량사였다. 측량을 하면서 그는 세부적인 구석까지 상세히 관찰하고 기록하는 법을 배웠다. 그러나 1848년에 일자리를 잃고 할 수 없이 무보수 박물학자로 브라질 여행에 동참하게 됐다.

여행에서 돌아오자마자 월리스는 자신이 관찰한 내용을 발표했고[4] 약간의 추종자가 생겼다. 대수롭지 않은 명성이긴 했지만, 덕분에 더 장기적인 대규모 탐험에 참가할 돈을 마련할 수 있었다. 필리핀과 인도네시아 여러 섬을 통과하는 8년에 걸친 탐험 여행이었다.

이 여행에서 그는 특정 종의 개체 수가 폭발적으로 늘어나면 결국 과밀 현상을 빚고, 그것이 적자생존으로 이어진다는 결론을 얻었다. 자연선택설의 기초가 마련된 것이다. 월리스는 자연선택이라는 원리에 부쩍 흥미를 느꼈지만, 다른 과학자들의 피드백이 필요하다고 판단했다.

월리스는 다윈과도 직업상 알고 지내는 사이였다. 두 사람은 여러 해에 걸쳐 편지를 주고받았고 월리스는 다윈에게 직접 수집한 표본까지 몇 점 보낼 정도의 교분을 유지했다. 그는 다윈에게 편지를 보내 '종의 기원'에 대한 자기 생각을 털어놓기로 했다. 다윈이 자기보다 유명인사였으니, 그에게서 고견을 들을 수 있으리라 생각한 것이다.

그 편지가 다윈의 집 앞 우편함에 도착했을 때, 이 늙은 과학자는 이미 자연선택에 관해 25만 개 단어로 이뤄진 원고를 집필한 상태였다. 그래도 그는 책을 끝내지 못하고 있었다. 아무도 자신의 논리를 부정할 수 없을 정도로 확실한 증거를 좀 더 수집하고 싶었기 때문이었다. 그러나 월리스의 편지를 뜯은 순간, 다윈은 자신의 대발견이 위험에 처했다는 사실을 깨닫고 소스라치게 놀랐다. 어떻게 해야 하지? 명성도 좋지만 빅토리아 시대를 사는 신사계급으로서 지켜야 할 규범까지 어기고 싶지는 않았다. 고민하던 다윈은 자신의 작품과 월리스의 편지를 저명한 과학자 친구들에게 보내 어떻게 하면 좋을지 의견을 구했다.

그들이 생각해낸 것은 '타협'이었다. 다윈과 월리스의 이론을 결합한 논문을 작성하여 저명한 과학 서클인 린네 협회Linnean Society에 보내라는 권고였다. 다만 문제가 하나 있었다. 월리스가 태평양 어디엔가 나가 있어 연락이 닿지 않았기에, 이 타협안에 동의할 수 없다는 것이었다.

다윈과 월리스는 학계에서 말하는[5] '동시 발명Simultaneous Invention'의 덫에 걸려 있었다. 두 사람 이상이 각기 따로 아주 똑같은 발견이나 결론에 도달하는 사태를 이르는 말이다. 역사에는 이런 동시 발명의 사례가 드물지 않게 발견된다. 조지프 스완Joseph Swan과 토머스 에디슨Thomas Edison은 1880년 같은 해에 미국에서 백열전구 발명 특허를 받았다. 그리고 엘리샤 그레이Elisha Gray와 알렉산더 그레이엄 벨Alexander Graham Bell도 1876년 3월 7일 정확히 같은 날에 전화기 발명 특허를 받았다.

자연선택설은 사연이 한층 더 복잡했다. 월리스는 다윈과 동시에 같은 이론을 발견했지만, 사실 고대 그리스 철학자들도 수천 년 전에 이미 비슷한 이야기를 기술한 바 있다. 기원전 99년에 태어난 시인 겸 철학자로, 소위 '사랑의 묘약'의 부작용으로 사망했다고 전해지는 루크레티우스Lucretius는 자연선택의 중요한 요소인 적자생존에 대해 기술한 시집을 썼다.

> 그리고 괴물들이 죽고 난 후 오랜 시간이 흐른 뒤에[6]
> 그 많은 생명체는
> 번식으로써 자손을 만들지 못하고 꼼짝없이 사라졌다
> 무엇이든 생명의 숨결을 마시는 존재를 그대가 보았다면
> 똑같은 신세였을 것이다
> 생명이 시작된 이래로 그 종을 보존하고 지켜준 것은
> 그에게 꽤나 용기나
> 아니면 발이든 날개로든 민첩함이 있었기 때문이다
> 그리고 많은 생명체가 아직도 남아 있지만
> 그것은 인간에게 소용되기 때문에……

이 글은 다윈과 월리스가 등장하기 거의 2,000년 전에 기록된 것으로, 다윈이 그의 책 도입 부분에서 설명한 것처럼 그리스인들

은 이미 자연선택에 관한 초보적 이론을 설정해놓고 있었다. "그러나 이 원리가 이 시대의 발견이라고 생각한다면 그것은 전혀 사실이 아니다.⁷ 아주 먼 고대의 작품에서도 이 원리의 중요성을 강조한 문장은 얼마든지 찾아볼 수 있다. …… 이 규칙을 기정사실로 설명한 고대 로마의 작가도 있다."

역사에는 동시적 발명이 수도 없이 많다. 그러나 늘 그렇듯, 자연선택을 발명한 사람 중 천재로 기억되는 사람은 한 명뿐이다.

천재 만들기 프로젝트

다윈이 사망하자 장례는 국장으로 치러졌고, 그의 유해는 웨스트민스터 사원에 묻혔다. 알프레드 월리스가 사망했을 때 그의 일생은 자그마한 명판에 새겨졌고, 그의 유해도 역시 웨스트민스터 사원에 묻혔다. 두 사람 모두 자연선택설을 발견했지만 지금 월리스를 기억하는 사람은 거의 없다. 최근에 이르러서야 영국자연사박물관이 나서서 알프레드 월리스의 동상을 세울 기금을 모으려고 백방으로 애를 쓰고 있는 형편이지만, 다윈은 초등학생들도 모르는 아이가 없을 정도가 되었다. 다윈은 무엇이 달랐기에 혼자만 천재로 인정받게 되었을까?

월리스가 하지 '않았던' 것에서 한 가지 대답을 찾을 수 있다. 다윈이 책을 출간하기 위해 부지런히 서두르고 있을 때, 월리스는 계속 여러 섬을 탐험하고 다녔다. 다윈은 그의 작품을 1859년에 출간했다. 월리스가 바다에서 돌아오기 3년 전이었다. 그 책은 단숨에 세간의 관심을 집중시켰고 다윈의 명성을 확고하게 해주었다.

월리스는 탐험을 마치고 돌아와서도 정치를 발전시키는 데 대부분의 시간과 에너지를 쏟았다. 극성 페미니스트였던 그는 우생학의 문제점을 지적하고 다녔다. 안타깝게도 그 때문에 주류 과학계에서 설 자리를 잃게 되었고, 일부 과학자들은 그를 이단자로 취급했다.

게다가 돌이켜보면 월리스는 터무니없어 보일 정도로 다윈을 존경했다. 월리스는 자연선택에 관한 책을 쓰면서 경쟁자를 추종하는 의미의 제목을 붙였다.《다윈주의 : 자연선택론과 그 응용에 대한 해설 *Darwinism: An Exposition of the Theory of Natural Selection with Some of Its Applications*》이라고 한 것이다. 나중에 어떤 다윈 역사가[8]는 이렇게 해석했다. "그는 이 위대한 발견을 놓고 후배인 자신이 거장의 파트너로 인정받는 것을 영광으로 여겼다. 아마도 바라던 것 이상이라고 생각하여 그런 대접에 매우 만족했던 것 같다."

그렇다고는 해도 다윈과 월리스의 이야기는 창의성을 이해하는 데 중요한 단서를 제공한다. 의외일지 모르지만, 천재는 객관적 지표에 근거해 부여받는 라벨이 아니다. 천재 크리에이터로 여겨지려면, 대중이 그들의 혁신을 받아들여야 한다. 아무리 멋진 소설을 써도 책으로 출간하지 않는 소설가를 역사는 기억하지 않는다. 자신을 알리는 데 겸손한 과학자는 곧 잊히고 만다.

사람들은 창의성이라는 말을 입에 올리지만 사실 그것은 주로 널리 채택되거나 받아들여지는 창의적 산물을 이야기하는 것이다.

스티브 잡스나 파블로 피카소를 생각해보라. 당연한 이야기이지만 창의적인 산물과 기발한 아이디어를 생각해내는 능력은 별개다.

달리 말해, 어떤 작품이 '창의적'이라는 호칭을 받으려면 다른 사람들이 인정해주어야 하고 심지어 천재 크리에이터라는 호칭을 받으려면 상당히 많은 사람으로부터 인정받아야 한다.

천재 크리에이터는 그 사람이 얼마나 혁신적인지, 얼마나 전향적으로 생각하는지, 얼마나 영향력을 가지는지를 드러내는 단순한 징표가 아니라 하나의 사회적 현상이다.

언덕에서

10대 때[9] 나는 로마의 자니콜로 언덕에서 살았다. 미켈란젤로의 거대한 돔이 내려다보이는 곳이었다. 전문가 뺨치는 아마추어 미술사가였던 우리 아버지는 확신을 가지고 주변에 널려 있는 르네상스 전성기의 작품에 담긴 창의성을 내게 강조하셨다. 아버지의 말을 그대로 믿었지만, 솔직히 고백하자면 그 걸작들은 내게 아무런 감흥도 주지 않았다. 어떤 작품은 괴기스러울 정도로 차분했고, 또 어떤 작품은 엄청난 위압감을 주거나 묘한 호기심을 자아냈다. 하지만 창의적이라고? 위대한 서구의 획기적인 미술품이라지만 내게는 죄다 똑같이 낡고 노쇠해 보였을 뿐이다. 그런 작품을 혁신이라고 생각하는 것 자체가 한심한 인습인 것 같았다.

이 글에는 우리 모두가 언젠가 한 번은 경험했던, 또 어쩌면 지금도 경험하고 있을지 모르는 느낌이 그대로 드러난다. 어렸을 때 우리는 부모의 손에 이끌려서든, 중학교 때 현장학습이라 불리는 것에 의해서든 미술관에 끌려간 적이 있을 것이다. 그리고 어떤 그림 앞에 서서 갸우뚱해지곤 했을 것이다. '이런 게 대체 왜 미술관에 있지? 그리 대단해 보이지도 않는데.' 아니면 추상미술 작품을 보며 이렇게 내뱉었을 수도 있다. "저런 건 나도 그리겠다."

앞의 글을 쓴 사람은 《몰입*Flow*》이라는 베스트셀러를 출간해 유명해진 [10] 미하이 칙센트미하이Mihaly Csikszentmihalyi 교수다. 이 책은 '몰입에 빠진다'는 개념을 유행시켰고 몰입을 주제로 한 그의 TED 강연은 400만 회가 넘는 조회 수를 기록하고 있다. 창조의 역사를 배우고자 하는 사람들에게 그는 어떻게 하면 '창의적'이라는 호칭을 얻을 수 있는지를 아주 완벽하게 설명해주었다.

칙센트미하이는 유쾌함보다는 [11] 마음에 위안을 주는 선사禪師 같은 외모를 지녔다. 어찌 보면 세상 풍파를 다 겪은 산타클로스처럼 보이기도 한다. 그는 인터뷰를 청한 내게 창의성이라는 사회적 현상이 갖고 있는 중요한 요소들을 조목조목 설명해주었다.

책에서 그는 창의성은 정체를 밝혀내기가 무척이나 어려운 문제라고 썼다. 그는 사례를 들었다. "우리는 특이하게 생긴 아프리카의 가면을 보고 천재 크리에이터가 만들었다고 생각한다. 그러다 똑같은 가면이 몇 세기 동안 정확히 똑같은 방법으로 만들어졌다는 사실을 알게 된다."

무엇을 보고 창의적이라는 라벨을 붙이는가? 칙센트미하이는 이런 라벨을 붙이려면 세 가지 요소를 갖추어야 한다고 말했다.

요소1 : 소재

첫째 칙센트미하이가 '영역Domain'이라고 부르는 것이 있다. 나는 이를 소재Subject Matter라고 부르겠다. 전부는 아니지만, 대부분의 환경에서 소재는 표준으로 간주되는 규범이자 관습이며 과거의 창의적 산물이다. 칙센트미하이는 내게, 가령 가톨릭 신앙을 이야기할 경우, 가톨릭 신앙이라는 영역(소재)에는 '신약과 구약 그리고 교부들의 주요 논문들'이 포함된다고 말했다. 또한 가톨릭 신자가 구원받기 위해 따라야 할 책임도 소재에 포함된다.

클래식 음악을 작곡한다고 하자. 여기서 소재는 음표 자체와 과거에 인정받은 교향곡과 작곡의 표준 등이다. 창의적인 클래식 작곡가는 이 모든 것에 익숙해져야 한다. 뭔가 참신한 곡을 만들려면 이미 있는 것부터 알아야 하는 것이다.

창의적인 사람으로 인정받고 싶은 사람들에게 이것은 분명 하나의 장애다. 첫째, 창의적인 사람은 기술의 표준과 규범을 배워야 한다(그 방법은 뒤에서 설명하겠다). 둘째 창의적인 작품은 어느 정도 이같은 형식적인 소재에 속해야 한다. 예를 들어, 화가라면 유명 화랑이니 미술관으로 가 그곳에 걸린 작품을 보거나 교과서를 들여다봐야 한다. 그렇게 하지 않으면 창의적이라고 할 만한 작품을 만들기 어렵고, 또 만들어도 그저 새롭거나 실험적이라는 말을 듣는 정도에서 그칠 것이다.

또한 타이밍도 중요하다. 시대가 달라지면 결과가 다르게 나타날 수 있다. 앤디 워홀Andy Warhol이 이탈리아 르네상스 시대에 팝아트 작품을 그렸다면 그에게는 분명 이단자라는 딱지가 붙었을 것이다. 레오나르도 다빈치Leonardo da Vinci가 팝아트 시대에 고전적 작품을 그렸다면 기술적으로는 정확하지만 고루한 그림, 즉 흥미롭지만, 창의적이거나 혁명적이라는 이야기를 듣기는 어려웠을 것이다. 작가와 작품이 창의적이라는 말을 들으려면 타이밍이 맞아야 한다. 뒷장에서 나는 어떻게 트렌드의 타이밍을 지렛대로 활용할 수 있는지도 설명할 것이다.

이처럼 소재의 성격을 완전히 파악하면 누구나 자신이 다루는 매개물에 대한 친숙성의 기준을 이해할 수 있다. 그러나 어떻게 해야 작품이 소재에 속하도록 만들 수 있을까?

요소2 : 문지기

칙센트미하이는 어떤 유형의 창의성이 소재에 속하는지 그 여부를 판단하는 기준을 '장Field'이라고 부른다. 나는 이를 '문지기Gatekeepers'라는 말로 바꾸겠다. 이들 문지기는 창의적이고 가치 있는 것과 그렇지 못한 것을 판단한다. 미술 분야에서 문지기는 화랑 주인이나 미술 평론가나 박물관 큐레이터 등이다. 팝 음악에서는 매니저나 프로듀서, 혹은 레코드 회사 간부들이 문지기 역할을 한다. 식당의 문지기는 음식 평론가나 다른 셰프 등인데, 요즘엔 글로벌

맛집 검색 앱 '옐프Yelp' 덕분에 소비자도 문지기가 될 수 있다.

　문지기의 관심을 끌지 못하는 화가는 애석하지만 천재 크리에이터가 아니라 야심만 있는 워너비일 뿐이다. 마음에 들든 들지 않든 문지기들은 어떤 것이 가치 있는 것인지, 어떤 것에 창의적이라는 라벨을 붙일 수 있는지를 결정한다.

　창의적인 사람들에게 있어 문지기는 넘어야 할 험준한 산이다. 문지기는 새로운 사람에게는 좀처럼 "창의적이라는 세례를 주지 않는다"고 칙센트미하이는 지적했다. 예를 들어, 스타트업의 세계에서 벤처 캐피탈리스트는 우버나 리프트Lyft를 흉내 내는 사업이 너무 많다며 새로운 카 셰어링 서비스에 대한 투자를 포기할지 모른다. 그래서 아무리 우버와 맞설 만한 잠재력을 가지고 있어도, 신생 업체는 좀처럼 자본을 모으기 어렵다.

　문지기의 관심을 끌지 못해도 독창적이고 기술적으로 숙달될 수는 있다. 그러나 창의적이라는 말은 끝내 듣지 못할 것이다. 칙센트미하이도 지적했지만, 중세 시대에 화가의 지위는 왕과 교황의 변덕에 따라 수시로 출렁거렸다. 요즘은 인터넷 덕분에 더 민주적이고 덜 엄중한 무리의 문지기들이 등장했지만, 이들 문지기를 구성하는 집단은 훨씬 더 커졌다. 로맨스 소설이 그런 경우다.

　크리스틴 애슐리Kristen Ashley는 자가 출판의 여왕이다. 그녀는 지금까지 57권의 책을 출간하여 250만 부를 판매했다. 그녀는 세계에서 로맨스 소설을 가장 많이 쓴 다작가인 동시에 전자책으로 이 장르의 판도를 바꾸었다는 점에서 매우 상징적인 인물이다.

로맨스 소설은 전통적으로 어떤 책이 세상의 빛을 보지 못하도록 막는 그들만의 문지기 집단(전통적인 출판사들)을 보유해왔다. 이렇게 되면 새로운 목소리나 소재의 확산 속도가 느려질 수밖에 없다. 그러나 2007년에 아마존이 킨들 다이렉트 퍼블리싱Kindle Direct Publishing을 내놓으면서, 상황이 급격히 달라졌다. 이 프로그램 덕분에 저자들은 자신의 작품을 직접 출판하기가 쉬워졌다. 게다가 아마존은 작가에게 책이 팔릴 때마다 권당 70%라는 파격적인 인세를 지급했다.

거의 하룻밤 사이에 로맨스 장르는 통째로 판도가 바뀌었다. 어느 작가라도 가상의 공간에서 자신의 작품을 널리 보급할 수 있게 되었다. 2013년에 로맨스 책 판매액의 61%가 전자책에서 나왔다. 시장이 디지털로 바뀐 것이다.

이처럼 전통적인 출판 문지기에게 무시당했던 크리스틴 애슐리 같은 작가도 마침내 자신의 목소리를 들려줄 수 있게 되었다. 이와 함께 로맨스 범주에서 파생된 새로운 하위 장르들도 아연 활기를 띠기 시작했다. 퀴어, 레즈비언, 트랜스젠더 로맨스가 그런 것들이다. 크리스틴 애슐리는 내게 이렇게 설명했다. "독립 출판이 갑자기 번지면서 이들도 자신만의 이야기를 하기 시작했어요. 이런 책들 덕분에 여성 파워도 많이 강해진 셈이죠."

인터넷으로 문지기의 형태가 바뀌긴 했지만, 창의성을 기르는 데는 한 가지 요소가 더 필요하다. 즉 '번영Prosperity'이다.

소비자들이 시간이나 호주머니 사정이 넉넉하지 못하면 미술 화랑에 가거나 책이나 레코드를 사는 횟수도 줄어들 것이다. 대학교의 연구팀도 새로운 연구를 하려면 보조금을 따내야 한다. 음악가에게는 돈을 내고 음악회나 콘서트홀을 찾는 청중이 있어야 한다. 한 나라의 물질적 부와 시민들의 경제적 자신감은 창의성의 보이지 않는 후원자인 셈이다.

그래서 창의성은 경제가 성장할 때 꽃을 피운다. 이탈리아의 르네상스는 예술의 황금기였던 동시에 메디치 같은 부유한 가문이 권력자로 부상했던 이탈리아 경제의 황금기였다. 새로운 예술을 주문할 여유가 왕족과 교회에만 있는 것이 아니었다. 상인과 무역업자들도 예술품에 쓸 돈을 가지게 되었던 것이다.

요소3 : 개인

창의성의 세 번째 필수 요소는 '개인Individual'이다. 창의성에 관한 문헌들은 대부분 개인에게 초점을 맞추지만, 청정지역에서 독야청청하는 예술가는 없다. 무엇보다 창작가는 노력에 대한 경제적 대가가 따르는 곳에서 활동해야 한다. 다음으로 시대정신에 맞는 작품을 만들 줄 알아야 한다. 그리고 두말할 필요 없이 기교 면에서 세련된 작품을 창조해야 한다. 마지막으로 그들은 창의성이라는 성수로 세례를 줄 문지기 앞에 나아가 그들을 설득해야 한다.

치센트미하이에 따르면, 개인은 기교적인 재능뿐 아니라, 미디어와 소비자와 문지기의 관심을 끌 수 있는 실질적 속성을 갖춰야 한다. 예술가로 성공하려면 자신의 브랜드를 팔 수 있는 설득력을 갖추고 있어야 한다는 것이다. 세간의 관심을 끌고 대중의 이목을 집중시킬 수 있어야 한다. 은둔한 채 세상에 대한 분노를 표출하는 예술가의 이미지로는 성공하기 힘들다.

칙센트미하이는 유명한 실험을 했다. 예술가 지망생들을 조사하여 평가하고 인터뷰한 다음, 이후 몇 년 동안 그들의 경력을 추적한 것이다. 그 결과 학교에서 꽤 유망하다고 주목받은 학생들은 불손하고 신경질적인 천재라는 스테레오타입과 대체로 일치한다는 사실을 확인할 수 있었다. 그래서인지 이 학생들은 자신과 자신의 작품을 팔 줄 몰랐고 따라서 냉혹한 현실 앞에 실패만 거듭했다.

칙센트미하이는 지적했다. "예술 분야에서 나름의 발자국을 남긴 젊은 예술가들은 독창성 외에 자신의 비전을 대중에게 전달할 줄 아는 사람이었다. 그들은 예술학교의 순수한 분위기에서는 용납되지 않았을 홍보 전략에 종종 의지했다."

인적 자원도 예술가로서 성공하는 데 보이지 않는 역할을 한다. 개인 교습을 받을 수 있다면 문지기 앞에 서거나 명문대학교에 들어갈 기회가 그만큼 많아진다. 부모가 경제적으로 여유가 있어서 집에서 바이올린 교습을 받을 수 있다면 세계적인 수준의 바이올리니스트가 될 가능성이 커진다. 조기 교습을 받으면 예술에 대한 흥미를 높이고 기술을 향상시킬 시간이 늘어나 세월이 흐를수록 다른 학생들보다 유리한 입장에 서게 된다.

개인은 또한 체제 안에서 인정받아야 한다. 외곽으로 밀려나 국외자가 되면 문지기에 다가가기가 더욱 어렵다. 칙센트미하이는 학창시절에는 남학생과 여학생이 창의적인 측면에서 별다른 차이를 보이지 않는다는 사실을 실험을 통해 확인했다. 그러나 20년 동안 그만의 연구를 통해 학생들을 추적한 결과, 여학생 중에는 유명해진 사람이 한 명도 없지만, 남성들은 상당수가 지위와 명성을 모두 얻은 것으로 드러났다. 그는 내게 이렇게 설명했다. "최근까지도 과학적 진보는 대부분 코페르니쿠스 같은 성직자나 라보아제 같은 세금 징수원 혹은 갈바니Galvani 같은 의사 등 재산과 여유가 있는 남성들에 의해 이루어졌습니다. 모두가 자신의 실험실을 짓고 자신의 관심사에만 집중할 여유가 있는 사람들이었죠."

그래서 천재 크리에이터라는 주제로 연구하다 보면, 역사 속에서 올바른 기술을 배울 기회와 그 기술을 마스터할 시간, 그들의 작품이 가치가 있다는 것을 다른 사람에게 설득할 능력을 갖춘 사람들을 발견하게 된다. 이런 요소들이 천재들의 작품을 알아보고 인정해줄 문지기에게로 이끌어줄 길을 닦아준다. 문지기들은 기존의 소재와 규범에 그들의 작품을 덧붙여, 주류에 속한 사람들이 창의적인 것의 기준으로 삼게 만든다.

소재와 문지기 그리고 개인이라는 세 가지 요소는 개인이나 작품이 창의적이라는 호칭에 어울리도록 조율되어야 한다. 칙센트미하이는 그의 저술 속에서 이 문제에 대해 이렇게 요약했다. "독창성이나 참신한 인식, 발산하는 사고 능력은 모두 바람직한 개인적 특성으로 여겨지며 이러한 인식을 딱히 거부할 이유가 없다. 그러나 대중이 인정해주지 않는다면 그런 요소도 창의성을 구성하지 못하

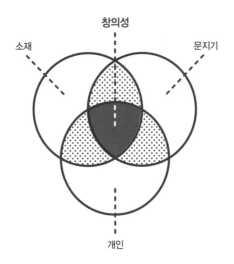

고 천재 역시 만들어내지 못한다." 이 모든 것이 창의성과 천재가
'사회적 현상'이라는 사실을 다시 한번 상기시킨다. 훈련만 올바로
받는다면 조너선 하디스티처럼 수준 높은 작품을 만들어내는 데 필
요한 기술을 연마할 수 있다.

그런데 기술만으로는 창의적인 작품을 만들 수 없고 예술가의
신전에 들어갈 수도 없다. 예술가는 대중의 인정을 받아야 한다. 그
래서 '타이밍'이 중요하다. 자원이 있고 문지기가 관심을 가질 때
작품을 생산하고 창작해야 하는 것이다. 판매 기술을 연마하고 자
신의 창의적 영역을 뒷받침할 환경을 꾸미는 책략도 필요하지만,
무엇보다 적절한 시기에 적절한 아이디어를 내야 한다.

폴 매카트니가 1885년에 '예스터데이'를 썼다면 누가 관심이나
보였겠는가? J. K. 롤링이 《해리 포터》를 1650년에 썼다면 아무도

거들떠보지 않았을 것이고, 그녀는 결국 그 원고를 장작불에 던져 버렸을 것이다!

그렇다면 어떻게 타이밍을 잡을 것인가? 목적이 있는 연습에 몰두하면서 타이밍을 향상시킬 방법이 있단 말인가?

당연히 있다.

'너무' 색다른 것들은 사람들이
다가오지 못하게 만든다는 게 문제이지만,
'너무' 친숙한 것들은 애초에
아무런 흥미도 자아내지 못한다.

06

크리에이티브 커브

리사Lisa라는 이름을 가진 사람 중에 유명한 사람을 아는 대로 말해보라.

리사 마리 프레슬리Lisa Marie Presley? 〈프랜즈Friends〉의 리사 쿠드로Lisa Kudrow? 〈코스비 쇼The Cosby Show〉의 리사 보닛Lisa Bonet? 코미디언 리사 람파넬리Lisa Lampanelli?

나는 10대 청소년부터 〈포천〉 선정 500대 기업의 중역에 이르기까지 많은 사람에게 같은 질문을 했다. 그들 대부분은 앞에 적은 답 중 하나를 내놓는다(애니메이션 〈심슨 가족The Simpsons〉의 리사는 답에서 제외했다).

지금 언급한 모든 리사들에게는 한 가지 공통된 특징이 있다. 그들 전부가 1960년대에 태어났다는 것이다. 사회보장국Social Security

Administration에 따르면,[1] 1960년대를 통틀어 미국에서 갓 태어난 여자아이에게 붙인 이름 중 가장 많은 이름이 '리사'라고 한다. 그때 여자아이를 낳은 부모들은 리사 말고는 다른 이름을 모르는 것 같았다.

몇십 년이 지난 뒤에야 리사의 인기는 시들해졌다. 2016년에 리사란 이름은 인기 순위에서 833번째로 떨어졌다. 그해 미국에서 태어난 여자아이 중 리사는 342명이 전부다.

〈뉴욕타임스New York Times〉는 심지어 이런 제목의 기사까지 실었다.[2] "그 많던 리사는 다 어디로 갔을까Where Have All the Lisas Gone?"

리사만 그런 것이 아니다. 실제 연구 결과에 의하면, 이름의 인기는 종형 곡선을 그리는 경우가 많은데, 처음에는 너도나도 특정 이름을 짓지만, 어느 순간이 지나면 상대적 빈도가 크게 줄어든다. 꼭 이름이 아니더라도 무엇이든 인기가 올라 크게 유행이 되고 나면 반드시 내리막길을 걷는다. 이유가 무엇일까?

노출된 감정

제2차 세계대전 중에[3] 로버트 자이언스Robert Zajonc는 독일의 강제노동수용소를 탈출했다. 그는 곧 붙잡혀 프랑스에 있는 감옥으로 보내졌지만, 그곳에서 다시 탈출했고, 이후 프랑스 레지스탕스에 합류했다.

이것은 소문난 탈출 전문가의 이야기가 아니라, 세계에서 가장 존경받는 사회심리학자에 얽힌 에피소드다. 전쟁이 끝나고 나름대로 이유 있는 자신감을 갖게 된 자이언스는 심리학을 공부하기로 결심했다. 그는 미시간 대학교에서 박사학위를 받고 이후 인간의 행동을 추진하는 동력을 찾는 데 평생을 헌신하여 이 분야에서 많은 성과를 냈다.

1968년, 그는 미시간 대학교에서 언어학습 실험[4]을 한다며 학생들을 모집했다. 그러나 언어 실험은 사실 위장이었다. 그는 학생들에게 엉터리 한자들을 보여주면서 이들 모두가 형용사라고 일러주었다. 그다음 그는 각 한자를 피실험자들에게 다양한 빈도로 보여주었다. 한 번도 보여주지 않은 한자가 있는가 하면 어떤 한자는 20번을 보여주었다. 마지막으로 자이언스는 피실험자들에게 각각의 형용사의 의미가 얼마나 긍정적이거나 부정적인지(즉 좋은 뜻인지 아니면 나쁜 뜻인지) 추측해보라고 했고, 개인적으로 그 한자가 얼마나 '마음에 드는지' 말해보라고 했다.

자이언스가 보여준 한자는 사실 한자도 아니었기에 아무 의미가 없었다. 한자를 모르는 사람이 한자 흉내를 낸 의미 없는 기호에 불과했던 것이다. 그러나 자이언스의 이 실험은 사람들의 취향과 선호도를 이해하는 데 상당히 큰 영향을 미쳤다. 그는 사람들이 어떤 것을 얼마나 긍정적으로 생각하는지 그리고 그것을 얼마나 좋아하는지를 결정하는 데 매우 중요한 역할을 하는 건 '친숙성'이라는 사실을 밝힌 것이다. 엉터리 한자라고 해도 자주 접하면, 사람들이 그 글자를 좋아하게 됐다.

다시 말해, 단순히 어떤 한자에 노출되었다는 사실만으로도 피

실험자들은 그 글자를 긍정적으로 생각한 것이다. 자이언스는 이런 현상을 '단순노출효과Mere Exposure Effect'라고 불렀다. 그의 연구 결과는 이후 의미 없는 말Nonsense Words(엄연한 학술용어다)부터 예술과 광고에 이르기까지 다양한 분야에서 사실로 입증되었다. 친숙해질수록 더 좋아하게 되는 것이다.

많이 접했다는 것만으로 어떤 것을 더 좋아하게 된다면, 그런 심리를 이용하여 히트작을 만들어낼 수 있지 않을까? 앞으로 이 문제를 좀 더 본격적으로 파헤쳐볼 것이다. 그러나 그에 앞서 왜 단순노출효과라는 현상이 가능한지 알아볼 필요가 있다.

왜 이런 패턴이 현실에서 펄펄 살아서 돌아다니는가? 이 질문에 대한 답을 찾기 위해 나는 조금 더 진지한 주제를 가지고 단순노출효과를 연구한 버지니아 대학교의 한 연구원을 찾아가 이야기를 나누었다. 진지한 주제라고 한 것은 바로 '인종차별'이다.

인종차별에 대한 학습 잠재력

인종차별은 간단히 해결하기 힘든 문제처럼 보인다.

미국은 노예제도를 두고 유혈 전쟁을 벌였다. 거의 한 세기 뒤인 1960년대에는 수십만 명의 사람들이 제도적 인종차별에 정면으로 저항했다. 그럼에도 불구하고 인종차별은 요즘에도 여전히 국제적인 논쟁의 대상이다. 구조적 인종차별부터 암묵적 편견이나 노골적인 편견에 이르기까지 전 세계 어디에 가도 인종차별에서 자유로운 곳이 없다.

신경과학을 동원하면 어떨까? 인종차별을 줄이지는 못해도 적어도 그것을 이해하는 데는 도움이 되지 않을까?

브랜다이스 대학교의 연구원인 레슬리 지브로위츠Leslie Zebrowitz와 이 장Yi Zhang은 인종에 대한 편견을 없애는 데 사이언스의 단순 노출효과를 이용할 수 있을지 알아보기로 했다.[5] 피실험자들에게 다른 인종의 얼굴을 반복해서 보여준다면 어떨까?

그들은 보상 체계와 관련 있는 안와전두피질에 초점을 맞추었다. 인간 뇌의 안와전두피질은 어떤 행동을 취하기 전에 두뇌가 상황부터 판단하게끔 해주는 두 개의 다른 반사작용을 가동시킨다. '접근 반사 기능'과 '회피 반사 기능'이 그것이다. 특히 안와전두피질은 어떤 사람이나 장소 혹은 사물에 가까이 가는 것이 좋은지, 아니면 피하는 것이 더 좋은지 우리에게 알려준다.

먼저 접근 반사 기능부터 생각해보자. 접근 반사 기능은 두뇌의 '내측' 안와전두피질의 활동을 관찰하여 측정할 수 있다. 내측 안와전두피질이 활성화되면, 운동신경이 우리를 부추겨 사람이든 사물이든 대상에 끌리도록 만든다. 닥터 장은 이렇게 설명했다. "도박판에서 돈을 따기 시작하면 내측 안와전두가 크게 활성화됩니다. 그것이 돈을 따는 행위를 긍정적인 보상으로 등록하기 때문입니다."

회피 반사 기능은 어떨까? 과학자들은 '측면' 안와전두피질의 활동을 관찰하여 이를 측정한다. 이 부위가 활성화되면 우리 두뇌는 몸에게 달아나라고 지시하여 부정적인 결과를 피하도록 해준다. 활성화 정도가 강할수록 피해야 한다는 느낌이 더욱 뚜렷해진다. 닥터 장은 역시 도박을 예로 들어 설명했다. "돈을 잃기 시작하면 측면 안와전두가 활성화됩니다. 그곳이 보상을 받지 못한 데 대한 실망에 반응하는 부위죠."

그런데도 의문이 남는다. 단순노출효과가 어떤 식으로 작용하는 것일까? 어떤 것에 반복해서 노출될 때는 접근 반사 기능이 증가하는 걸까, 회피 반사 기능이 감소하는 걸까? 아니면 닥터 장의 표현대로 "그것은 이런 자극으로 느낌이 좋아지기 시작하기 때문일까, 반대로 기분이 나빠지기 시작하기 때문일까?"

이를 알아내기 위해 장 박사 팀[6]은 백인 남성 16명과 백인 여성 16명을 대상으로 fMRI를 촬영했다. fMRI는 두뇌 각 부위의 크기만 보여주는 MRI와는 다르게, 혈류를 측정하여 두뇌에서 활성화되는 부위의 변화를 확인할 수 있다. 한마디로, fMRI는 뇌의 어느 부위가 활성화되는지 보여주는 것이다. 연구진은 참가자들에게 흑인의 얼굴, 한국인의 얼굴, 한자, 무작위적인 형태를 모아놓은 그림을 보여주었다. 단, 사진의 노출 횟수를 달리하여 어떤 사진은 한 번도 안 보여주고 어떤 사진은 여러 번 보여주는 방식을 취했다.

그다음 연구진들은 fMRI 장치 안에 참가자를 눕히고 그에게 처음 보는 사진 40장과 한 번 이상 보았던 사진 20장을 보여주었다. 그렇게 한 후 피실험자 두뇌의 어느 부위가 어떤 식으로 반응하는지 살펴보았다.

결론적으로 말해, 한 번도 본 적이 없던 낯선 사진에 대해서는 두뇌의 회피 반사 기능이 활성화되었다. 다시 말해 사람들은 잘 모르는 것을 두려워했다. 얼굴만 그런 것이 아니라 낯선 도형이나 한자를 보여주었을 때도 같은 결과가 나왔다.

인간은 모르는 것을 만나면 자신에게 해를 끼칠 수 있다고 판단하기 때문에 모르는 것을 두려워하게 된 것 같다. 동굴에 거주하던 초기 인류가 숲속 덤불 밑에서 처음 보는 붉은 도마뱀을 발견한 순간, 먹고 싶다는 생각을 했을지 모른다. 그러나 수백만 년에 걸친 진화는 그 도마뱀이 치명적일 수도 있으므로 우리 두뇌에게 회피 신호를 보내게 만들었다. 그래서 우리는 낯선 도마뱀을 보면 회피 반사 기능이 작동하여 이를 잡아먹으려 하기보다 텐트를 향해 달아나는 쪽을 택하는 것이다.

그러나 '친숙해지면' 이런 회피 성향이 줄어든다. fMRI 장치 안에 누운 피실험자에게 이미 본 적이 있는 얼굴이나 도형, 한자를 보여주었을 때 그들의 회피 반사 기능은 크게 줄어들었다. 여러 번 접한 것에 대해서는 두려움을 덜 느끼는 것이다.

닥터 장은 또 한 가지 놀라운 사실을 발견했다. "참가자들에게 전형적인 한국인 얼굴을 여러 차례 노출하고 나니, 한국인과 같은 인종의 다른 나라 사람들에 대한 역반응도 줄어들었습니다."

친숙성이 인종에 대한 편견도 줄인 것이다.

그렇다면 접근 반사 기능은 어땠을까? 놀라운 사실이지만 아무리 친숙해져도 접근 반사 기능은 증가하지 않고 일정했다. 친숙성이 두려움을 줄이기는 하지만 어떤 것을 더 좋아하게 만들지는 않는다는 뜻이다.

집이 좋은 것도 그 때문이다. 친숙한 사람이나 장소는 편안함을 준다. 나는 할머니로부터 물려받은 낡은 의자는 편안하지도 않고 삐걱거리기 때문에 특별히 좋아하지 않는다. 하지만 그 의자가 곁에 있는 것만으로도 왠지 모르게 마음이 포근해진다.

다시 아까의 문제로 돌아가자. 친숙성이 편안한 느낌을 주는데, 왜 시간이 가면서 '리사'라는 이름의 인기는 시들해지는 걸까? 너도 나도 딸아이에게 리사라고 이름 붙이던 리사랜드Lisaland의 부모들이, 어느 순간 정신이 든 것일까?

사랑은 천천히 죽인다

돈 에드 하디Don Ed Hardy[7]는 타투의 도시 샌프란시스코에서 1977년에 스튜디오를 연 이후 사람의 몸에 일본풍 그림을 그려 유명해진 타투 아티스트다.

어느 날 그는 트렌디한 본더치Von Dutch를 세계적인 브랜드로 키운 사업가 크리스천 오디저Christian Audigier로부터 걸려온 전화를 받았다. 하디의 디자인을 주류로 끌어들이고 싶었던 오디저는 그의 타투를 브랜드로 만들기 위해 라이선스 계약 여부를 타진했다.

탐문을 통해 오디저에 관해 알아본 하디는[8] 나중에 어떤 인터뷰에서 그에 대해 이렇게 말했다. "현대 문명에서 뭔가 삐딱하다 싶은 모든 것의 그라운드 제로에 있는 친구더군요."

결국 대중에 더 많이 노출되고 싶은 욕구가 이겼다. "보상도 받고 유일한 존재로도 남고 싶었던 것뿐입니다." 하디는 그렇게 말했다. 오디저는 하디의 작품과 브랜드에 대한 마스터 라이선스를 획득했다. 그는 유명인사들에게 에드 하디의 새로운 브랜드를 입히는 전략에 착수했다. 할리우드 스타일을 에드 하디 브랜드에 압축시켜, 언제 어디서나 볼 수 있는 옷이나 소품이 되게 만들고 싶었던 것이다.

남다른 수완을 가진 그의 마케팅 전략[9]으로 에드 하디 브랜드는 10년 동안 크게 유행했다. 2009년에 TV를 켜면 '불명예보다 죽음을Death Before Dishonor'이나 '사랑은 천천히 죽인다Love Kills Slowly' 같은 문구가 해골과 함께 그려진 티셔츠를 입은 유명인사를 쉽게 볼 수 있었다.

에드 하디는 갑자기 명가의 이틈이 되었다. 그해 옷과 액세서리를 합한 에드 하디 브랜드[10]의 상품은 7억 달러어치나 팔렸다. 친숙성이 안겨준 돈벼락이었다.

색다름이라는 보너스

아이폰의 새 모델이 나오는 순간, 그전까지 아무렇지 않게 사용하던 아이폰이 갑자기 구닥다리처럼 보인 경험이 있지 않은가? 친숙한 것이 더 편안하다는데, 어떻게 된 일일까? 2008년도에 출시된 빈티지 아이폰은 더는 자랑거리가 될 수 없는 걸까? 2004년에 나온 핑크색 모토롤라 레이저Motorola RAZR 폴더폰은 또 어떤가?

이 질문에 대한 답은 자이언스가 실시한 또 다른 연구 결과[11]에서 찾을 수 있다. 자이언스는 몇몇 사람들로 팀을 구성하여 그의 단순노출효과가 예술 세계에서 어떻게 작동하는지 조사했다. 어떤 그림을 여러 번 보게 되면 좀 더 마음에 들게 되지 않을까? 엉터리 한자 형용사를 보여주었을 때처럼 말이다.

우선 여러분이 미술관을 둘러보다가 옆 페이지에 나온 그림 같은 추상화를 봤다고 하자. 어떤 기분이 드는가? 이제 이 그림 앞을 5번 더 지나친다고 생각해보라. 이 그림을 반복적으로 본다면 작품에 대한 생각이 바뀔까? 10번 본다면 어떻게 될까? 25번 보면?

이를 알아보기 위해 연구진들은 학생들을 여러 팀으로 나누어 옆 페이지의 추상화 같은 다양한 그림의 복제품을 각각 0번, 1번, 2번, 5번, 10번, 25번씩 보여주었다.

그리고 학생들에게 각별한 관심을 가지고 그림을 감상하도록 요청한 후, 각 그림에 대해 "너무 싫다"부터 "아주 좋다"까지 7단계로 평점을 매기게 했다.

자이언스가 가짜 한자로 실험했던 최초의 연구를 생각하면, 한

번 더 볼 때마다 자신도 모르게 그 그림에 대한 두려움이 줄어들면서 피실험자들의 호감도가 올라갈 것이라고 예상할 수 있다.

하지만 25번 본 그림에 대한 학생들의 호감도는 처음 본 그림에 비해 약 15% '낮았다.' 다시 말해, 학생들은 친숙한 그림보다 참신한 그림을 더 좋아했다. 노출 빈도가 그림에 대한 호감도를 '떨어뜨린' 것이다. 이런 결과는 자이언스의 앞선 연구와 어긋난다. 새로운 연구에서는 친숙성보다 색다름이 더 인기 있었던 것이다.

왜 이렇게 다른 결과가 나왔을까?

이를 이해하려면 일단 인간 두뇌의 신경전달물질인 도파민의 역할을 알아야 한다. 도파민은 사람들로부터 가장 많은 오해를 받고 있는 두뇌의 화학물질 중 하나로, 그 역할이 과대평가되어 있다. 대중 심리학책이나 공항 서점에 꽂힌 책을 즐겨 읽는 사람이라면, 도파민이라는 단어를 적어도 한 번 이상 들어봤을 것이다. 도파민은 '쾌락 신경전달물질'로 알려져 있다. 그래서 흔히들 고객을 만족시키고 그들을 상품이나 서비스에 중독되게 하려면 고객의 두뇌에 함유된 도파민을 자극해야 한다고 말한다.

그러나 엄밀히 말해 이는 사실이 아니다. 대중 매체들이 설득하려는 의도와 달리, 도파민의 역할은 훨씬 더 미묘하고 복잡하다. 이 문제를 자세히 알아보기 위해 나는 런던 대학교 인지신경과학연구소Institute of Cognitive Neuroscience의 엠라 뒤젤Emrah Düzel에게 전화했다. 그는 인간의 동기에 관한 연구로 유명한 신경과학자다.

뒤젤은 도파민의 인기가 왜 무의미한지 설명했다. 두뇌에서 도파민 활동을 억제해도 사람들은 여전히 대상에서 쾌락을 발견한다. 마약중독자에게서 도파민 수용체를 차단해도, 중독자들은 여전히 마약을 찾고 즐기고 마약에 탐닉한다는 것이다. 어떻게 된 일일까?

"도파민은 어떤 것을 소비하는 쾌락과 관련된 물질이 아닙니다. 중요한 것은 어떤 것을 얻으려는 동기의 문제이고 그것을 알려주는 것이 도파민입니다." 뒤젤은 두뇌에서 도파민이 하는 역할은 어떤 것에 관해 좀 더 알려고 할 때 그것에 언제 '접근'해야 할지 결정해주는 것이라고 말했다. 도파민은 운동신경에 '어떤 것을 해야' 한다고 신호를 보내고, 또 그럴 때만 학습 과정을 촉발시킨다는 것이다. 간단히 말해 도파민은 쾌락 신경전달물질이 아니라 '동기' 신경전달물질이다.

뒤젤은 색다름이라는 것이 우리 두뇌의 도파민 수치에 어떤 영향을 미치는지 조사했다. 이를 위해 그는 영국인 동료 니코 번젝Nico Bunzeck과 여러 단계에 걸친 실험을 했다. 우선 뒤젤과 번젝은 지원자들에게 사람의 얼굴 사진을 연속으로 보여주었다. 그다음 지원자들을 fMRI 장치에 눕힌 다음 훨씬 더 많은 사진을 보여주었다. 사진 중에는 보았던 것도 있고 처음 보는 것도 있었다.

그렇게 한 다음, 번젝과 뒤젤은 지원자들의 두뇌 중 동기를 담당하는 부위의 반응을 측정했다. 중뇌中腦라고 알려진 이 부위는 도파민 수치를 결정하는 중요한 임무를 수행한다. 두뇌에서 동기를 담당하는 부위가 활성화될수록, 도파민 수치가 올라가고 탐구하고 배우려는 동기가 더욱 강해진다.

번젝과 뒤젤은 색다름이 두뇌의 동기 부위를 활성화시킨다는 것을 밝혀냈다. 색다름은 도파민을 방출하고 앞에 놓인 대상에 더 많은 관심을 두고 대상에 대해 더 많은 것을 알아내도록 조장한다. 왜 그럴까?

선사시대 사람이 한 번도 본 적이 없는 들판에 이르렀다고 생각해보라. 진화론적 관점에서 볼 때, 그는 이 들판이 그에게 어떤 혜택을 줄지 모른다고 생각하여 이 낯선 영역을 탐구해봐야겠다고 마음먹는다. 그곳에는 새로운 먹을거리가 있을지도 모르니까. 과학자들은 이를 '색다름의 보상Novelty Bonus'이라고 부른다. 신형 차이든 새 모델의 스마트폰이든 새로운 음식이든 우리가 색다른 것을 추구하고 즐기는 것은 이 때문이다. 따라서 이런 활성화는 색다른 상황이나 대상을 마주할 때마다 있을 수도 있고 없을 수도 있는 잠재적 보상에 대한 두뇌의 반응이다.

하지만 이렇게 되면 명백한 모순에 부딪히게 된다. 즉 인간은 색다른 것에 자극을 받으면서 또한 낯선 것을 두려워한다는 것이다. 그렇다면 어떻게 해야 관심과 걱정의 균형을 맞출 수 있을까?

이를 알아보고 싶다면, 캐나다의 어느 실험실을 찾아가 보자. 이 실험실의 연구진들은 어쩔 수 없이 같은 노래를 반복적으로 들어야 할 경우 나타나는 현상에 대해 조사했다.

크리에이티브 커브

토론토 대학교와 몬트리올 대학교의 연구진들[12]은 모르는 것을 두려워하면서도 색다른 것을 찾으려고 하는 인간의 모순적인 심리가 음악에서 어떻게 나타나는지 알아보기로 했다.

앉아서 노래를 한 곡 들을 때도 단순노출효과가 나타날까? 이 연구진을 지휘한 글렌 쉘렌버그Glenn Schellenberg 교수[13]는 그럴 수도 있다고 생각하게 된 이유를 내게 설명해주었다.

"어떤 노래를 들을 때, 우리는 보통 2번이나 3번을 듣고 나서야 이렇게 말합니다. '이 노래 좋은데?'"

그는 또한 색다름과 지나친 친숙함이 특정 음악을 좋아하거나 싫어하는 데 어떤 역할을 하는지 확인하려고 했다. 특히 싫어하게 되는 이유를 알고 싶었다. "우리는 또 하나의 현상을 실험으로 입증할 수 있다는 사실에 흥미를 느꼈습니다. 그러니까 가령 '마카레나Macarena'나 '핫라인 블링Hotline Bling' 같은 노래를 우연히 들은 뒤 좋아하다가 어느 순간 그 노래에 싫증을 느끼게 되는 현상이 왜 일어나는지 확인하고 싶었던 것이죠."

왜 우리는 어떤 노래를 좋아하게 되고 또 어떤 노래에는 싫증을 내는 걸까?

이 문제에 대한 답을 구하기 위해 쉘렌버그 팀은 108명의 대학생을 컴퓨터와 헤드폰을 갖춘 방음 부스에 앉혔다. 그렇게 한 후 학생들에게 노래 여섯 곡의 동영상 클립을 보여주었다. 단, 두 개의 클립은 32번 보여주었고 또 두 개의 클립은 8번, 마지막 두 개의 클립은 2번 보여주었다. 이후 학생들에게 각 클립이 얼마나 마음에 드는지 묻고 또한 그들이 들어보지 못한 여러 클립에는 어느 정도 점수를 줄 수 있는지 물었다.

인간의 두뇌가 늘 색다름을 추구한다면, 학생들은 어떤 노래를 들을 때마다 좋아하는 정도가 조금씩 줄어들 것으로 예측할 수 있다. 동시에 모르는 것을 두려워하고 친숙한 것만 찾는다면, 학생들은 음악을 반복해서 늘을 때마다 그 곡을 조금씩 더 좋아하게 될 것이었다.

그러나 결과는 그 어느 쪽도 아니었다. 음악을 집중해서 들었을 때, 학생들이 음악을 즐기는 정도는 종형 곡선을 따랐다. 같은 노래를 2번에서 8번까지 들었을 때 학생들은 그 곡이 '좀 더' 좋아졌다고 말했다. 8번에서 32번을 들은 경우는 들을수록 좋았던 마음이 '조금씩 시들해졌다'고 말했다. 자이언스가 사진을 가지고 실험했을 때와 비슷하게, 어떤 노래를 반복해서 듣게 되면 처음 들었을 때에 비해 좋아하는 강도가 약해졌던 것이다.

친숙성과 색다름을 둘 다 추구하는 성향은 선호도와 친숙성에서 종형 곡선의 관계를 보였다. 어떤 노래를 한 번 더 들을 때마다 좋아하는 정도는 조금씩 커지다가 정점에 이른다. 그때부터는 한 번씩 더 들을 때마다 호감도가 떨어진다. 이러한 종형 곡선이 바로 내가 말하는 '크리에이티브 커브'이다.

크리에이티브 커브는 개인적인 현상을 설명하는 것으로, 한 개인의 친숙성과 관련이 있다. 그렇다면 모든 사람이 특정 노래나 영

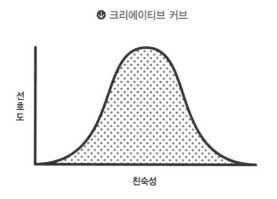

⬇ 크리에이티브 커브

선호도

친숙성

화 혹은 제품에 노출될 때는 어떤 일이 일어날까? 여기서는 트렌드 연구가 중요해진다.

냉혹한 현실

돈 에드 하디는 트렌드의 위력에 대해 비싼 교훈을 얻었다.

그는 자신의 브랜드 인기가 최고조에 이르렀을 때 〈뉴욕포스트*New York Post*〉[14]와의 인터뷰에서 말했다. "도무지 실감이 나지 않더군요. 잡지를 사려고 가게로 들어가면 에드 하디 라이터가 눈에 띄었어요. 이런 서브라이선시Sublicensee가 70개일 때도 있었죠."

그러나 2009년 이후 에드 하디 의류의 인기는 급속도로 식기 시작했다. 어느 순간부터 에드 하디 티셔츠는 요란스럽기만 한 진부한 상품이 되었다.

돈 에드 하디는 여덟 쌍둥이 가족의 24시간을 다룬 〈존 앤 케이트 플러스 8*Jon & Kate Plus 8*〉에서 리얼리티 쇼의 스타 존 고슬링Jon Gosselin이 자기 브랜드만 고집한 것이 결정타가 되었다고 말했다. "거기서 망했어요.[15] 메이시 백화점에는 대형 에드 하디 쇼윈도가 있었는데, 매출이 서서히 줄어들었죠. 그래서 메이시가 제 브랜드를 내린 겁니다."

2016년에도 이 브랜드는 고선을 면치 못했다. 치솟던 인기가 왜 어느 순간 곤두박질치게 된 것일까?

구글은 시간의 흐름에 따라 특정 문구를 검색하는 사람들의 수가 변하는 모습을 알 수 있는 툴을 제공한다. 이는 어떤 나라나 어떤 분야에서 가장 인기 있는 트렌드가 무엇인지 관찰하고, 인기 기간을 측정하는 데 아주 유용한 도구다. 여기에 '에드 하디'라는 단어를 입력하면 어떤 결과가 나올까? 이 브랜드는 2005년을 시발점으로 무섭게 치고 올라가 2009년에 정점에 이르고, 이후 폭락했다.

무언가 낯익은 형태가 보이지 않는가? 이것도 또 하나의 종형 곡선이다. 크리에이티브 커브는 개인의 선호도를 나타내지만, 한편으로 집단 차원의 결과도 되는 것이다. 사람에 따라 어떤 것에 노출되는 빈도는 모두 다르지만, 집단 전체, 즉 대중의 반응은 대체로 같은 양상을 보인다.

예를 들어, 패션 디자이너들은 일반 사람들보다 먼저 브랜드를 알아보는 한편, 남들보다 그 브랜드에 일찍 싫증을 낸다. 그 결과 평범한 개인이 에드 하디에 흥미를 느끼기 시작한 것과 거의 동시에 유행의 첨단을 달리는 소위 '힙' 피플은 그것에 싫증을 느낀다.

리사라는 이름이나 에드 하디 같은 브랜드의 인기는 어느 순간

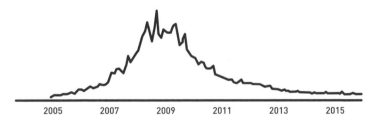

⬆ '에드 하디'에 대한 전 세계의 검색 빈도

THE CREATIVE CURVE

부터 급격히 오르기 시작하여 내가 '진부점Point of Cliche'이라고 부르는 곳에 이른다. 집단적 차원에서 볼 때 진부점에서는 색다름을 추구하는 성향이 약화하여 해당 브랜드가 과다하게 노출되고 과도하게 친숙해지는데, 이후 노출 횟수가 늘어날 때마다 제품 혹은 아이디어, 개념에 대한 집단의 관심은 대체로 줄어든다.

크리에이티브 커브와 진부점의 속성을 모두 파악하는 문제는 주류 세계에서 성공을 성취하는 데 매우 중요하다. 다시 말해 널리 선택받을 기회를 늘릴 수 있을 만큼 친숙하면서도 동시에 사람들의 관심을 계속 끌어낼 수 있는 '색다름의 보상'을 창출할 만한 아이디어를 찾아야 한다.

2011년에 절정에 이른 '프로요Fro-yo(프로즌 요구르트의 줄임말로, 유제품을 차게 얼려 먹는 후식이다-옮긴이)' 열풍을 생각해보자. 프로요는 모양으로 보나 질감으로 보나 아이스크림과 비슷하고 그래서

⊕ 크리에이티브 커브

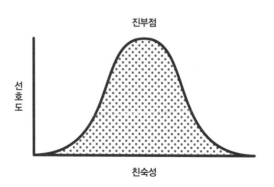

친숙했다. 하지만 그것은 맛이 새콤하고 일반 아이스크림에 비해 지방이 적어 건강에 좋다는 등 분명 색다른 특징이 있었다. 전국을 휩쓸었던 '스시 브리또(손으로 먹을 수 있는 커다란 스시롤)'의 인기도 비슷하다. 스시는 많은 사람들에게 익숙한 아이템이다. 사실 스시 브리또는 우리가 이미 알고 있는 것을 색다르게 비튼 상품일 뿐이다. 굳이 성공 요인을 찾는다면, 이미 알고 있는 것을 기반으로 하면서도 우리 두뇌의 '접근' 부위를 자극할 정도로 강한 호기심을 일으켰기 때문일 것이다.

사람들은 '창의력에 관한 영감 이론' 같은 만연한 문화적 통념 탓에, 혁신적이고 획기적으로 색다른 아이디어만이 성공 비결이라고 생각한다. 문제는 이럴 경우, 크리에이티브 커브에서 너무 왼쪽으로 치우친 아이디어로 끝날 위험이 있다는 점이다. 이런 아이디어는 타이밍을 제대로 잡지 못한다. 너무 새롭고 너무 색다르다. 다시 말해, 도무지 익숙하지 않은 것이다.

여기에 속한 소설가는 아무도 좋아하지 않는 책을 내고, 작곡가는 아무도 듣지 않을 멜로디를 쓰며, 스타트업은 아무도 쓰지 않을 물건을 만들어내고 만다. 《모비 딕Moby-Dick》을 쓴 허먼 멜빌Herman Melville이 바로 그랬다. 《모비 딕》은 작가가 죽은 지 몇십 년이 지날 때까지도 독자들의 마음을 움직이지 못했다.

자칫하다가는 아무도 거들떠보지 않는 과격하게 혁신적인 것을 창작하는 데 몇 해씩 허송세월할 수 있다. 좋은 소설엔 색다름 이상의 무엇, 즉 친숙성도 필요하다는 이야기다.

이는 '모든' 형태의 창의성에 해당하는 말이다.

링컨센터 극장Lincoln Center Theater의 예술감독인 안드레 비숍Andre Bishop은 지금까지 토니상Tony Awards을 무려 15번이나 수상했다. 미국의 월간지 〈배너티 페어Vanity Fair〉는 그를 가리켜 '뉴욕 극장의 완벽한 신사'라고 불렀다. 나는 그를 링컨센터의 미로 같은 복도를 막 벗어난 곳에 있는 그의 사무실에서 만났다. 비숍은 전천후 기능을 갖춘 마법의 복장을 한 사람처럼 보였다. 그는 매우 전통적인 의미에서 말쑥한 신사였다.

비숍은 극장에서 타이밍이 얼마나 중요한지 설명했다. "지금 이 순간의 시대정신에 딱 들어맞는 연극이나 뮤지컬이 있습니다." 그는 그렇게 예를 들었다. "〈해밀턴Hamilton〉 같은 뮤지컬은 처음 등장했을 때 그리고 특히 뉴욕에서 당시 상황의 시대정신을 정확히 반영했습니다. 15년 전이었다면 어림도 없었을 겁니다."

그렇다고 해서 타이밍이 〈해밀턴〉의 성공 요인의 전부라는 말은 아니다. 비숍은 좋은 연극이나 뮤지컬이 되려면 "1급 작가가 쓰고, 1급 감독이 감독하고, 탁월한 배우들을 캐스팅하고, 연극의 목적에 충실한 무대장치"를 갖추어야 한다고 설명했다.

상업적 성공을 바라는 사람은 무엇보다 크리에이티브 커브의 미묘한 성격을 이해해야 한다. 실천과 행정도 중요하지만 그것만으로는 충분하지 않다. 창의적 작품이 성공하려면 당대 관객들의 반향을 불러일으켜야 한다. 그렇지 않으면 절대 나타나지 않을 관객을 하염없이 기다리게 될 것이다.

적을수록 좋을 때

2004년 초, 어느 아이비리그 대학교에서[16] 한 소셜네트워크가 시작되었다. 학생들이 만들어낸 이 소셜네트워크는 실명을 사용하는 최초의 소셜네트워크였다. 그것은 전염병처럼 번져갔다. 가능성을 확인한 학생들은 휴학계를 내고 아예 회사를 차렸다.

페이스북Facebook 이야기가 아니다.

캠퍼스네트워크CampusNetwork 이야기다. 캠퍼스네트워크는 페이스북이 하버드 대학교에서 돌풍을 일으키기 불과 몇 주 전, 컬럼비아 대학교에서 시작된 소셜네트워크다. 이 학교의 공과대학 과대표였던 애덤 골드버그Adam Goldberg와 컬럼비아 칼리지의 학년대표였던 웨인 팅Wayne Ting이 공동 설립한 캠퍼스네트워크는 페이스북보다 몇 주 일찍 시작했을 뿐 아니라 극적인 비약을 보였다. 페이스북의 오리지널 버전은 기본 프로필을 갖추고 친구와 '찜하기Poking'만 가능한 온라인 인명록에 지나지 않았다. 사진, 공유, 월Wall, 액티비티 피드Activity Feed 등 페이스북을 미디어 파괴자로 완성시킨 특징 대부분은 사실 훨씬 나중에 추가된 아이디어였다.

그에 비해 캠퍼스네트워크는 사진 공유와 회원들이 친구들의 프로필에 코멘트할 수 있는 월을 시작했을 뿐 아니라, 그들의 액티비티 피드는 페이스북이 나중에 개시한 뉴스 피드News Feed처럼 네트워크 전반에서 일어나는 일을 누구나 볼 수 있게 해주었다.

2004년 봄에 준비를 마친 골드버그와 팅은 작업을 본격화하기 위해 몬트리올로 이사한 반면, 페이스북 팀은 똑같은 목적을 가지고 실리콘밸리로 자리를 옮겼다. 캠퍼스네트워크 팀은 가을에 페이스북과 전면전을 시작하여 다른 여러 아이비리그에 사이트를 개설하는 한편 빅 12 Big Twelve(전미 대학 체육협회 소속의 대학교들-옮긴이)까지 손을 뻗었다. 빅 12 대학교들은 그때까지 페이스북에 대한 이야기를 들어보지 못한 상태였다.

그제야 상황을 파악한 대학 신문들이 이 둘의 경쟁을 기사화하기 시작했다. 캠퍼스네트워크가 스탠퍼드 대학교에서 시작되었을 때 〈스탠퍼드 데일리 Stanford Daily〉의 기자는 에바 콜린 Eva Colen이라는 학생에게 둘의 차이가 무엇인지 질문했다. 콜린은 페이스북이 기능 측면에서 조금 떨어진다고 답했다. "어찌 됐든 커뮤니티가 안 돼요.¹⁷ 꼭 광고면 같거든요. …… 캠퍼스네트워크에서는 관계를 구축하고 인물에게 의사를 표현할 수 있지만, 페이스북은 친구를 추가하고 짝을 찾는 게 전부예요."

그러나 이 모든 고급 기능에도 불구하고 캠퍼스네트워크는 별다른 호응을 얻지 못했고, 결국 실패했다. 컬럼비아 대학교를 벗어난 지역에서 골드버그와 팅은 페이스북의 적수가 되지 못했다. 결국 판세를 만회하기 어렵다고 판단한 팅은 2005년 봄에 학교로 돌아갔고 골드버그도 다음 학기에 복학했다.

캠퍼스네트워크는 왜 실패한 것일까? 왜 애덤 골드버그와 웨인 팅이라는 이름은 대중의 뇌리에 각인되지 못했을까? 그 사이트는 처음부터 고급 기능들을 선보였고 이런 기능들은 나중에 페이스북의 엄청난 성공에 기여하게 되었다. 그런데 왜 똑같은 것들이 캠퍼스네트워크에서는 빛을 발하지 못한 것일까?

결국 이 문제 역시 크리에이티브 커브로 귀결된다.

웨인 팅은 스타트업 경험을 통해[18] 나중에서야 소비자들이 새로운 아이디어를 대할 때 어떤 방식으로 환영하거나 거부하는지를 파악할 수 있었다. 실패를 복기하던 팅은[19] 그의 앱이 가지고 있던 특징의 밀도가 페이스북보다 우월하다고 생각했지만, 실제로는 그것이 실패의 핵심 요인이었다고 결론 내렸다.

도대체 왜? 팅은 내게 당시의 사람들은 온라인에서의 개인 신분과 사생활에 관해 지금과는 전혀 다른 견해를 가지고 있었다고 말했다. 2000년대 초, 온라인에서는 여전히 가명이나 별 특징이 없는 이름이 사용되고 있었다. 그런데 캠퍼스네트워크는 유저들에게 가명을 피하고 실명을 사용하도록 요청했을 뿐 아니라 사진을 공유하고 업데이트하게 요구했다. 팅은 말했다. "우리는 한꺼번에 너무 많은 비약을 요구했어요."

이와는 다르게, 페이스북은 유저들에게 온라인에서 정보를 공유하는 행위를 편안하게 느끼도록 해주면서 한두 가지 기능들을 조금씩 추가해갔다. 첨단기술 저널리스트이자 《페이스북 이펙트 *The Facebook Effect*》의 저자인 데이비드 커크패트릭 David Kirkpatrick은 초기의 페이스북이 얼마나 부실했는지 잘 알고 있었다. "프로필을 올리고 다른 사람들과 연락하는 공간 말고는 사실 아무것도 없었습니다." 팅은 언젠가 BBC 기자와의 인터뷰에서 이렇게 말했다. "페이스북이 놀라울 정도로 스마트했던 점은 친구 맺기와 찜하기로 사람들을 낚은 다음, 유저들의 심리를 파악해가면서 천천히 기능을 추가하여 시간이 지날수록 유저들이 이를 점점 더 편안하게 느끼도록 만들었다는 점입니다."

자신들이 하고 있는 일과 서비스 방식의 메커니즘을 정확히 파악하지는 못했겠지만, 마크 저커버그Mark Zuckerberg와 그의 페이스북 팀은 크리에이티브 커브를 따라가고 있었다. 친숙함과 색다름 사이의 균형을 잡아가고 있었던 것이다. '너무' 색다른 것들은 사람들이 다가오지 못하게 만든다는 게 문제이지만, '너무' 친숙한 것들은 애초에 아무런 흥미도 자아내지 못한다.

데이비드 커크패트릭의 책 내용을 빌리자면, 저커버그는 저자에게 이렇게 말했다.[20] "비결은 더하는 것이 아니라 덜어내는 것입니다." 캠퍼스네트워크의 공동 설립자인 애덤 골드버그도 동의했다. "페이스북은 위압감을 주지 않으면서 아주 서서히 그들의 사이트를 사용하게끔 사람들을 길들였습니다."

이후 몇 해 동안 페이스북은 공적, 사회적 기능들을 조금씩 늘려갔다. 때로는 새로운 기능에 대한 반발도 없지 않았다. 뉴스 피드가 그런 경우였다. 이 새로운 기능은 페이스북에서 이루어지는 유저들의 활동을 그들의 전체 소셜네트워크로 확산시켰다. 이 같은 공적인 성격 때문에 홍보 면에서 거부감을 일으켰다. 그러나 페이스북은 고집을 꺾지 않았다. 사실 페이스북은 크리에이티브 커브를 장악할 수 있는 비결을 갖고 있었다. 바로 데이터였다.

유저들은 뉴스 피드에 대해 불평했을지 모르지만, 그들은 그 불평을 뉴스 피드에 쏟아놓았다. 데이비드 커크패트릭이 내게 이야기 한 것을 그대로 옮기자면, "누구이 말하지만 유저들은 그런 식으로 데이터를 사용하는 것이 그들이 말하는 것과 모순된다는 것을 알게 됩니다. 새로운 기능에 저항하면서도 그것을 사용한 것이죠."

페이스북의 초창기 멤버 다섯 명 중 한 사람이자 나중에 제품 관리 부사장이 된 맷 콜러Matt Cohler는 2008년에 스탠퍼드 대학교 강연에서[21] 페이스북만의 고유한 특징 중 하나를 밝혔다. 그것은 사용자 수가 해가 갈수록 늘어났다는 점이었다. 보통의 소비자 스타트업의 경우, 시간이 지날수록 색다른 점이 줄어들기 때문에 유저들도 줄어든다. 그러나 페이스북의 사용 지표는 꾸준히 오르막을 탔다. 페이스북이 크리에이티브 커브의 정확한 지점에서 새로운 특징들을 밀어붙인 것이 주효했다. 이러한 혁신은 편안하게 느껴질 만큼 익숙했지만 동시에 지속적인 관심을 유도하고 사용자 참여를 독려할 정도로 색달랐다.

그때의 경험을 되돌아보면서도 팅은 착잡한 심경을 떨치지 못했다. "회한, 아니 질투 없이는 바라보기 힘들죠. …… 대박을 터트릴 아이디어를 무산시키는 일이 어디 그리 자주 일어나나요?" 반면, 그와 골드버그는 자부심도 대단했다. "소셜네트워크 역사에서 주역은 되지 못했지만, 그래도 우리는 나름의 역할을 했습니다."

앱을 선보일 때 캠퍼스네트워크가 몇 가지 기능을 줄였다면 어땠을까? 그들은 한발 먼저 출발했고, 영리한 아이비리그 팀이었으며, 어느 정도 탄탄대로도 보장되어 있지 않았는가! 이런 질문에 대한 답을 선뜻 내놓기는 어렵지만 한 가지만은 분명하다. 캠퍼스네트워크는 유저들이 원하는 것을 확실히 파악하지 못했다. 그들은 크리에이티브 커브에 올라타지 못한 것이다.

친숙성과 색다름 사이의 균형을 유지하는 문제는 큰돈을 버는 데만 유용한 것이 아니다. 그것은 '핵심'이다.

유창해지는 과정

유저들은 왜 그리고 어떤 식으로 페이스북의 모듈을 받아들이게 되었을까? 캠퍼스네트워크를 주저앉힌 바로 그 특징이 어떤 이유로 오늘날 페이스북을 초대형 거물로 바꿔놓은 것일까?

이런 식의 분석도 가능하다.

앞서 살펴본 대로 책이든 TV 프로그램이든 앱이든 아주 기발한 발한 억제제이든 상관없이, 색다른 어떤 것을 처음 마주하게 되면 인간의 두뇌에서 접근 반사 신경과 회피 반사 신경이 모두 활성화된다. 낯선 것은 두려움을 일으키는데, 당연히 몸에 해롭다. 그러나 새로운 것을 탐구하고 알려고 하는 인간의 욕구도 동시에 촉발된다.

어떤 새로운 것과 마주했을 때는 "달아나!"라고 소리치는 우리의 회피 반사 신경이 "좀 알아봐!"라고 속삭이며 가까이 가보려고 하는 욕구를 단연 압도한다. 결국 우리는 뒤로 물러서게 되는데, 이는 낯선 것으로부터 자신을 보호하기 위한 행동이다.

바꿔 말해, 지나치게 색다른 아이디어는 많은 사람에게 호소력을 발휘하기 어렵다. 윌리엄스버그의 히피족이나 변두리 상가를 어슬렁거리는 폭주족 등 과격한 집단에게는 이런 아이디어가 당연히 매력적으로 보이겠지만, 같은 지역의 변두리에 사는 부모들은 근처에도 가려고 하지 않는다.

시간이 흐르고 새로운 것이 해롭지 않다는 것을 알게 되면 회피 반사 신경의 활성화 강도가 약해진다. 이 지점에서는 색다름의 보상이 회피 반사 기능보다 중요해진다. 두려움이 사라지고 이 새로운 것이나 새로운 경험이 혹시 쓸모 있거나 가치 있는 것은 아닐지 궁금해지기 시작하는 것이다. 이렇게 되면 사람들은 이를 보거나 경험할 때마다 그에 대한 호감을 조금씩 표현하기 시작한다. 이런 상승 경사로를 크리에이티브 커브의 '스위트 스폿'이라고 부르겠다. 스위트 스폿에 있는 아이디어는 편안하다고 느낄 만큼 친숙하면서도 동시에 계속 관심을 유발할 만큼 색다르다.

하지만 색다름의 보상이 떨어지면서 대상에 대한 관심이 줄어들고 결국에는 더 이상 별다른 보상이 따르지 않는 순간이 온다. 도파민 실험을 했던 뒤젤 박사[22]는 내게 이렇게 설명했다. "분위기를 파악해 그것이 익숙해지는 순간부터 색다름의 보상은 시간이 지날수록 시들해집니다." 다시 말해, 진부점에 도달한 것이다.

진부점을 지난 뒤에도 생명력이 있을까? 있기는 하다. 하지만 그것은 달의 어두운 면과 같다. 진부점에 도달한 이후의 아이디어들은 대부분 내가 '후속 실패Follow-on Failure'라고 부르는 상태가 된다. 2015년에 컵케이크 점을 차린 사람들은 컵케이크 열풍이 절정에

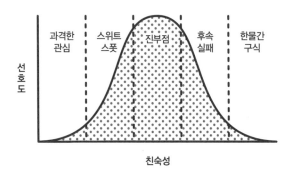

○ 크리에이티브 커브

선호도

과격한 관심 | 스위트 스폿 | 진부점 | 후속 실패 | 한물간 구식

친숙성

오른 직후부터 1년간은 더 바쁘게 보냈을지 모른다. 아직도 사람들의 발길이 갑자기 드물어졌다고 느끼지 않았다면 조만간 그런 일을 겪게 될 가능성이 크다.

마지막으로, 어떤 아이디어가 한물가거나 더 이상 인기를 유지하지 못하게 되면, 더 이상 그것을 추구하는 행위도 의미가 없어진다. 2018년에 디스코 장을 열었다면 문화적으로 정체된 일부 사람들의 관심은 끌었을지 모르지만, 그 이상은 아닐 것이다. 천재 크리에이터라면, 이 같은 지점에 도달하기 오래전에 그 아이디어를 버려야 한다는 것을 안다.

하지만 주의해야 할 것이 있다. 크리에이티브 커브를 또 다른 유명한 곡선인 기술 채택 주기와 혼동해서는 안 된다는 것이다(기술 채택 주기에서는 시간이 지날수록 기술의 채택률이 0%에서 100%로 움직인다). 둘 사이에는 근본적인 차이가 두 가지 있다. 첫째, 크리에이티

↓ 기술 채택 주기

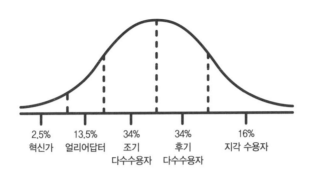

2.5%	13.5%	34%	34%	16%
혁신가	얼리어답터	조기 다수수용자	후기 다수수용자	지각 수용자

브 커브는 시간보다는 노출을 근거로 삼는다. 둘째, 창의적 아이디어는 인기 없이 시작하여 성공한 뒤 결국 다시 인기가 시들고 만다. '지퍼'처럼 거의 보편적으로 채택되는 유용한 기술과 달리, 창의적 아이디어가 높은 인기를 계속 유지하는 경우는 거의 없다.

그렇다면 크리에이티브 커브로 친숙성과 색다름의 긴장이 인간의 선호도에 미치는 영향을 어떻게 설명할 수 있을까? 그리고 엉터리 한자 형용사를 다루었던 자이언스의 실험은 또 어떻게 설명할 것인가? 자이언스 실험에서 피실험자들은 노출이 한 번씩 추가될 때마다 그 한자를 조금씩 더 좋아하게 되었다고 말했다.

연구진들은 이 문제를 두 가지로 설명한다. 첫째는 그 실험에서 피실험자들에게 크리에이티브 커브의 내리막 경사에서 나타나는 지루함을 일으킬 만큼 충분한 노출이 이뤄지지 않았을 것이라는 점이다. 두 번째이자 좀 더 그럴듯한 설명은, 인간이 무언가를 좋아하거나 싫어하게 되는 과정에서 가장 중요한 것은 어떤 개념을 처리하는 방식이라는 점이다.

예를 들어, 앞서 언급한 캐나다의 음악 연구에서는 학생들에게 음악을 '집중해서' 들으라고 요청할 때만 종형 곡선이 형성되었다. 어떤 노래를 볼륨을 낮춰 배경으로 흐르게 했을 경우, 학생들은 노래를 반복하여 들을수록 그 노래를 점점 더 좋아했다. 왜 그럴까?

광고든 노래든 예술작품이든 어떤 것을 피상적으로 소비할 때, 인간의 두뇌는 시간적 여유를 갖고 심도 있게 소비할 때와는 다른 방식으로 정보를 처리한다. 과학자들은 이런 과정을 '지각적 유창성Perceptual Fluency'이라고 부른다. 어떤 것을 처음 보거나 경험할 때, 우리 두뇌는 열심히 작업한다. 그러나 이미 경험한 것에 대해서는 좀 더 유려한 방식으로 대하고 따라서 두뇌도 대상을 보다 효율적인 방식으로 처리한다.

재미있는 것은, 이렇게 정보를 손쉽게 처리하는 것을 실제 '좋아하는' 것으로 곧잘 혼동한다는 것이다. 두뇌 입장에서는 슈퍼마켓이나 잡화점 스피커에서 100번 정도 흘려들었던 노래를 인식하고 처리하는 게 훨씬 더 쉬울 수밖에 없다. 그 과정에서 우리는 쉽게 처리한 것이 곧 즐거운 것이라고 오해하게 되는 것이다.

광고 전문가 크리스티 노드히엘름Christie Nordhielm[23]은 광고에서 이런 현상을 연구했다. 그녀는 어떤 인쇄 광고에서 가령 배경이나 로고 등 사소하거나 피상적인 특징을 반복적으로 노출할 경우, 사람들이 노출 횟수에 비례하여 해당 제품을 조금씩 더 좋아하게 된다는 사실을 밝혀냈다. 이러한 이유로 마케터들이 기업의 로고나 브랜드 색깔을 택하는 데 심혈을 기울이는 것이다. 그런 것이 소비자의 호감을 조성하고 유지하는 데 필수적이라고 여기기 때문이다. 그런 사소한 요소들이 우리의 두뇌가 매일 보는 광고를 쉽게 인식하고 처리할 수 있게 해준다. 그리고 두뇌에서 정보 처리가 쉬웠던 치약이나 애프터셰이브 로션, 혹은 보험회사를 우리는 실제 '좋아하는 것'으로 오해한다.

이와는 다르게, 노드히엘름은 응답자들에게 똑같은 광고를 '신중하게' 검토하라고 요청할 경우 크리에이티브 커브가 그대로 적용된다는 사실을 발견했다. 광고를 10번 보여주었을 때 그들은 1번씩 더 볼 때마다 제품에 대한 호감도가 조금씩 줄어든다고 답한 것이다.

대상을 심도 있게 처리할 때는 시간을 가지고 평가를 하기 때문에 친숙성과 색다름의 보상이 경쟁을 벌이기 시작한다. 대상에 의도적으로 깊은 관심을 가져야 하거나 대상이나 개념이 본래 복잡하여 정상적 수준 이상의 처리를 요구하는 경우, 우리는 대상을 심도 있게 살펴야 한다. 이를테면, 추상 미술은 명시적 의미와 암묵적 의미를 모두 포함하는 다면적 성격이 있으므로, 보는 사람으로 하여금 정신적으로 의미 있는 처리를 하도록 요구한다. 따라서 크리에이티브 커브의 적용을 받는다.

그러나 크리에이티브 커브는 단순한 학문적 도구가 아니다. 그것은 친숙한 것과 색다른 것의 긴장을 헤쳐나가는 데 필요한 실용적인 틀을 제공한다. 간단히 말해서, 크리에이티브 커브는 주류 세계에서 성공하는 데 필요한 매우 현실적인 기반인 것이다.

그래도 의문이 남는다. 일부 창의적인 사람들이 스위트 스폿에서 성공적인 아이디어를 만들어내는 비결은 무엇일까? 그들은 어떻게 진부점의 왼쪽에서 히트시킬 수 있는 아이디어를 최적의 확률로 연달아 생각해낼 수 있는 것일까?

이를 밝히기 위해 폴 매카트니와 비틀스의 이야기로 다시 돌아가보자.

비틀스에 감춰진 수학

때는 1965년이었고[24] 비틀스의 광풍은 절정에 달해 있었다.

매카트니가 '예스터데이'를 완성하기 위해 진땀을 흘리는 동안 다른 비틀스 멤버들은 세계적인 인기를 한몸에 받고 있다는 부담 속에서 자신들의 음악을 예술적으로 한 단계 업그레이드할 방법을 모색하고 있었다.

조지 해리슨은 그들의 영화 〈헬프Help!〉의 세트를 본 순간, 출구를 찾았다고 생각했다. 영화는 인도의 동양적 컬트 문화를 은근히 조롱하는데, 그가 음악에서 변화를 꾀하려는 착상을 하게 된 것도 이런 장치 때문이었다.

인도적인 요소를 과장해 꾸민 어떤 식당 장면에서, 밴드는 손님들에게 극동의 전통악기로 노래를 들려준다. 그러다 해리슨이 악기

하나를 집어 든다. 기타를 닮은 12줄짜리 시타Sitar였다.

시타는 인도 전역에서 사용될 정도로 인도인에게는 매우 친숙한 악기이지만 해리슨으로서는 처음 보는 물건이었다. 비틀스가 〈헬프!〉에서 인도 문화를 조롱하는 바로 그 순간, 해리슨은 역설적이게도 시타의 매혹적인 '트왱' 소리와 그 이질성에 흠뻑 반해버렸다.

그룹 내에서 자신만의 정체성을 꾸준히 구축하면서 예술적으로 성장을 거듭하던 해리슨은 시타가 음악적으로나 개인적으로 변신을 모색하던 자신에게 하나의 돌파구가 될지 모른다고 생각했다. 런던으로 돌아온 그는 옥스퍼드 스트리트에 있는 인디크래프트Indiacraft라는 작은 상점에서 첫 번째 시타를 구입했다.

그해 10월, 비틀스는 앨범 〈러버 소울Rubber Soul〉에 삽입할 새 노래 '노르웨지안 우드Norwegian Wood'를 마무리하고 있었다. 누군가가 해리슨에게 새로 구입한 시타를 써보는 것이 어떻겠냐고 제안했다. 시타의 선율이 곡의 분위기와 의외로 잘 어울렸다. '노르웨지안 우드'는 시타로 피처링한 최초의 주류 서구 노래로 기록되었다. 당연히 마지막 노래도 아니었다.

'노르웨지안 우드'가 인기를 얻게 되면서 여기저기서 시타가 불쑥불쑥 등장했다. 1966년에 롤링스톤스Rolling Stones가 그들의 히트송 '페인트 잇 블랙Paint It Black'에서 시타를 사용하며, 록 음악에서 이 악기의 새로운 입지를 확실하게 굳혔다. 1967년 팝 음악계에는 바야흐로 '시타 열풍'이 불기 시작했다. 댄일렉트로Danelectro(기타를 주로 만드는 미국의 악기제조사―옮긴이)는 코럴 일렉트릭 시타Coral Electric

Sitar라는 일렉트릭 버전까지 만들어낼 정도였다. 이 버전은 많은 뮤지션들에게 인기를 끌었다. 코럴 일렉트릭 시타는 기타와 같은 현악기이지만 시타만의 독특한 '트왱' 소리를 구현해낼 수 있었다. 유행은 계속되었고 엘비스 프레슬리 Elvis Presley부터 마마스앤파파스 Mamas and the Papas에 이르기까지 이 악기를 끼워 넣는 팝 뮤지션들이 계속 늘어갔다.

해리슨이 라비 샹카 Ravi Shankar를 만난 것도 바로 그해였다. 시타의 거장 샹카는 결국 해리슨에게 이 악기의 연주법을 가르쳐주기로 했다. 샹카는 시타 열풍이 불던 1967년의 여행에서[25] 인터뷰 기자에게, 시타는 "이제 완전히 유행을 탔다"고 말했다. 그리고 비틀스와 해리슨이 어떤 영화에 소품으로 사용된 이 악기에 갑자기 매료된 순간이 바로 그 시발점이라고 했다. 그는 말했다. "비틀스 멤버인 조지 해리슨이 내 제자가 된 이후로 많은 사람, 특히 젊은 사람들이 시타를 듣기 시작했다."

비틀스가 무심결에 붙인 불은 걷잡을 수 없이 번져나갔다. 불길이 위세를 더해가며 사람들을 위협하자, 비틀스는 시타의 사용 횟수를 줄이기 시작했다. 마침내 시타는 비틀스가 여러 해 동안 시도한 수많은 색다른 사운드 중 하나로 끝나고 말았다.

시타 열풍은 크리에이티브 커브에 감춰진 상관관계를 아주 잘 보여주는 사례다. 비틀스의 팬이라면 다 아는 사실이지만 그들의 음악 커리어는 보통 3단계로 구분된다. 초기는 팝 사운드에 갇힌 시기였다. 둘째는 실험기로, 그들의 음악은 좀 더 환각적이고 음색으로는 동양적이 된다. 후기에 그들은 다시 팝 기반으로 돌아온다.

더럼 대학교의 투오마스 에어롤라Tuomas Eerola[26] 교수는 실증 음악학Empirical Musicology 전공이다. 다시 말해, 그는 어떤 노래에 몇 박이 들어가는지 또는 줄임표가 얼마나 자주 나오는지와 같은 음악의 양적 특징을 연구한다. 1990년대 말, 그는 비틀스의 3단계를 시기별로 뚜렷하게 구분할 수 있는지 확인해보기로 했다. 어느 시기가 갑자기 끝나고 다음 시기가 시작되었을까? 아니면 앨범을 하나씩 낼 때마다 점진적으로 바뀌며 서서히 진화했을까?

이를 연구하기 위해 그는 무엇보다도 비틀스의 음조 반복, 하행 베이스라인 그리고 시타 같은 이국적인 악기들의 사용 여부를 검토했다. 그다음 그때까지 나온 레코드에 실린 모든 비틀스의 노래에서 이런 특징들이 나타나는지 측정했다. 검토 결과, 비틀스가 이런 실험적인 시도를 점점 많이 하다가 어느 순간부터 빈도를 줄여간다는 사실을 확인할 수 있었다. 시기에 따른 비틀스 음악의 변화를 나타낸 이 에어롤라의 도표를 보면, 한눈에 어떤 형태를 알아볼 수 있을 것이다. 바로 종형 곡선 분포다.

비틀스의 실험적인 특징은 크리에이티브 커브와 일치한다. 비틀스는 특정 실험적 시도와 사운드를 선보인 다음, 청중들의 반응이 좋으면 횟수를 천천히 늘려가다가 노출 빈도가 과다하다는 느낌이 드는 순간, 그런 시도와 사운드를 버렸다.

비틀스를 천재 크리에이터라고 지칭한다면, 그건 그들이 곡을 쓸 때 청중들이 새로운 음악 취향을 형성하는 방식을 곡에 반영하

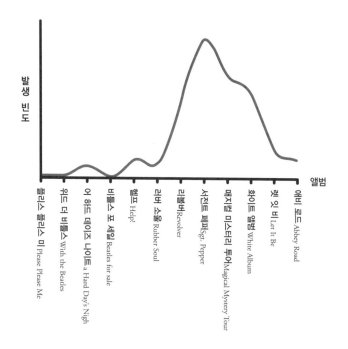

발생 빈도

앨범

플리스 플리스 미 Please Please Me
위드 더 비틀스 With the Beatles
어 하드 데이즈 나이트 a Hard Day's Nigh
비틀스 포 세일 Beatles for sale
헬프 Help!
러버 소울 Rubber Soul
리볼버 Revolver
서전트 페퍼 Sgt. Pepper
매지컬 미스터리 투어 Magical Mystery Tour
화이트 앨범 White Album
렛 잇 비 Let It Be
애비 로드 Abbey Road

고, 그것이 크리에이티브 커브를 따라 움직이게 했기 때문이다. 비틀스는 친숙하면서도 색다른 노래를 작곡했는데, 듣는 사람들이 그 노래와 가까워지는 법을 서서히 익힐 수 있도록 새로운 개념을 조금씩 노출했다. 그러다 이런 요소들이 진부점에 이르는 순간, 그들은 사용 횟수를 급격히 줄였다.

비틀스가 자신들의 어떤 음악적 특징들이 진부점에 이르렀을 때도 줄이지 않고 계속 고집했다면 어떻게 되었을까? 팬들은 이내 싫증을 느끼고 다른 뮤지션으로 눈을 돌렸을 것이다. 아니 무엇보다 비틀스 스스로가 진부한 뮤지션이 되었을 것이다.

비틀스가 새로운 아이디어를 시장에 가져와 그 아이디어를 과도하게 밀어붙이거나 너무 오래 붙들지 않고 적정한 수준에서 성공시킨 경위를 설명해주는 틀이 바로, 크리에이티브 커브다. 크리에이티브 커브는 어떤 유형의 창작가들에게도 예외 없이 중요한 의미를 가진다. 예를 들어, 커브의 영향을 늦추는 한 가지 방법은 노출을 줄이는 것이다. 독점에 초점을 맞추는 호화 브랜드들이 판매량을 늘리는 방식을 피하고 가격을 최대로 높임으로써 수익성을 높이는 이유도 그 때문이다. 그 외에 곡선을 피하는 유일한 방법은 고객을 제품 중독자로 만드는 것이다. 커피나 비디오 게임의 인기가 다른 제품과 달리 강한 지속력을 가지는 것도 바로 이런 중독성 때문이다.

그런데 비틀스는 시타를 어느 정도 사용해야 하는지를 어떻게 알아낸 걸까? 또 마크 저커버그는 페이스북 초기 버전에서는 몇 가지 기능을 포기해야 한다는 것을 어떻게 알았을까?

나의 인터뷰 목적도 실은 이 부분에 초점을 맞춘 것이었다. 나는 여러 분야에서 성공한 수십 명의 창작가를 찾아 그들과 마주 앉았다. 내 목표는 그들이 크리에이티브 커브의 스위트 스폿에서 아이디어들을 하나씩 만들어내는 과정을 알아내는 것이었다. 잠재된 창의성은 모든 사람이 갖고 있는 것이고, 비상한 IQ 지수가 히트 작품을 창작하기 위한 필요조건이 아니었다. 그래서 나는 이런 성공한 창작가들이 히트 작품을 만들어낸 그들만의 과정을 밝혀내고 싶었다. 그들이 무엇을, 어떻게 하기에, 나머지 우리들은 그들의 작품을 흉내 내거나 복제하려 드는가 말이다.

나는 그들에게 어린 시절은 어땠으며 어떻게 새로운 아이디어를 떠올리고 그것을 구체화했으며 어떻게 그것을 완성하여 세상에 내놓았는지 등을 물었다. 질문을 던지다 보니 내가 무슨 정신과 의사라도 된 것 같았다. 인터뷰를 주로 소파에 앉아 했기 때문에 더욱 그랬던 것 같다. 그들은 나를 그들의 집이나 사무실 혹은 자주 가는 식당으로 초대했다. 직접 만날 수 없을 때는 전화나 스카이프로 대화를 나누었다.

하지만 내가 들은 이야기 대부분은 비슷비슷했다. 결국 나는 그들과의 대화를 통해 창작가들이 상업적 성공에 최적화된 아이디어를 떠올리는 데 사용하는 패턴 네 가지를 찾아낼 수 있었다. 이들 패턴은 또한 심리학, 사회학, 신경과학 등 다양한 분야의 과학에서 그 위력이 입증된 것이었다. 이것을 '크리에이티브 커브의 네 가지 법칙 Four laws of the creative curve'이라고 부르겠다.

앞으로 1장에 하나씩 4장을 통해 분석해나가 그 법칙을 우리 자신의 작품에 적용할 수 있는 방법을 설명할 것이다.

먼저, 대단한 아이디어를 판별하는 법부터 이야기하자. 이는 애리조나로 떠나는 여행과 함께 시작된다.

THE CREATIVE CURVE

PART 2

⚡

돈이 되는 크리에이티브의 법칙
THE LAW OF THE CREATIVE CURVE

———

내가 인터뷰한 창의적 아티스트들이
20% 원칙을 꾸준히 지키는 이유는
그것이 '아하!' 순간이라는 건물을 올리는 데
필요한 벽돌을 제공하기 때문이다.

07

제1 법칙 : 소비

1982년, 애리조나 비디오카세트 웨스트_{Arizona Video Cassettes West} 매장은 사람들로 가득 차 있었다.[1] 계산대 앞에 늘어선 줄은 코미디 섹션을 지나 공포와 외국 영화 섹션을 통과하며 장사진을 이루었다. 비디오 대여점이 애리조나에 처음 들어선 것은 맞지만, 그 때문에 고객들이 20분 넘도록 줄을 서서 기다리는 것은 아니었다.

지나가던 누군가가 무엇 때문에 늘어선 줄이냐고 물었다면, 그는 분명 어이없는 대답을 들었을 것이다. 사람들은 테드라는 점원과 이야기를 나누기 위해 긴 줄을 이루며 차례를 기다리는 중이었다. 더 희한한 건, 그들이 그날 오후 내내 그에게 어떤 질문을 할지 생각하면서 보냈다는 사실이다.

무슨 영문일까?

테드 사란도스Ted Sarandos는 열여섯 살짜리 전문대생이었다. 그는 용돈을 벌기 위해 애리조나 비디오카세트 웨스트에서 선반을 정리하는 일과 대여 서비스 업무를 맡았다. 어린 시절 테드가 생활하던 환경은 늘 어수선했다. 그의 부모는 10대 시절 그를 가졌고, 그가 태어난 지 얼마 되지 않았을 때 피닉스 교외에 위치한 그들의 작은 집에서 동생 네 명이 줄줄이 태어났다. 집 안이 너무 정신없었기 때문에 테드는 툭하면 할머니 댁을 찾아 TV 앞에서 몇 시간씩 꼼짝하지 않고 지냈다. 테드의 할머니는 연예 프로그램을 특히나 좋아했는데, 집 안 곳곳에 널려 있던 연예잡지들만 봐도 짐작할 수 있을 정도였다. 할머니는 감칠맛 나는 배우 이야기로 테드의 얼을 빼놓곤 했다. 그녀는 마치 자신의 옛 애인을 회상하듯 배우들을 성이 아닌 이름으로 불렀다. 테드에게 영화와 각종 TV 프로그램은 혼잡한 집구석에서 벗어나게 해주는 마지막 비상구였다.

테드의 집은 사시사철 어질러져 있었다. 먹고사는 문제도 아주 난감했다. 엄마, 아빠 모두 없는 돈을 끌어다 써댔고 돈이 생기기가 무섭게 새로운 장비나 전자기기들을 사들였다. 공과금을 내지 못해 가끔 전기가 끊기곤 했지만, 테드네는 동네에서 VCR을 보유한 몇 안 되는 집 중 하나였다.

어느 날 자전거를 몰고 시내로 나갔던 테드는 상가들이 늘어선 번화가에서 새로 들어선 가게를 하나 발견했다. 비디오 대여점이었다. 집에 VCR이 있고 할머니와 영화를 보고 영화 이야기를 하며 시간을 보냈던 테드에게 새 비디오 대여점은 눈 앞에 펼쳐진 환상의 세계였다. 테드는 대뜸 안으로 들어가, 가게 주인 데일 메이슨Dale Mason을 만났다. 카운터 뒤에 서 있던 주인은 운동복을 입고 있었다 (어쨌든 1980년대였으니까). 테드는 이 사나이에게서 비디오 대여점을 차리게 된 사연을 들었다.

데일은 창업을 결심하기 전까지 시카고에서 항공 관제사로 근무했다. 그러던 어느 날 잡지를 뒤적이다가 앞으로 10년 동안 요구르트 상점과 비디오 대여점이 잘될 것이라는 예측 기사를 읽었다. "난 요구르트는 질색인데, 영화는 좋아하거든." 그는 후에 테드에게 그렇게 말했다고 한다. 진로를 결정한 데일은 곧바로 애리조나로 이사했다. 애리조나라면 가진 돈을 털어 집과 작은 가게 하나쯤은 마련할 수 있었기 때문이었다.

이후 며칠 동안 테드는 매일 비디오 점을 찾았다. 가게를 둘러보고 재미 삼아 선반을 정리하면서, 테드는 데일과 몇 시간씩 영화 이야기를 나누었다. 수백 편의 비디오에 둘러싸인 테드는 마치 고향에 온 것처럼 가게가 아늑하게 느껴졌고, 데일 역시 자신이 찾던 사람이 바로 테드라는 것을 직감적으로 알았다. 그는 테드에게 일자리를 제안했고 VHS 테이프에 둘러싸여 황홀해 하던 테드도 그 자리에서 수락했다.

비디오 대여점은 보통 낮에는 한산하다. 고객은 주로 일터에서 집으로 돌아가는 길에 테이프를 빌리기 때문이다. 그러나 테드는 조용한 시간에도 숙제할 생각은 하지 않았다. 엉뚱하게도 그는 가게에 있는 영화를 하나도 빠짐없이 다 보겠다고 스스로 결심했다.

영화에 대해 알 수 있는 것은 죄다 알고 싶었던 그에게, 마침 마음대로 영화를 골라 볼 수 있는 가장 확실한 자원, 즉 물량이 풍부한 비디오 점이 생긴 셈이었다.

몇 달 뒤, 매장에 있는 영화를 거의 다 본 테드는 고객에게 맞춤형 영화를 추천하기 시작했다. 그는 살아 있는 검색 엔진이었다. 우디 앨런Woody Allen을 좋아하는 고객에게 테드는 앨버트 브룩스Albert Brooks의 영화를 권하면서 말했다. "뉴욕에 우디 앨런이 있다면 LA에는 앨버트 브룩스가 있죠." 액션 영화 중 재미있는 것이 없느냐고 묻는 고객에게는, 망설임 없이 그 자리에서 심장의 고동이 진정될 틈을 주지 않는 영화를 세 편이나 내놓았다.

간단히 말해, 테드는 친숙한 것, 좋은 것, 진부한 것을 실시간으로 파악하는 '문화적 인식Cultural awareness'을 개발했다. 이 같은 기술이 있으면 아이디어나 제품이 크리에이티브 커브에서 어느 위치에 있는지 확인할 수 있다.

종류를 가리지 않고 닥치는 대로 영화를 섭렵하던 테드는 열여덟 살에 이미 영화 전문가, 영화 소믈리에가 되었다. 그는 영화의 어떤 점이 사람들의 마음을 움직이는지 정확히 꿰뚫었다. 자신이 보고 싶어 하는 것을 테드가 정확히 읽고 있다고 생각한 고객들은 그와 이야기를 나누고 그의 조언을 구하기 위해 기꺼이 줄을 서서 기다리고 또 기다렸다.

최고의 식사를 즐길 수 있는 식당을 추천해주는 믿을 만한 음식 평론가들처럼, 이런 유형의 인식을 가진 사람은 사회에서 대접을 받게 마련이다. 그리고 대중 역시 그런 사람들을 찾는다. 우리는 그들을 '테이스트메이커Tastemaker' 또는 '인플루언서Influencer'라고 부른다. 심지어 요즘 같은 시대에는 그들을 회사나 문화의 리더로 받들기까지 한다.

문화적 인식은 어떤 아이디어가 크리에이티브 커브 중 어디쯤에 있는지 식별해낼 수 있는 능력이다. 어쩌면 이는 보통사람들의 사고 범위를 벗어나는 능력인지도 모른다. 음식비평가나 시류의 첨단을 달리는 아티스트, 또 선견지명이 있는 모바일앱 파운더는 소비자의 특성을 아주 잘 파악하고 있지만, 보통사람들은 어떻게 해야 그런 능력을 습득할 수 있는지 잘 모른다.

그러나 문화적 인식은 누구나 습득할 수 있다. 이번 장에서 우리는 이런 기술을 습득하는 데 결정적인 역할을 하는 것이 바로 '소비'이며, 소비가 이를 가능하게 해주는 이유와 그 세세한 과정들을 살펴볼 것이다. 이로써 우리는 분명한 목적을 가지고 '아하!' 하는 순간을 늘려가는 데 소비가 어떤 역할을 하는지도 알게 될 것이다.

운이 좋은 것일까?

억세게 운이 좋아 보이는 기업가들이 있다. 그들은 여러 분야의 사업을 종횡무진하면서 손대는 사업마다 크게 히트시킨다.

기업가 케빈 라이언Kevin Ryan은 미디어 회사인 비즈니스 인사이더Business Insider(4억 5,000만 달러를 받고 매각[2]), 온라인 패션 파워하우스인 길트Gilt(2억 5,000만 달러를 받고 매각[3]), 그리고 데이터베이스 테크놀로지 회사인 몽고DB MongoDB(시장 가치 15억 달러 이상으로 평가[4]) 등 아홉 개의 인터넷 기업을 설립했다. 그뿐 아니라 그는 광고 테크놀로지의 선구자인 더블클릭DoubleClick에 초기 멤버로 참여해 CEO로 재직했다. 더블클릭은 10억 달러[5]가 넘는 금액에 팔렸다. 전자상거래, 미디어, 데이터베이스 테크놀로지 등 여러 분야에서 케빈 라이언은 놀라운 성공률을 자랑하는 연쇄창업가다.

마틴 로스블래트Martine Rothblatt 역시 대단한 연쇄창업가다.[6] 젊은 변호사 시절 위성에 흠뻑 빠졌던 그녀는 시리우스 라디오Sirius Radio를 공동 설립했다. XM 라디오와 합병한 이후 시리우스XM은 현재 시가총액이 2억 5,000만 달러[7]를 호가한다. 그러나 로스블래트는 자신의 딸이 폐에 악영향을 미치는 치명적 불치병인 '폐고혈압' 진단을 받은 후 시리우스 라디오를 떠나 완전히 다른 분야에서 자신의 능력을 시험해보기로 했다.

생물학 수업을 들은 그녀는 폐고혈압과 그와 유사한 폐 질환의 치료법을 개발하는 바이오테크 스타트업인 유나이티드 세라퓨틱스United Therapeutics를 설립했다. 최근 유나이티드 세라퓨틱스의 가치는 50억 달러[8]가 넘는 것으로 평가받고 있다.

큰 기업 하나를 만들기도 어려운 세상에서, 라이언과 로스블래트는 여러 분야를 넘나들며 건드리는 것마다 황금으로 바꿔놓는 마이다스의 손이 되고 있다. 심지어 도중에 분야를 완전히 바꿔도 그들은 역시 이례적인 성공을 거둔다. 그들이 남다른 운을 타고난 것일까? 아니면 다른 무엇이 있는 것일까?

창업정신과 심리학이 교차하는 지점에 관심을 두고 연구하는 로버트 배런Robert Baron[9] 교수는 기업가들이 기회를 발굴해내는 과정을 조사했다. 그가 찾아낸 답은 '패턴 인식Pattern Recognition'이었다.[10]

인간의 두뇌는 패턴을 찾아낸다. 그것이 두뇌의 기본 임무라고도 할 수 있다. 이 임무는 인간이 위험으로부터 자기 자신을 보호하고 보상 기회를 찾아내는 데 매우 중요하다. 앞서 논의했듯 어떤 것이 위협을 가하려 하면 우리는 피하고 본다. 반대로 어떤 보상이 있을 것 같으면 좀 더 알아보기 위해 접근한다.

패턴 인식은 두 가지 멘탈 모델로 결정된다. 배런 교수는 기업가들이 그 두 가지를 사용하여 새로운 아이디어를 생각해낸다고 봤다.

그 첫 번째 멘탈 모델은 프로토타입이다. 다만 여기서 말하는 프로토타입은 흔히들 생각하는 그런 종류의 프로토타입이 아니다. 심리학에서는 프로토타입을 어떤 발상의 기본적 속성에 대한 추상 개념으로 사용한다. 커피숍을 예로 들어보자. 커피숍의 프로토타입은 커피와 머핀을 팔고 테이블이 있고, (오너가 얼마나 배려심이 있느냐에 따라) 와이파이를 무료로 제공하는 작은 점포의 정면일 것이다. 하지만 기술 스타트업의 프로토타입은 벤처 자금을 투자받아 자기만의 기술력을 제공하는, 연륜은 짧지만 고속성장 궤도를 달리는 회사일 것이다.

창업자는 주로 프로토타입에 의지하여 결정을 내린다. 그들은 책이나 동료의 조언을 통해 이들 프로토타입을 접하고 받아들인다.

↑ 커피숍의 프로토타입

예를 들어, 마이크라는 경험 없는 창업자가 톰이라는 취업 희망자
의 면접을 본다고 하자. 마이크는 톰이 누구인지 그리고 그가 회사
에 어떤 일을 해줄 수 있는지를 평가할 때, 외적 자원에서 수집한
'유능한 직원 프로토타입'을 사용할 것이다. 아이디어가 풍부하고
호기심이 많으며 책임감 있고 똑똑한 것 등이 그것이다. 마이크는
톰이 이런 특징에 부합하는지 조심스럽게 따져본다. 이는 친숙한
것을 식별하는 과정으로, 느리고 신중한 절차다.

두 번째 멘탈 모델은 '대표사례Exemplar'다. 대표사례란 기본적으
로 어떤 범주의 독특한 사례다. 예를 들어, 애덤 샌들러Adam Sandler
는 코미디언의 대표사례. 애덤 샌들러라는 이름을 들은 사람들은
즉시 그를 코미디언으로 분류한다. 그렇다고 그가 주변에서 가장

재미있는 코미디언이라는 뜻은 아니다. 이를 따지려면 민감한 부분까지 다뤄야 한다. 그럼에도 그는 다른 사람과 비교할 때 독특한 개성을 가진 코미디언인 건 분명하다. '크리스마스 영화'라는 것도 마찬가지여서, 이 범주의 대표사례를 들라고 하면, 미국인들은 〈멋진 인생It's a Wonderful Life〉을 꼽을 것이다.

경험이 늘어나면 창업자는 다양한 개념의 구체적 사례들을 축적하게 되고, 시간이 지날수록 점점 더 대표사례에 의지한다. 대표사례를 활용하면 아이디어를 처리하는 속도가 빨라진다. 창업자들은 속도를 줄이지 않아도 되고 자신 앞에 떨어지는 새로운 아이디어에서 개별적이고 독특한 요소를 인식할 필요가 없어진다. 대부분은 이런저런 새로운 아이디어가 대표사례에 부합하고 그래서 친숙하다는 사실을 쉽게 받아들인다.

다시 아까의 톰 이야기로 되돌아가자. 남다른 포부를 가진 톰은 면접을 위해 샐리라는 기업가와 마주 앉았다. 샐리는 그동안 많은 사람을 데리고 일했는데, 그중에는 일을 잘하는 사람도, 못하는 사람도 있었다. 그녀에게는 이 같은 동료나 친구들이 대표사례다. 샐리는 자신도 모르는 사이, 톰을 그녀가 데리고 있던 직원 중 최고의 직원 또는 가장 유망했던 직원과 비교하게 된다. 그리고 톰의 어떤 면이 이전에 근무했던 훌륭한 동료와 비슷하다는 판단이 서면 그 자리에서 톰에게 일자리를 줄 것이나.

패턴 인식이 중요한 것은 그것이 기회에 대한 기업가의 본능을 크게 자극하기 때문이다. 기업가가 중요한 사전 지식을 갖추고 있

장르 ▼ DVD		Q 검색
홈	컬트 무비	스포츠
나만의 목록	다큐멘터리	스탠드업 코미디
오리지널	드라마	독립영화
최신작	음악	SF 및 판타지
오디오와 자막	멜로	스릴러
시청하기	공포	크리스마스

메리 크리스마스   멋진 인생   눈 내리는 크리스마스

으면, 새로운 아이디어를 찾기 위해 검색에 시간을 빼앗기는 더딘 절차를 거치지 않아도 된다. 사전 경험은 굳이 누가 일러주지 않아도 저절로 접근하게 되는 대표사례집을 제공한다. 경험이 많은 창업자들은 과거의 귀중한 경험을 토대로, 익숙하면서도 소중한 아이디어들을 한눈에 알아본다.

다시 말해 기업가들은 배우고 경험할 때 대표사례의 힘을 빌려 유용하고 새로운 아이디어를 찾아내고, 대표사례에 부합하는지 아닌지를 정확히 알아본다. 앞서 언급한 연쇄창업가 케빈 라이언[11]은 테크노 분야 전역에서 창업했고 성공했다. 그는 내게 길트에 대한 아이디어를 떠올렸던 때를 이야기해주었다.

"뉴욕 18번가에서였습니다. 길을 가는데 여성 200명 정도가 줄

을 서서 무언가를 기다리고 있더군요. 그중 한 사람에게 무슨 줄이냐고 물었죠. 그랬더니 마크 제이콥스Marc Jacobs의 샘플 세일이라는 겁니다." 케빈의 머리에 대표사례 하나가 퍼뜩 떠올랐다. 방트 프리베Vente-privee였다. 방트 프리베는 고가의 사치품들을 싸게 파는 프랑스 온라인 쇼핑몰인데, 굳이 멀리까지 찾아가서 줄을 서서 기다리지 않아도 된다. 길게 늘어선 줄을 기웃대던 라이언은 그곳에서 유럽에서만 볼 수 있는 현상 이상의 가능성을 발견했다. 마크 제이콥스를 좋아하는 잠재 고객이 많다면? 그들이 그날 뉴욕시까지 올 수 없거나 줄 서기를 싫어한다면?

간단히 말해, 그는 그날 그곳에서 성공한 대표사례와 친숙한 어떤 것을 보았다.

또 다른 사례는 미국의 정치인이자 기업가이며, 가장 돈이 많은 국회의원인 제러드 폴리스Jared Polis 이야기다. 공직자 재산공개 자료에 따르면, 그의 재산은 18억 4,000만 달러와 59억 1,000만 달러 사이의 어디쯤인 것으로 알려졌다(미국 정부는 항상 그 폭을 '넓게' 잡는다). 폴리스는 인터넷으로 큰돈을 벌었다. 프린스턴 대학교 재학 시절 인터넷 서비스 회사를 설립한 그는 나중에 이 회사를 2,300만 달러에 팔았다.

그 후 그는 블루마운틴그리팅스Blue Mountain Greetings를 창업했다. 인터넷 붐이 처음 일기 시작할 때 이 회사는 현금과 주식을 모두 합해 7억 6,000만 달러에 매각되었다. 폴리스의 도전은 멈추지 않았다. 심지어 그는 화훼 회사도 차렸다. 프로플라워닷컴ProFlowers.com

이라는 회사였는데, 그는 기업공개를 단행하여 5억 3,000만 달러를 챙겼다. 그것으로도 성이 차지 않았는지, 자율형 공립학교인 차터스쿨Charter school 네트워크를 구축했고, 고급 창업 액셀러레이터인 테크스타즈TechStars도 공동 설립했다.

하지만 현재 콜로라도 주지사에 출사표를 던진 제러드 폴리스는 터틀넥을 즐겨 입고 비디오 게임에 열광하는 등의 기벽으로 더 잘 알려져 있다. 나는 스카이프로 그와 통화하며, 새로운 사업 아이디어를 찾는 요령에 관해 이야기를 나누었다.

지금까지 다룬 내용에서 확인할 수 있듯이 경험과 지식이 결합되면 새로운 아이디어는 '저절로' 눈에 띄는 법이다. 어느 날 폴리스는 친구에게 꽃을 보냈다가 가격표를 보고 질겁했다. "꽃이 왜 이렇게 비싸지?" 농사 경험도 없고 꽃가게를 해본 적도 없는 그였지만, 좋은 사업이 될 아이템은 금방 알아보았다. "이런 식으로 하면 안 되지!" 그렇게 결론 내린 그의 주변에는 사실 대표사례가 될 만한 회사들이 많았다. 그들 모두는 제품을 소비자에게 직접 판매하는 다이렉트투컨슈머Direct-to-Consumer 모델로 바꿔 수익을 크게 늘린 회사들이었다.

그는 전국을 발로 뛰며 공급 사슬을 연구했다. "저는 꽃 재배자와 꽃시장을 찾았고 유통업자들을 만났습니다. 그리고 이 분야 관계자들을 수도 없이 만나 이야기를 나누었지요." 그가 해야 하는 일은 꽃 재배자부터 시장에 이르기까지의 모든 과정 중 어느 시점에서 꽃 가격이 폭발하는지를 알아내는 것이었다.

그렇게 해서 나온 것이 완전히 새로운 모델의 꽃 배달회사였다. 프로플라워는 재배자가 고객에게 꽃을 '직접' 보낸다. 중간상인이나 대리점은 필요 없다. 이 같은 방식으로 프로플라워는 더욱 신선한 꽃을 저가로 배달하여 수억 달러의 가치를 창출했다. 이 모든 것이 번갯불같이 떠오른 것처럼 보이는 아이디어에서 나온 것이다. 경험은 친숙한 아이디어를 더 쉽게 떠올리게 해준다. 하지만 경험이 없다면?

대표사례와 프로토타입을 개발할 수 있는 다른 방법이 있다. 창의적인 사람은 의도적인 소비를 통해 비슷한 결과를 얻어낼 수 있다. 비디오 대여점의 테드가 여기에 해당한다. 꼭 직접 경험해봐야 사전 지식을 쌓을 수 있는 것은 아니다. 그저 '관찰하는 것'만으로도 대표사례나 프로토타입을 개발하는 효과를 얻을 수 있다.

한 연구 결과에 따르면, 성공하는 기업가는 자신이 속한 분야에만 있는 제3의 자료를 수집하는 데 각별한 관심을 둔다. 기업가를 위한 명예의 전당에 들어가는 사람들은 전형적인 기업가와 달리 틈새 산업에 관한 출판물들을 찾아 읽고, 여기에서 새로운 사업 아이디어의 영감을 얻는 경우가 많았다. 대표사례라는 게 아무 정보나 소비한다고 나오는 것이 아니다. 기업가가 현재 속해 있는 분야나 앞으로 진입하려는 분야와 연관성이 높은 자료를 중심으로 소비하는 것이, 보다 유용한 대표사례를 만날 가능성을 키우는 방법이다.

연쇄창업가는 왕성한 소비활동을 통해 귀중한 대표사례들을 개발할 수 있다. 케빈 라이언과 마틴 로스블래트처럼 새롭거나 친숙하지 않은 산업에 진출할 때도 마찬가지다. 이런 대표사례 덕분에 그들은 장래가 유망한 새로운 아이디어를 식별해낼 수 있었다.

전진을 위한 발판

테드 사란도스는 여러 해 동안 엄청난 양의 자료를 계속 소비해 왔다.[12] 최근에는 더욱 심해져서 하루에 꼬박 서너 시간 정도를 영화와 TV를 보는 데 투자한다. 다만 그 장소는 비디오 대여점이 아닌, 비벌리힐스에 있는 그의 사무실이다.

테드는 지금 넷플릭스Netflix의 콘텐츠최고책임자CCO이다. 그는 DVD 대여업을 자체 콘텐츠 사업으로 변신시키는 과정을 총괄 지휘하여 〈기묘한 이야기Stranger Things〉나 〈오렌지 이즈 더 뉴 블랙Orange Is the New Black〉 같은 히트작으로 이미 에미상을 40개 넘게 받았다.

시간을 거슬러 올라가 좀 더 자세히 이야기하자면, 테드는 대학교를 중퇴하고 그가 일하는 비디오 대여 체인점의 총책임자가 되었다. 덕분에 비디오 유통회사에서 중역을 맡게 되었고, 2000년에는 모든 콘텐츠 구매 분야에서 선두를 달리는 넷플릭스로부터 중책을 제안받았다. 그는 자신의 비디오 대여점 점원 시절을 "영화 학교와 MBA 과정이 하나로 통합되던 시절"이라고 정의했다.

'추천 알고리즘'으로 주가를 올리고 있는 넷플릭스 사무실에서 테드는 이렇게 농담을 던졌다. "알고리즘이 뭔지도 모르고 몇 년씩 알고리즘을 사용해온 셈이죠." 그는 청중들을 이해하고 그들이 좋아하는 콘텐츠를 만들어낼 수 있었다. 그 동력은 바로 소비였다.

테드는 엄청난 양의 자료를 소화한 뒤 대표사례를 모아놓은 거대한 도서관의 주인이 되었다. 그는 이 도서관을 통해 전진을 위한 발판을 마련했고, 아이디어를 효율적으로 처리하고 그것이 창작품인지 차용한 것인지 '확실히' 다른 것인지, '지나칠 정도로' 다른 것인지, 아니면 그 둘 사이 어디에 속하는 것인지를 한눈에 알아보는 능력을 갖추게 되었다. 덕분에 테드와 그의 팀은 크리에이티브 커브의 이상적인 지점에 있는 콘텐츠를 식별해낸다. 테드가 말한 대로 그것은 "한 발은 친숙함에 그리고 다른 한 발은 정말 신선하고 알려지지 않은 색다른 곳"을 딛고 선 콘텐츠다.

놀라운 원칙

대중에게 친숙한 아이디어를 찾아내는 것이야말로 상업적 성공을 가져오는 창의성의 기본 토대다.

요즘 잘나가는 창의적 예술가들을 인터뷰하면서, 나는 놀라운 패턴을 발견했다. 테드 사란도스가 엄청난 물량의 영화를 소비한 것과 유명 기업가들이 해당 산업을 집중적으로 소비하여 성공한 것은 전혀 요행이 아니었다. 화가이든 셰프이든 작곡가이든, 그 누구를 인터뷰하든 내가 들은 이야기는 모두 같은 주제의 변주였다. 화가들은 수시로 전시회장을 찾고, 셰프는 최첨단 식당에서 식사를 하고 농장을 찾고 음식 박람회를 찾아다닌다. 작곡가는 끊임없이 음악을 듣는데, 새로운 음악이든 흘러간 음악이든 가리지 않고 듣는다.

이들 창의적 예술가들은 보통 일정이 아주 바쁜 편이지만, 그래도 하루에 서너 시간, 즉 일하는 시간의 약 20%를 어김없이 이런 식의 소비에 투자한다. 이러한 경험을 통해 그들은 마치 본능처럼 어떤 아이디어가 크리에이티브 커브의 어느 부분에 위치하는지 알아내는 데 필요한 대표사례를 개발할 수 있는 것이다.

이것이 내가 말하는 '20% 법칙'이다. 깨어 있는 시간의 20%를 자신의 창작 분야에 속한 자료에 소비한다면, 직접 경험하지 않고도 어떤 아이디어가 어느 정도 친숙한지, 즉 그것이 크리에이티브 커브의 어디쯤에 해당하는 것인지를 직관적으로 전문가 입장에서 이해할 수 있게 된다.

앞에서 설명한 대로, 어떤 기술을 완전히 체득하려면 무수한 시간을 목적이 있는 연습에 투자해야 한다. 그런데 20% 법칙은 조금 다르다. 이 원칙으로는 완전한 오믈렛을 만들 수 없고 바이올린을 완벽하게 연주할 수 없으며, 농구공을 골대에 정확하게 넣을 수 없다. 20% 법칙은 신체활동에 관한 것이 아니라, 근육의 기억과 관련된 것이다. 20% 법칙은 적당히 친숙한 아이디어를 식별하게 해준다. 이런 아이디어를 실현하려면 기술을 갖추거나 그런 기술을 가진 사람을 고용해야 하는데, 20% 법칙은 번쩍하는 순간을 만드는 최초의 불꽃을 제공할 뿐이다.

간단히 말해서, 20% 법칙은 크리에이티브 커브로 다가갈 수 있게 해준다. 창의적인 사람은 친숙한 콘텐츠를 만들기 위해 보통 광범위한 지식 기반에 의존한다. 작가라면 자신이 속한 범주에서 어떤 책이 독자들에게 호소력을 발휘하는지 알아야 한다. 그림을 그려 생계를 유지한다면 최근에 그린 작품이 크리에이티브 커브의 정확한 지점에 와 있는지 아니면 진부하고 시대에 뒤떨어지고 터무니없이 전위적인 것으로 비치지는 않은지 가려내야 한다.

이처럼 소비는 연료를 제공한다. 그런데 그 연료를 어떻게 의식적인 아이디어로 바꿀 수 있을까?

디지털 거물

코너 프란타Connor Franta는 한눈에 봐도, 유행에 민감한 LA의 20대다.[13] 스키니 팬츠를 입고 명품 티셔츠를 걸친 그의 손에서 아이폰이 떨어지는 법이 없다.

미네소타 토박이인 프란타는 길거리에서 지나친다면 두 번 이상은 눈길을 주지 않을 것처럼 평범한 외모를 지녔다. 그러나 10대 소녀들이 모인 곳을 그가 지나치면, 비명이 나오고 어쩌다 한두 명 정도는 졸도하기도 한다.

프란타는 열일곱 살 때인 2010년부터 유튜브에 영상을 올리기 시작했는데, 이제는 구독자 500만 명을 보유한 거물 유튜버로 입지를 굳혔다. 그가 올리는 영상의 조회 수는 보통 한 편에 50만 회가 넘는다.

그는 또한 〈뉴욕타임스〉가 선정한 베스트셀러 전기를 두 편이나 썼고, 의류, 커피 브랜드, 레코드 레이블을 론칭했다. 특히 소니Sony 가 배급을 맡은 그의 레코드 레이블은 유력 소셜미디어 인플루언서와 신예 뮤지션을 연결해주는 것을 전문으로 한다.

프란타는 청중을 이해하는 능력으로 평가받는 새로운 유형의 디지털 거인이다. "나는 내가 좋아하는 것이 무엇인지 압니다. 그리고 몇 해 동안 유튜브를 드나들며 알게 된 사실이 하나 있는데, 그건 사람들이 내가 좋아하는 것을 좋아한다는 것입니다."

미네소타 출신의 10대가 어떻게 이런 능력을 갖추게 되었을까? 반복하지만, 그 출발점은 소비였다.

"유튜브 영상을 만들기 전에 저는 시청자였습니다." 프란타는 그렇게 설명했다. "수많은 유튜버를 봤죠. 내가 직접 유튜버가 되기 전부터 저는 그들을 연구하고 이해했습니다."

테드 사란도스처럼 프란타는 소비를 통해 청중에게 친숙한 것을 알아내는 감각을 개발했다. "내가 반한 영상들이 누구에게나 호감을 불러일으킨다는 사실을 알게 되었어요. 특히 나의 청중들은 대부분 내가 좋아하는 영상을 좋아했죠. 사람들은 내가 10대들이 좋아할 만한 관계나 사물에 관해 이야기하기를 원했습니다."

또한 프란타는 색다름이 그의 성공에서 엄청난 역할을 한다는 사실을 깨달았다. 청중을 이해하고 그들이 어떤 유형의 동영상에 관심을 두는지 파악하는 것만으로는 충분하지 않았다. 그렇다. 그는 다시 한번 비틀어 색다른 동영상을 내놓아야 했다.

마침 타이밍이 그의 편이었다. 그가 생각해낸 단순하고 호감을 주는 아이디어는 대부분 혁신적이었다. 프란타는 그때만 해도 유튜브는 신세계였다고 했다. "규칙이란 게 따로 없었어요. 그래서 표준부터 정해야 했죠." 그는 많은 동영상을 소비한 덕분에 청중이 무엇을 보고 무엇을 보지 못했는지 간파해냈고, 그래서 독창적이면서도 누구나 알아볼 수 있는 콘텐츠를 만들어낼 길을 닦을 수 있었다. 본인만 몰랐을 뿐, 프란타는 크리에이티브 커브를 이용하고 있었던 것이다.

그리고 또 한 가지. 프란타는 시리즈 동영상을 만들어냈다. '당신이 좋아하는 남자에게 하는 말 10가지10 Things to Say to a Boy You Like' 같은 것들이다. 이런 동영상들은 10대 청중들에게 큰 호응을 얻어 수백만 회의 시청 횟수를 기록했다. 이후로 프란타의 동영상은 수천 명의 유튜버들에 의해 복제되었다.

그렇다면 그가 아이디어를 떠올리는 과정은 얼마나 계획적이고 의식적이었을까?

내가 만나본 창의적인 사람들은 프란타처럼 소비자로서의 본능을 개발하고 부추기는 데 필요한 기술을 알고 있었다. 그런데도 그들은 여전히 그것이 마법의 결과였던 것처럼 '아하!' 순간을 입에 올렸다. 코너 프란타도 폴 매카트니처럼 자신의 창작 과정을 갑작스러운 영감의 관점에서 실명했다. "솔직히 내 아이디어는 그냥 떠오른 거예요. 유튜브 동영상을 만드는 것도 그래요. 이 인터뷰를 끝낸 후에 커피숍에 간다면 그곳에서 아이디어를 하나 얻을지도 모르죠. 거기서 벌어지는 일을 보다가 말이에요. 아니면 하늘을 쳐다보다가 어떤 패턴을 발견하고 옷에 넣을 디자인을 얻을 수도 있습니다. 그러면 얼른 메모하겠죠. 그냥 그렇게 '툭' 나타나는 거예요." 그의 아이디어는 다양한 분야에서 얻은 꾸준한 경험에서 비롯됐다.

작년에 나는 유명 셰프인 호세 안드레스Jose Andres를 만나기 위해 메릴랜드 교외를 여행했다. 안드레스는 사업 파트너인 롭 와일더Rob Wilder와 함께 전 세계에 20개가 넘는 고급 식당을 운영하고 있는데, 최근에는 패스트캐주얼Fast-casual 체인인 비프스테이크Beefsteak와 스페인 포장재 회사까지 소유하게 되었다. 안드레스는 음식 실험실과 식당을 혼합한 하이브리드 미니바로 미슐랭 가이드 별 두 개를 받아 더 유명해졌다.

나는 오전 9시 정각에 초현대식 주택 앞에 차를 대고 안드레스의 조수와 인사를 나누었다. 위층으로 올라가는데 마룻바닥이 삐걱거렸다. 유명 셰프의 아침 단잠을 방해한 건 아닐까 죄책감이 들었다. 잠시 후 운동장에서 뛰어노는 아이처럼 빠른 속도의 억센 스페인 억양을 가진 안드레스가 그의 주방으로 나를 안내했다.

조리대 앞에 앉자마자 우리는 곧바로 창의성을 주제로 삼아 이야기를 나눴다. "창의성의 시작은 빅뱅과 같습니다. 왜 그런 일이 일어났느냐고요? 우린 모르죠." 그가 고개를 들고 말했다. "누구 커피 마실 사람?"

그는 주방 저울을 꺼내 에스프레소의 분량을 조심스럽게 쟀다. 다시 주제로 돌아온 안드레스는 다른 창작가들처럼 자신의 분야에 관한 정보를 파악하는 과정을 설명했다. 그는 최신 요리기법을 관찰할 수 있는 셰프 회의에 참석하는 것을 좋아하고, 새로운 요소에 관해 가능한 한 많은 것을 배우려고 애쓴다고 했다.

그의 이야기를 종합하면, 레시피에 대한 영감도 역시 번갯불처럼 갑작스럽게 오는 것으로 봐야 한다. 안드레스는 말했다. "솔직히 마르가리타에 묻힌 솔트림을 한 번도 좋아해본 적이 없습니다. 보통은 (소금이) 너무 많아요." 어느 날 아이디어가 하나 떠올랐다. 휴가를 맞아 아내와 어느 해안에 누워 있을 때였다. "해안으로 밀려드는 파도를 보면서 생각했어요. 저 파도가 입술에 닿으면 얼마나 상큼짭짤할까? 그리고 퍼뜩 생각이 떠올랐죠!" 그는 요리에서 재미있는 거품을 만들어내는 분말 유화제 '수크로Sucro'를 오래 사용해왔는데, 소금을 유화시키면 어떻게 될지 궁금해졌던 것이다. "소금을 림에 두르는 짓은 그만 하자!" 그리고 아이디어를 생각해냈다. "마르가리타 위에 떠 있는 그냥 짭짤한 바다 거품이면 돼."

그렇게 해서 인기 높은 솔트 에어 마르가리타가 탄생했다.

내가 인터뷰한 다른 창의적인 사람들처럼 안드레스 역시 영감이 번쩍하는 신비로운 순간을 경험했다. 그런데 크리에이티브 커브가 소비자 취향을 파악할 수 있는 결정적 청사진을 제공한다면 왜 이같은 '아하!' 순간이 일어나는 것일까? 왜 창의성은 좀 더 의식적인 과정을 밟지 않는가? 그리고 무엇보다 생활 속에서 '아하!' 순간을 만들어내는 법을 배울 수는 있는 것일까?

교묘함

여러분이 지금 큰 방에 있다고 생각해보자. 물건들이 여기저기 흩어져 있고, 그중에 의자와 테이블도 하나씩 있다. 테이블 위에는 한쪽이 갈고리로 된 막대와 렌치 하나, 전기 연장선이 있다.

방 한쪽에는 천장에 걸린 긴 줄 하나가 바닥 바로 위까지 내려와 있고, 같은 길이의 또 다른 줄 하나는 반대편 천장에 걸려 있다. 공포 영화의 한 장면이 아니다. 이것은 잘 알려진 심리학 연구에 활용되는 장치다.[14]

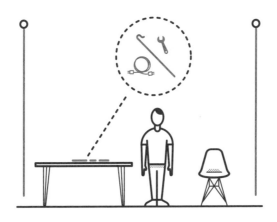

연구진들이 실험 참가자에게 던지는 질문은 간단하다. 천장 위에 걸린 "두 줄을 묶을 수 있습니까?" 선뜻 답이 나오지 않는다. 두 줄의 위치 때문이다. 예를 들어, 줄 하나를 잡고 반대편 줄 쪽으로 간다고 해도 그쪽 줄은 손이 닿지 않는 거리에 있다.

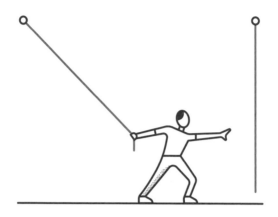

이제 연구자들은 참가자들에게 방 안에 있는 물건을 아무거나 사용할 수 있고 어떤 방식을 써도 좋다고 일러준다. 이제는 해결할 수 있는가(해결책은 한 가지만이 아니다)?

한 가지 이상의 해결책을 생각해냈다면 축하한다. 대부분의 사람들은 쩔쩔매니까. 하지만 자신을 대견해 하기 전에 몇 가지 알려주겠다. 방법은 전부 '네 가지'다. 참가자가 한 가지를 생각해내면, 연구진 중 한 사람이 앞으로 나서서 그에게 말한다. "이제 다른 방법으로 해보세요." 그렇게 해서 네 가지가 다 나올 때까지 실험을 계속 이어간다.

첫 번째는 한쪽 줄을 무거운 물체에 묶는 방법이다. 테이블도, 의자도 좋다. 그렇게 한 쪽 줄을 묶은 물체를 두 줄 사이로 가져온 다음 다른 한 줄을 가져와서 둘을 묶는 것이다.

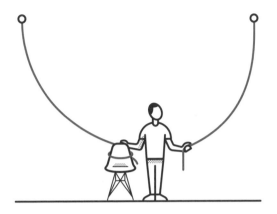

두 번째는, 전기연장선을 이용하여 한쪽 줄을 길게 만든 다음, 다른 쪽 줄로 걸어가 둘을 묶는 방법이다.

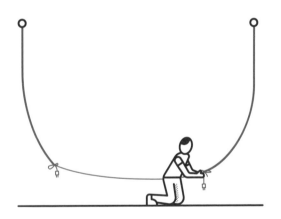

세 번째, 한쪽 줄을 잡은 채 막대 끝의 갈고리로 다른 쪽 줄을 당겨와 묶는 것도 방법이다.

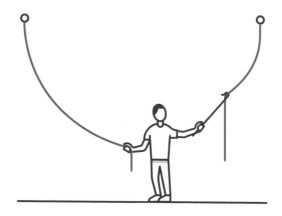

네 번째, 한쪽 줄에 무거운 렌치를 묶은 다음 시계추처럼 흔든다. 그리고 줄이 좌우로 흔들릴 때 다른 쪽 줄로 걸어가 둘이 가까워지는 순간 줄을 잡아서 둘을 묶는다.

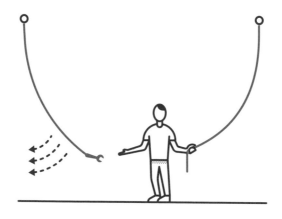

이 마지막 방법은 일종의 용도 변경이 필요하기 때문에, 연구진들이 가장 흥미롭게 여기는 해결책이다. 이 방법에서는 줄을 새로

운 물체, 즉 추로 바꿔야 한다. 네 가지 방법 중에 인간의 직관과 가장 거리가 먼 해결책이다.

참가자 중 아무런 도움 없이 해결책 네 가지를 모두 생각해낸 사람은 40%밖에 되지 않았다.

10분이 지나고도 참가자가 네 번째 방법을 생각해내지 못하면, 연구진들은 힌트를 준다.[15] 첫 번째 힌트는 알 듯 말 듯 한 것이다. 연구진 중 한 명이 들어와 방을 가로지르면서 줄 하나를 몸으로 슬쩍 건드리고 지나가 줄이 흔들리게 만드는 식이다. 참가자들은 이 장면을 통해 마지막 방법을 생각해냈다. 이 같은 은근한 힌트를 준 지 평균 1분이 채 안 돼서 그들은 해결책을 생각해낸다.

이상한 것은, 이 은근한 힌트를 '의식적으로' 눈치챈 학생이 단 한 명뿐이라는 점이다. 나중에 그 연구원이 취한 행위가 일종의 힌트였다고 말해주어도, 다른 학생들은 그 사람이 몸으로 훑고 지나간 줄과 묘한 흔들림이 그들이 답을 찾아내는 데 아무런 영향을 주지 않았다고 주장했다! 아니, 대부분은 렌치를 이용하는 마지막 방법이 단지 어느 순간 '퍼뜩' 떠오른 것이라고 주장했다. 그것을 두고 사람들은 '영감'이라고 말한다.

참가자들이 몰랐다고 해도, 그 은근한 힌트는 결국 '아하!' 순간으로 이어졌다.

두 줄 실험은 두 가지를 보여준다. 첫째, 해결책은 '아하!' 순간을 가장하여 갑자기 나타나는 경우가 많다. 둘째는 더욱 중요한데, 이런 종류의 방법이 갑작스러운 천재의 번뜩임처럼 느껴질 때도 그것을 떠올린 데는 이유가 있다는 사실이다. 물론 학생들은 몰랐다고 하겠지만, 자신이 의식하지 못했을 뿐 그들의 의식은 줄의 은근한 흔들림으로 인해 흔들렸다!

이것은 창의성을 탐구하는 우리의 과제에 매우 중요한 의미를 갖는다. 과학이 어떤 연구 주제에서 '아하!' 순간을 촉발할 수 있다면, 우리도 스스로 그런 것을 만들어낼 방법이 있지 않을까?

'아하!' 순간의 과학

이 세 단어를 잠깐 살펴보라.

이 세 단어 앞에 공통으로 놓일 수 있는 단어는 무엇일까?

정답은 '아이스Ice'다. 아이스크림, 아이스 스케이트, 아이스 워터.

당신은 이를 어떻게 생각해냈는가? 갑자기 떠올랐는가 아니면 이런저런 단어를 만들어가며 생각해냈는가? 답을 구하지 못했다면, 어떤 방법으로 알아내려 했는가?

과학자들은 이런 종류의 단어 풀이에 흥미를 갖는다. '논리적 분석'을 통해 푸는 사람이 있는가 하면, '아하!' 순간을 통해 푸는 사람도 있기 때문이다.

논리적 분석은 간단하다. 어떤 단어가 '통하는지' 생각하고 그다음 논리적으로 한 단계씩 퍼즐을 풀어가며 맞춰보는 것이다. '아하!' 순간은 천재의 번뜩임으로, 이 책 처음부터 내내 다루었던 내용이다. 이런 해결책은 퍼즐을 보는 순간 곧바로 또는 오래지 않아 퍼뜩 답이 떠오른다. 여기에 의식적인 사고 과정 같은 건 없다.

이런 종류의 퍼즐은 사실 두 가지 방법 중 어느 쪽을 사용해도 풀 수 있으므로, 연구진들은 이런 퍼즐을 통해 '아하!' 순간의 과학을 통찰할 수 있다. 에드워드 보덴Edward Bowden[16]은 위스콘신-파크사이드 대학교의 연구원이다. 보덴은 노스웨스턴 대학교의 크리에이티브 브레인 랩Creative Brain Lab과 드렉셀 대학교의 팀과 함께 '아하!' 순간에 숨겨진 신경과학을 연구하고 있다. '아하!' 순간은 정말로 마법같이 일어나는 것일까? 아니면 생물학적으로 설명이 가능한 문제일까?

그들은 실험 참가자들 머리에 EEGElectroencephalography(뇌파 검사) 모니터나 fMRI를 연결해놓고 이런 다양한 단어 풀이 퍼즐을 풀게 했다. EEG 모니터는 두뇌에서 전기적 활동이 일어나는 순간을 감지하고 fMRI는 두뇌의 혈류를 측정하여 두뇌가 활성화되는 부위를 정확히 찾아낸다.

보덴 팀은 이 두 장비를 이용하여 '아하!' 순간에 두뇌가 활성화되는 시간과 부위를 알아낼 수 있었다. EEG 장치를 연결했을 때 참가자들은 단어 풀이 중 하나를 보여주는 고글을 쓰고 문제를 풀었다. 30초라는 제한시간 동안, 답이 생각나면 그들은 '아하!' 순간을 통해 답을 얻었는지 아니면 논리적 분석을 통해 얻었는지 연구원에게 답해야 했다. 어떤 결과가 나왔을까?

그들 중 답을 '아하!' 순간에 얻었다고 대답한 학생은 56%, 논리적인 분석으로 구했다는 사람은 42%였다. 나머지 2%는 어느 칸에도 표시하지 않았다. 언뜻 보면 이 두 가지 방법 사이에는 기본적인 차이밖에 없는 것 같다. 어느 쪽으로 구했든 답은 대체로 10초 이후에 나왔다.

그러나 EEG 판독 결과는 전혀 다른 이야기를 하고 있었다.

인간이 지각과 언어활동을 할 때는 감마 대역의 뇌파가 활성화되는데, 이 감마파는 과학자들이 각별한 흥미를 가지고 연구하는 뇌파이기도 하다. 참가자가 천재의 번뜩임을 통해 문제를 풀 때, 감마파가 0.3초 동안 크게 흔들린 다음 답이 나왔다. 과학자들은 이런 전기적 폭발 현상은 의식 속에 해답이 들어왔다는 것을 알려주는 신호라고 말했다. 그것이 바로 '아하!' 순간이다. 다시 말해, '아하!' 순간은 고유의 뇌파 패턴을 갖는 것이다. 십자말풀이를 아무리 들여다봐도 답이 떠오르지 않을 때가 있다. 그러다 갑자기 답이 생각난다. 이렇게 갑작스럽게 답이 떠올랐다고 느꼈다면 감마파가 활성화되었다는 뜻이다.

그렇다면 해답은 정확히 '어느 곳'에서 나온 것일까?

이를 알아내기 위해 보덴 팀은 실험을 반복하면서 fMRI 장치를 사용하여 참가자들의 반응을 검사했다. 그리고 그들은 참가자들이 '아하!' 순간이라고 답했을 때 두뇌의 오른쪽 반구가 활성화된다는 사실을 발견했다. 천재의 번뜩임은 두뇌에서 독특한 전기적 패턴을 가질 뿐만 아니라, 그것만의 고유한 위치도 가졌다.

좌뇌 혹은 우뇌 같은 단어가 식상하게 들릴지 모르겠지만, 창의적 아이디어가 어디에서 비롯되는지를 알려면 이런 단어를 쓰지 않을 수가 없다. 일반적으로 말해, 좌뇌는 대상의 지배적 의미를 처리하는 곳이다. 좌뇌는 단어나 개념의 정의를 단순하게 또는 맥락에 맞게 생각해낸다. 누군가가 하늘이 무슨 색이냐고 물으면 우리의 좌뇌가 소리친다. "파란색!"

좌뇌는 또한 논리적으로 분석한다. 이를테면, 복잡한 수학 문제를 풀 때는 좌뇌가 활성화된다. 왜 그럴까? x를 풀려면 한 단계씩 해결책을 찾아 나가기 전에 먼저 그에 맞는 특정 개념을 의식의 최전방으로 가져와야 하기 때문이다. 이럴 때는 처리 속도가 더 느려지는 것 같은 느낌이 든다. 어떤 것을 의식적으로 처리해야 하기 때문에 그럴 수밖에 없다.

그에 비해, 우뇌는 좀 더 비유적인 연상을 저장하는 곳이다. 우뇌는 가령 말장난을 이용한 농담을 듣거나 비유를 이해하려 할 때 활성화된다. 우뇌는 겉으로는 달라 보여도 기본적으로 공통점을 가진 개념들 사이의 연관성을 찾아 문제를 처리한다. 이런 처리 과정은 잠재의식 속에서 이루어진다. 즉 우리의 우뇌가 다양한 개념에 관한 연관성을 언제, 어떻게 찾고 있는지 우리는 모른다. 예를 들어, 우리가 스탠드업 코미디언이 자주 하는 말을 듣고 자동으로 그것이 왜 우스운지(또는 왜 안 우스운지) 알아차릴 때 우뇌가 빨리 움직인다. 그런가 하면 무의식 속에서 문제를 계속 붙들고 있다가 한참 뒤에야 답을 찾아낼 때도 있다. 우뇌는 일반적인 인식 수준보다 낮은 지점에서 작동하기 때문에 나중에 답을 생각해내도 우리는 그것이 우뇌가 애써 노력한 결과라는 걸 거의 눈치채지 못한다. 그래서 우리는 이러한 처리 과정이 저절로 이루어진 것으로 생각하는 경우가 많다.

보덴의 설명에 따르면, "우뇌는 좌뇌와 마찬가지로 언어를 처리하지만, 양쪽은 구조가 약간 다르다. 좌뇌는 회로가 짧고 연결 고리가 강력하며 좀 더 직접적으로 연결된 데 반해, 우뇌는 회로가 길고 연결성이 약하며 더 멀리 떨어져 있다. 누가 '벌레Worm'라고 말했을 때 의식적으로 '낚시'와 '지렁이Earthworm'를 생각했다면 그것은 좌뇌의 활약이다. 우뇌도 벌레라는 말을 들을 때 낚시와 지렁이를 생각할 수 있지만, 또한 '책벌레Bookworm'와 '구미 웜Gummy Worm(지렁이 모양의 젤리)', 심지어 '이어웜Earworm(특정 노래가 뇌리에 박혀 머릿속에서 계속 반복되는 현상) 등을 떠올린다.

우리는 우뇌와 좌뇌가 처리하는 것을 의식적으로 바꾸지 못한다. 하지만 양쪽 두뇌에서 동시에 문제를 처리할 수는 있다. 차이가 있다면 우뇌의 정보 처리 과정을 우리가 인식하지 못한다는 점이다. 심지어 두뇌가 일하고 있을 때도 우리는 그런 사실을 깨닫지조차 못한다 이러한 이유로 우리는 이 모든 보이지 않는 작용을 결국 '아하!' 순간이라고 결론짓게 된다.

전문가들은 이러한 '아하!' 순간이 다음 세 가지에서 비롯된다고 설명한다.

첫 번째는 내가 '샤워 순간Shower Moments'이라고 부르는 것이다. 이 시나리오에서는 우뇌가 해답을 미리 가지고 있어도, 좌뇌가 활성화되면 그 해답을 밀어낸다. 정보를 논리적으로 처리하는 좌뇌가 답을 내지 못하면 좌뇌의 활동량이 시들해지는데, 이렇게 좌뇌의 활동이 우뇌의 활동량 아래로 떨어지면, 우뇌에 저장되어 있던 답이 마법처럼 튀어나온다. '아하!'

우리가 잠자리에서 일어나거나 조깅하러 나가거나 샤워를 할 때 '천재의 번뜩임' 같은 순간을 경험하게 되는 것도 이 때문이다. 일반적으로, 이럴 때는 두뇌가 생각에 짓눌려 있지 않기 때문에 결과적으로 갑작스럽게 영감이 떠오르는 것 같다는 느낌을 받게 된다. 그러나 사실은 다르다. 이 영감이란 우리의 두뇌가 좌뇌에 엉켜 있던 혼잡한 생각을 비우는 바람에, 오랫동안 스며있던 우뇌의 생각이 드러난 결과일 뿐이다.

'아하!' 순간이 발현되는 두 번째 원인은 '조합Combination'을 통해서다. 하나뿐인 개념이 만족스러운 답을 줄 수 없다는 사실을 아는 우뇌는, 무의식적으로 복수의 개념을 연결하기 위해 작동한다. 효과적인 해결책이라고 여겨지는 것을 한 줄로 꼬아낼 수 있을 때, 우뇌가 활성화된다. 어떤 아이디어의 탄생이 천재의 번갯불처럼 느껴지는 것도 이런 갑작스러운 두뇌의 폭발 현상 탓이다.

두 줄 실험에서 확인한 것처럼, '아하!' 순간의 세 번째 기원은 '계기Trigger'와 관련이 있다. 이 경우 환경적 요소가 두뇌의 오른쪽 반구에 이미 저장되어 있던 어떤 것과의 연관성에 불을 붙인다. 예를 들어, 십자말풀이에서 답을 찾지 못하다가 1시간 뒤에 그렇게 찾던 단어가 들어 있는 광고판 옆을 지나친다. 그리고 그 단어를 봤다는 사실을 인지하지 못한 상태에서, 불현듯 단어가 떠올랐다고 생각하며 이를 천재의 번갯불로 여기는 것이다.

이 세 가지는 모두 평범한 사람으로서는 의식하기 어려운 인식의 수면 아래에서 일어난다. 따라서 이런 해결책이 어떤 신비하고 자비로운 신에 의해 저 위에서 내려졌다고 느끼는 것도 이상한 일은 아닐 것이다. 하지만 이것은 마법이 아니라 생물학이다. 보덴은 "'아하!' 순간은 평범한 인지 과정일 뿐이지만 그 결과는 놀랍다"고 설명했다.

라테아트와 두뇌의 처리 과정

당신은 지금 사람들로 붐비는 커피숍에 친구 한 명과 앉아 있다. 바리스타가 우유 거품으로 아주 정성스럽게 하트 모양을 그려 넣은 카푸치노를 즐기며 친구와 밀린 이야기를 나눈다. 옆 테이블에는 커플 한 쌍이 은밀한 대화를 나누고 있다. 조금 떨어져 있어서인지 그들의 대화 내용은 잘 들리지 않고, 당신의 초점은 친구와 카푸치노에 맞춰져 있다.

그런데 갑자기 옆 테이블에 앉은 사람의 입에서 당신의 이름이 나온다. 덕분에 귀를 쫑긋하고 잠깐 그들의 대화를 엿듣게 된다. 알고 보니 당신 얘기가 아니라 당신과 이름이 같은 다른 사람의 이야기다. 다시 친구와 거품 하트에 집중하자, 옆자리의 대화는 의식의 배경 뒤로 희미하게 밀려난다.

두뇌가 하는 핵심적인 기능 중 하나는 '중요한' 것을 위해 주변 세계를 걸러내는 것이다. 신경과학에서 이 '중요하다'는 말에는 두 가지 의미가 담긴다. 즉 우리에게 해롭거나 도움이 된다는 뜻이다. 두뇌는 이런 정보를 얻기 위해 끊임없이 주변을 살핀다. 그래서 어떤 사람이나 사물이 해롭거나 도움이 되지 않는다고 판단하면, 두뇌는 문제가 되는 자극을 금방 무시한다.

두뇌는 이런 일을 어떤 식으로 처리할까? 기억과 멘탈 모델을 동원하여 어떤 사람이나 사물이 잠재적인 위험을 초래할지 보상을 가져다줄지 끊임없이 평가한다. 앞서도 말했지만, 두뇌는 대상이 얼마나 친숙한지 아니면 색다른지를 측정하여 이런 일을 해낸다.

다시 커피숍으로 돌아가자. 커피숍에 들어갔을 때 당신은 의자들을 눈여겨보지 않았을 것이다. 그냥 의자일 뿐이니까. 그러나 그 의자들이 당신의 주방에 있는 것과 똑같은 의자라면? 틀림없이 그 의자들을 다시 한번 보게 될 것이다.

이러한 인식 절차는 어떻게 작용하는가?

보덴은 사람들은 자신이 알아볼 수 있는 의자를 보면 "자세히 살펴보지 않고도 '아, 저 의자!' 하면서 저절로 기존의 기억을 되살려 생각한다"고 설명했다. 한편 의자가 마땅히 가져야 할 모습을 갖춘, 즉 의자에 대한 당신의 프로토타입 이미지에서 나온 의자를 본다면 역시 금방 알아차릴 것이다. 그것은 두뇌가 현실에서 당신이 무엇을 보고 있는지를 살피는 동시에, 그것의 안전 여부를 판단하기 위해 열심히 일하기 때문이다.

표본과 비슷한 물체나 저장된 프로토타입에서 벗어난 사물은 두뇌에서 실질적인 활동을 야기한다. 이러한 인식 개념은 사람들이 번뜩이는 통찰력을 마법으로 여기는 이유를 설명해주는 것이므로 중요하다. 인간이 통찰력을 얻는 과정을 알지 못하기 때문에, 우리는 그것이 마치 힘들일 필요가 없는 일이라고 생각하는 것이다.

번뜩임이 초자연적으로 보이는 또 다른 이유는 사람들이 자신이 생각해낸 아주 대단한 아이디어를 두고, 그것을 '아하!' 순간에 얻었다고 말하기 때문이다. 창작 과정에 관해 설명할 때도 그들은 자신의 최고 아이디어들이 앞서 말한 것처럼 샤워 중에 영문도 모르는 곳에서 튀어나왔다고 말한다. 어떤 조사(당연히 샤워기 회사가 실시한 조사다)에 따르면,[17] 소비자의 72%가 샤워 중에 해결책을 찾았다고 말했다. 물론 그들은 아침에 샤워하다가 두뇌가 무의식중에 버린 정말로 쓸모없는 아이디어들은 기억하지 못했다. 이를 보면 사람들에겐 자신의 귀중한 아이디어를 '아하!' 순간과 연관 지어 생각하는 경향이 있다는 사실을 알 수 있다.

내가 인터뷰한 창의적인 사람들도 대부분 자신의 '아하!' 순간을 대단하게 생각했다.

2017년 어느 날 저녁, 나는 캘리포니아 말리부 비치에 있는 한 그리스 식당을 찾아가 마이크 아인지거Mike Einziger[18]와 식사를 했다.

그는 요즘 한창 주가를 올리고 있는 얼터너티브 록밴드인 인큐버스Incubus의 기타리스트이자 작곡가다. 그들의 앨범은 2,300만 장이 넘게 팔렸다. 아인지거는 오케스트라 곡도 쓰고 다른 뮤지션들의 프로듀서도 해주고 일렉트로닉 아티스트들과 협동 작업도 한다. 그는 아비치Avicii와 일렉트로닉 히트곡 '웨이크 미 업Wake Me Up'을 써서 1,100만 장을 팔았다.

그런데 아인지거를 직접 만나면, 대학원생이 아닐까 오해하기 딱 좋다. 긴 샤기컷 헤어스타일로 캠퍼스를 어슬렁거리거나 도서관 책상에 쌓아놓은 책에 얼굴을 파묻고 공부하고 있다 해도, 전혀 이상해 보이지 않을 것 같은 외모다. 실제로 그는 여러 해 동안 그렇게 지냈다. 그는 록스타로서의 삶에서 벗어나 하버드 대학교에 입학한 뒤 그곳에서 물리학을 전공했다.

아인지거는 내게 인큐버스의 최고 히트곡인 '드라이브Drive'를 예로 들어 설명했다. 그는 음악의 영감이 파도처럼 밀려오는 순간을 경험했고, 이를 작곡 동료이자 리드 싱어인 브랜든 보이드Brandon Boyd에게 가져갔다. 순식간에 흘러나오듯 가사가 만들어졌다. "나는 차 안에 앉아 있었고 브랜든은 차 위에서 그냥 불렀어요. 그게 결국 그 노래가 됐어요." 아인지거는 그렇게 말했다. 천재의 번갯불이 몇 번 번쩍였고 그것이 그 노래에 마법 같은 매력을 불어넣었다. 두 작곡가는 다투지도 논쟁하지도 않았다. 이 대단한 히트곡은 그저 '털썩' 하고 떨어졌다.

어떻게 된 영문일까? '아하!' 순간을 단순한 생물학적 경험으로 거슬러 추적할 수 있다고 해도, 왜 그들이 만들어낸 아이디어가 논리적 분석을 통해 찾아낸 아이디어보다 더 좋은 것처럼 느껴지는 걸까? 나는 보덴에게 이런 질문을 했지만, 그와 크리에이티브 브래인랩에 있는 동료 연구진들도 사실 똑같은 질문에 대한 답을 찾기 위해 애쓰고 있다고 했다.

그들은 이탈리아 연구팀들과 함께 일하면서, 논리적 분석이나 갑작스러운 영감의 번뜩임으로 풀 수 있는 다양한 퍼즐을 사용했다.[19] 그다음 그들은 두 세트의 정답의 정확도를 측정했다.

결국 '아하!' 순간이 특별하다고 생각하는 이유는 실제로 그렇게 나온 결과물이 특별하기 때문이었다. 연구진들은 천재의 번갯불로 여겨지는 것이 만들어낸 해결책이 논리적 분석을 통해 나온 것보다 정확도가 더 높다는 사실을 알아냈다.

이유는 간단하다. 논리적 분석을 통해 나온 해결책은 신비스럽지 않다. 논리적 분석을 동원할 때 당신의 두뇌는 문제를 의식적으로 풀어가면서 당신을 지엽적이고 편향된 답에 노출한다. 이런 상황에서는 당신도 자기 생각이 잘못되었다는 것을 안다. 그래서 답에 대한 확신이 서지 않을 때 위험을 각오하고 짐작을 한다. 그 결과 틀린 답을 내기도 하는 것이다.

이와는 달리, '아하!' 순간은 일반적으로 두뇌의 오른쪽 반구가 완벽하고 정확한 답을 찾았을 때 딱 한 번만 찾아온다. 우리는 우뇌가 답을 찾기 위해 얼마나 열심히 일하는지 모르고 또 그것이 무의식중에 버린 수많은 엉터리 아이디어에 대해서도 아는 바가 없으므로, '아하!' 하는 식의 처리 과정이 항상 옳은 것처럼 느낀다. 그렇다 보니 이런 순간을 천재의 번갯불로 경험하는 것이다.

코너 프란타가 하늘을 쳐다보다가 어떤 의상 디자인을 불현듯 얻었든, 폴 매카트니가 어느 날 아침 잠에서 깨어나 '예스터데이'의 코드를 떠올렸든, 천재의 번갯불은 전혀 신비스러운 경험이 아니다. 오히려 그것은 우리 두뇌가 문제를 다루고 풀고, 별개인 것처럼 보이지만 실제로는 연관 있는 개념을 연결하기 위해 잠재적으로 사용하는 흔한 과정이다. 그것이 논리적 분석을 통해 깨달은 해결책보다 정확도가 높다고 생각하기 때문에, 우리의 문화는 이런 '천재의 번갯불'이라는 그릇된 통념을 만들어왔다. 사실 그런 아이디어는 아무리 대단해 보여도 우리 두뇌가 일상적으로 하는 기능의 결과일 뿐이다. 그리고 무엇보다 좋은 소식은, 그런 능력을 향상시킬 수 있다는 점이다.

기초 세우기

내가 인터뷰한 창의적 아티스트들이 20% 원칙을 꾸준히 지키는 이유는 무엇일까? 그것이 '아하!' 순간이라는 건물을 올리는 데 필요한 벽돌을 제공하기 때문이다. 이렇게 축적된 사전 지식은 아티스트들의 두뇌를 불명확한 통찰을 찾아내는 데 사용할 수 있는 개념과 표본으로 채운다.

보덴은 사전 지식을 확립하는 것이 얼마나 중요한지 이야기했다.

"사람들이 통찰력이라는 개념을 잘못 이해하고 있는 것 같아요. 대단한 통찰력을 얻는 것을 마법의 과정으로 생각하면, 그것을 얻기 위해 열심히 일할 필요가 없어집니다. 하지만 실제로는 일정 수준의 지식을 구축해야 합니다. 아무것도 모르는 상태에서는 결코 통찰력을 가질 수 없습니다."

이 구절은 반복해서 언급할 가치가 있다. "아무것도 모르는 상태에서는 결코 통찰력을 가질 수 없다." '아하!' 순간은 창의성을 둘러싼 그릇된 통념을 양산해낸다. 사실 '아하!' 순간이 그렇게 위력적인 것처럼 과장되어 알려진 데는 그만한 이유가 있다. 살펴본 대로 그것은 보통 정상적인 단계별로 이뤄지는 논리적 과정보다 더 정확하고 탁월하기 때문이다.

그러나 '아하!' 순간에 얻는 통찰력은 하나의 평범한 인지 기능으로, 연습하고 향상시킬 수 있는 능력이다.

훌륭한 작가가 되고 싶은가? 책을 많이 읽어라. 대본에 넣을 좀 더 산뜻한 대화가 필요한가? 커피숍에 앉아 있는 사람들의 말에 귀를 기울여라(그렇다고 그것에만 전념할 필요는 없지만). 유명 TV의 임원이 되고 싶은가? 밤낮을 가리지 말고 TV를 보라. 20% 원칙은 우리 두뇌가 '아하!' 순간을 만들어내는 데 필요한 원료를 제공한다. 필요한 것은 우뇌가 작업하는 데 필요한 기억과 멘탈 모델이다. 이러한 원료가 없으면 우리가 자신의 잠재력을 봉인하게 되기 때문이다.

이와 같은 막대한 물량의 소비는 창의적 산업 전반에서 널리 이루어지는 행위다. 코너 프란타는 유튜브를 보는 데 몇 해를 보냈다.

탁월한 기업가는 수지맞는 사업 아이템을 찾아내기까지 관련 산업과 거래에 관련된 자료를 수도 없이 소비한다. 호세 안드레스는 새로운 기법을 습득하거나 새로운 재료들에 대한 정보를 얻기 위해 수시로 요식업 회의에 참여한다.

20% 원칙은 천재의 번갯불을 가능하게 만들 뿐 아니라 창의적인 사람들에게 많은 표본을 제공함으로써 앞으로 친숙하게 될 아이디어를 얻게 해준다. 이를 가능하게 해주는 것이 문화적 인식이다. 테드 사란도스는 비디오 점에서 일한 경험 덕분에 고객들이 어떤 종류의 스토리와 어떤 포맷과 어떤 구조의 영화를 좋아하는지 파악할 수 있었다. 예전에는 어떤 아이디어가 또 지금은 어떤 유형이 크리에이티브 커브의 어느 지점에 놓여 있는지 파악함으로써, 그는 넷플릭스 자체 제작 프로그램에서 믿어지지 않을 만큼 놀라운 성과를 올렸다.

주류 세계에서 성공하는 것이 목표인가? 그렇다면 우선 자신이 관심을 두고 있는 분야에 몰두하고 그곳에 노출시켜 가능한 한 많이 소비해야 한다. 그렇게 하면 앞서 성공했던 작품과 친숙한 아이디어를 찾아낼 수 있다.

그러나 잠깐! 책이나 CD나 영화나 TV 프로그램을 소비하기 전에, 한 가지 수수께끼 같은 사실을 지적해야겠다. 사실 우리는 이미 많은 양의 자료를 소비하고 있다. 미국 노동부에 따르면, 미국인들은 매일 평균 3시간씩 TV를 본다고 한다. 이 정도면 근무시간의 약 20% 정도다. 그렇다면 대부분의 미국인은 TV에서 통하는 것과 그

렇지 않은 것을 경험하는 문제에서 20% 원칙을 따르고 있다고 봐
도 되는 것이 아닌가? 이처럼 많은 사람이 엄청난 양의 TV 프로그
램을 소비하고 있는데, 왜 그들은 히트 프로그램을 만들어내지 못
하는 것일까?

소비의 일차적 역할은 어떤 것이 갖는 친숙성의 정도를 확인하
는 것이다. 그러나 크리에이티브 커브는 적당한 양의 색다름도 '만
들어내라'고 요구한다. 단순히 색다름을 찾아내는 것만으로는 충분
하지 않다. 색다름을 적당한 양으로 덧붙여야 한다. 그렇게 하기 위
해 창의력은 의외의 어떤 것에 끊임없이 매달린다. 바로, 모방이다.

소킨을 비롯한 많은 창작가는
창의적 조상들이 확립해놓은 패턴을
어깨너머로 보고 체득하는 방식으로
비범한 작품을 만들어낼 수 있었다.

08

제2 법칙 : 모방

비벌리 젠킨스Beverly Jenkins가 자신의 집에서 디트로이트 동부의 그라티오 애비뉴와 번즈 스트리트가 만나는 모퉁이에 있는 마크트 웨인 라이브러리Mark Twain Library까지 15블록을 걸어다니기 시작했을 때, 그녀의 나이는 아홉 살이었다.[1]

일곱 아이 중 맏이로 태어나 가난하게 자란 그녀는 일찍부터 현실에서 벗어나기 위한 탈출구로 책을 택했다. "책을 통하면 어느 곳에든지 갈 수 있습니다." 그녀는 내게 이렇게 말했다. "책에서는 다른 나라 사람들을 만날 수 있고, 다른 장소에도 갈 수 있죠. 우리 집은 가난했지만, 사랑과 활기가 넘쳤고 무엇 하나 부족하다고 생각한 적은 없었습니다. 책도 무료로 볼 수 있었고요."

이후 7년 동안 그녀는 토요일마다 새 책을 만나기 위해 도서관에 갔다. 그렇게 늘 다니던 도서관에 발길을 끊은 것은 책에 대한 흥미를 잃어서가 아니라, 도서관에 있는 책을 '모두' 읽었기 때문이었다. 그녀가 도서관에 있는 책을 전부 읽었다고 말할 때 나는 과장이 좀 심하다고 생각했다. 하지만 아니었다. 그녀는 진지했다. "공상과학소설,《화성연대기Martian Chronicles》,《사구Dune》, 논픽션, 웨스턴, 제인 그레이Zane Grey ……. 도서관에 있는 것은 죄다 읽었어요. 닥치는 대로요."

맹렬한 독서 과정을 통해 젠킨스는 책과 도서관에 대한 주체할 수 없는 사랑을 계속 키워갔다. 대학교를 졸업한 뒤 제약회사의 안내데스크에서 일하면서도 그녀는 여전히 탐욕스럽게 책에 몰두했다. 특히 그녀의 마음을 사로잡은 것은 1970년대부터 서점 진열대를 차지하기 시작한 로맨스 소설이었다.

로맨스 소설 중 가장 인기 있는 장르는 대부분 '로맨스 사극'이었는데, 독자들은 여왕이나 공주 그리고 빅토리아 시대의 금지된 사랑 이야기에 열광했다. 그러나 젠킨스는 이런 소설이 마음에 들지 않았다. 등장인물이 거의 백인이었던 것이다. 아프리카계 미국인이 주인공인 역사 로맨스 소설은 유명한 작품이 없었다. 그녀는 결심했다. '내가' 읽고 싶은 책을 직접 쓰자! 그녀가 구상한 책은 남북 전쟁 중 시골 여교사와 사랑에 빠진, 흑인들만으로 구성된 제10기병대 소속의 한 병사 이야기였다.

젠킨스는 스토리를 끝냈지만, 주류 출판업자들이 흑인을 주인공으로 내세운 소설을 반기지 않았기에. 사실 책으로 묶는 일에는 별

다른 기대를 걸지 않았다. 그런데 당시 젠킨스의 회사 동료 중에도 로맨스 소설에 푹 빠져 직접 로맨스 소설을 쓰고 있는 사람이 있었다. 마침 그녀가 자신이 쓴 책의 판권을 어떤 출판업자에게 파는 것을 보게 되자 젠킨스도 마음이 흔들렸다. 그래서 그녀에게 자신의 작품에 관해 이야기했다.

젠킨스의 소설을 읽어본 동료는 '당장' 출판업자를 찾으라고 말했다. 자신은 없었지만 그래도 어찌어찌해서 겨우 저작권 에이전트를 찾을 수 있었다. 그 에이전트는 여러 출판사에 그녀의 원고를 보냈다. 보낸 원고로 집 전체를 도배하고도 남을 만큼 거절을 당한 어느 날, 그녀의 전화기가 울렸다. 에이번북스Avon Books의 편집인이었다. "그다음은 다 아는 이야기죠." 그녀는 그렇게 회상했다.

그녀의 데뷔 소설 《나이트 송Night Song》은 출간되자마자 서점 매대 한복판을 차지했고, 주류 언론의 주목을 받았다. 잡지 〈피플People〉은 젠킨스를 다룬 5페이지짜리 특집 기사를 냈고 서평도 계속 늘었다. 젠킨스의 소설은 흑인 역사 로맨스 소설이라는 전혀 새로운 장르의 문을 열었다.

젠킨스는 친숙하지만(역사 로맨스 소설), 색다른(흑인들이 등장하는) 작품을 만들었다. 마침 출판사들이 아프리카계 미국인의 목소리를 출판에 더 많이 반영하기 시작한 것도 절묘한 타이밍이었다. 그녀가 모르고 있었을 뿐, 젠킨스는 크리에이티브 커브의 스위트 스폿을 건드린 것이다. 이후 그녀는 나왔다 하면 150만 부가 넘게 팔리는 베스트셀러 소설들을 써 내려갔다.

로맨스 소설은 미국 소설 시장의 3분의 1 이상을 차지하며[2] 매년 10억 달러 이상의 매출액을 올리는, 대형 출판사들의 주요 수익원이다. 역사 로맨스 소설, 초자연 로맨스 소설, 에로 로맨스 소설 외에 다양한 종류의 로맨스 소설이 있다. 로맨스 소설을 읽는 독자의 84%는 여성이며, 대부분은 중년 여성이다.

그렇다고는 해도 로맨스 소설은 너무 도식적이라는 비판을 자주 받는다. 〈뉴욕타임스〉 선정 베스트셀러 로맨스 소설 작가인 사라 맥린Sarah MacLean[3]은 〈워싱턴포스트The Washington Post〉에 매달 로맨스 소설에 관한 칼럼을 쓴다. 그는 이 장르의 역사에 관해서는 전문가다. 그녀는 내게 로맨스 소설을 성공시키는 핵심 요소에 대해 이야기해주었다.

첫째, 독자들은 단행본이든 시리즈이든 주인공이 '행복하게 잘 살았다'로 끝나기를 기대한다. 맥린은 이런 해피엔딩이야말로 로맨스 소설의 재미를 더해준다고 했다.[4] "로맨스 소설 작가는 독자들과 언제나 '행복하게 잘 살았다'로 끝내겠다는 서약을 맺습니다. 그 때문에 독자들은 두려움과 위기에 마음 졸이면서도 결국엔 평화의 땅에 이른다는 것을 알고 책을 읽습니다." 로맨스 소설 장르에 있는 이 같은 제약이야말로 일단 친숙한 기준을 세우고 이를 지킴으로써 독자와 작가 양측을 안심시키는 역할을 한다.

이 장르의 또 다른 전형적인 특징은 소위 말하는 '블랙 모멘트Black Moment'다. 인종적인 의미가 아니라, 모든 희망이 사라진 일련의 상황을 뜻하는 말이다. 이 순간에는 이야기의 중심이 되는 인물의 연애 관계가 깨어진다. "독자도 등장인물도 때론 작가도 상황이 어떻게 될지 알 수 없습니다. 두 사람이 어떻게 다시 만날지도 모르고요." 맥린은 그렇게 말했다. 블랙 모멘트는 책이 거의 끝나가는 무렵에 나타나는 경우가 많지만, 이 순간이 지나면 작가는 나머지 부분에서 등장인물들이 원래의 자리로 다시 돌아가게 만드는 데 집중한다. 물론 독자들은 주인공들이 결국에는 곤경을 극복하리라는 사실을 알고 있다. 그렇다고 해도 블랙 모멘트가 이야기에 극적 요소와 긴장감을 더해준다. 등장인물들이 어떻게 위기에서 벗어날지 추측하면서 독자는 이야기에 더욱 집중하게 되고 그래서 긴장도는 한층 올라간다.

마지막으로, 로맨스 소설에는 성적 묘사가 빠지지 않는다. "스릴러 작가가 스토리에 살인을 끼워 넣는 것처럼 로맨스 소설가는 섹스를 사용합니다. 섹스가 줄거리를 밀고 나가는 거죠." 그녀는 로맨스 소설에서 섹스를 빼고 사랑 이야기를 풀어가는 것은 어렵다고 했다. "관계를 맺고 섹스를 하는 것은 러브스토리를 들려주는 방법과 스토리의 구조를 바꾸는 복잡한 경험입니다."

서점에서 로맨스 소설을 집어 드는 독자는 방금 설명한 세 가지 특징이 결합한 낯익은 구조를 기대한다. 이 반복되는 특징 때문에 로맨스 소설은 독창성이 없다는 비난을 받는다. 하지만 비벌리 젠킨스는 그런 비난에 동의하지 않았다. "로맨스 소설이라고 다른 소설과 다르다고는 생각하지 않아요. 악당과 보안관이 나오지 않는 서부 영화를 상상할 수 있나요? 말이 달리지 않은 서부 영화는 또 어떻고요? 시신과 살인자를 찾아내려는 사람이 등장하지 않는 스릴러가 있나요?"

그렇다면, 모든 예술이 의존하는 어떤 유형의 공식이 있을까?

신데렐라 공식

커트 보니것Kurt Vonnegut[5]은 미국 소설 연보에서 그의 이름을 영원히 남기게 만든 소설 《제5 도살장Slaughterhouse-Five》을 비롯하여 14권의 소설을 썼다. 그러나 그의 모든 문학적 업적에도 불구하고, 그는 자신이 가장 크게 기여했다고 생각하는 작품은 출간된 책이 아니고 심지어 단편도 아니라고 말했다. 그것은 대학에서 퇴짜맞은 그의 석사 논문이었다.

보니것은 시카고 대학교 대학원에서 인류학을 전공했다. 애석하게도 그는 인류학을 싫어했다(언젠가 그는 "어쨌든 내가 인류학으로 학위를 받은 것은 큰 실수였다. 원시인들이라면 진저리가 나니까. 그들은 너무 멍청하다"라고 말하기도 했다).[6] 그러나 보니것은 자신의 논문만큼은 매우 대단하게 생각했다. 대학교에서 공부하며 문학작품 속 이야기의 정서 곡선에 매료된 그는, 논문을 통해 모든 이야기를 그래프로 나타낼 수 있다고 주장했다. 그가 작성한 그래프의 수직축은 긍정적 감정과 부정적인 감정을 나타내고, 수평축은 시간을 의미했다. 그는 자신의 산문집 《나라 없는 사람A Man Without a Country》에 당시 논문 내용의 일부 개념을 소개했다.

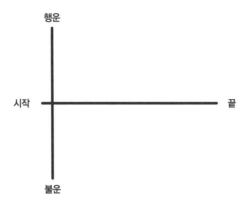

이러한 그래프를 사용하여 그는 유명 작품들을 정서 곡선으로 나타내기 시작했다. 그 과정에서 그는 네 가지 반복되는 이야기 유형을 발견했다.

첫 번째는 '곤경에 빠진 남자Man in Hole'였다.

⬇ 곤경에 빠진 남자

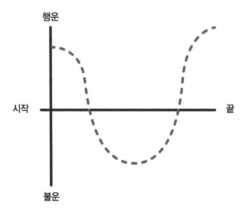

보니것은 곤경에 빠진 남자가 가장 인기 있는 유형의 이야기라고 생각했다. 어느 강의에서 그는 학생들에게 말했다. "팔리는 책을 쓰는 데 필요한 팁을 하나 주지. 책이나 잡지를 사고 영화를 보러 갈 여유가 있는 사람들은 가난하고 병든 사람의 이야기를 듣고 싶어 하지 않아. 그러니 이야기를 여기서 시작해야 해(그의 손은 행운-불운 축의 꼭대기 지점을 가리킨다). 사람들은 이런 것을 좋아하거든. 게다가 거기엔 저작권도 없단 말이야." 그는 말을 이었다. "곤경에 빠진 남자라고는 했지만, 꼭 곤경이나 남자에 관한 이야기일 필요는 없어. 누군가가 곤경에 빠지고 그곳에서 다시 빠져나오는 구조만 있으면 되는 거지. 점선이 시작한 곳보다 더 높은 곳에서 끝나는 것은 우연이 아니야. 독자들은 바로 그런 점에 고무되거든."

보니것이 찾아낸 두 번째 유형은 '남자, 여자를 만나다'였다.

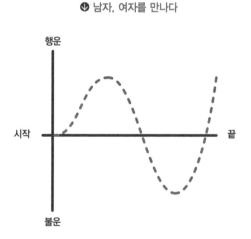

◐ 남자, 여자를 만나다

이렇게 말하니까 연애 이야기일 것 같지만 보니것은 좀 더 넓은 의미로 말했다. "꼭 한 여자를 만나는 남자의 이야기일 필요는 없어 (선을 그리기 시작한다). 여느 날과 다를 바 없는 어느 날 평범한 어떤 누군가가 완벽하게 멋진 누군가를 만난다. '세상에, 억세게 운이 좋은 날이군!' …… (선을 아래로 그린다), '젠장!' …… (선이 다시 올라간다) 그리고 다시 올라간다."

그는 다른 이야기 곡선을 두 개 더 찾아냈다.

'신데렐라 이야기Cinderella Story'는 올라갔다 내려간 후 다시 지고의 행복까지 올라가는 곡선이다. 밋밋하고 빤한 로맨스 소설과 달리 《제인 에어Jane Eyre》나 《위대한 유산Great Expectations》이나 《신데렐라Cinderella》 같은 고전은 모두 이런 포물선을 타고 흐르다가 대단한 꿈을 이루는 것으로 정점에 이르는 희망적인 이야기다.

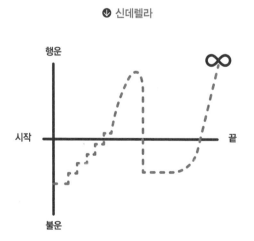

↓ 신데렐라

마지막으로, 보니것은 '프란츠 카프카 이야기 Franz Kafka Story'를 제시한다. 아마 가장 슬픈 유형의 이야기일 것이다.

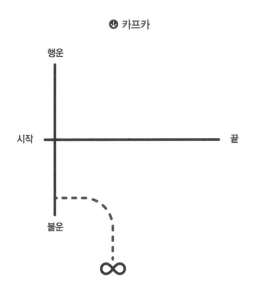

이 마지막 범주에서 보니것은 말한다. "젊은 청년은 매력이 없고 그다지 잘생기지도 않았어. 친척들에게도 환영받지 못한 그는 승진 기회도 없는 직업을 전전하지. 호주머니 사정이 시원치 않다 보니 여자 친구를 파티에 데려가거나 친구와 맥주를 마시러 갈 엄두도 내지 못하지. 어느 날 그는 눈을 떴어. 다시 일하러 갈 시간이야. 그런데 그의 몸은 바퀴벌레로 변해 있어(점선이 아래로 내려가고 무한대 기호가 그려진다). 어때, 우울하고 비관적인 이야기지?"

1985년에 보니것이 강의에서 제시한 이 이론은 나중에서야 유튜브를 통해 순식간에 세상에 알려졌다. 몇 해 뒤에 우연히 이 동영상을 본 한 연구원은 보니것의 곡선 중의 하나가 자신의 연구와 관계있다고 생각했다. "스토리의 단순한 모양을 컴퓨터에 입력하지 못할 이유는 하나도 없어. 멋진 형태가 될 것"이라는 보니것의 말 때문이었다."

다양한 문학작품 속 스토리의 모양을 컴퓨터로 나타낼 수 있다고? 이 스토리들이 반복되는 패턴을 가지고 있다는 것을 입증할 방법이라도 있다는 말인가? 그 연구원은 곧 학계의 슈퍼히어로들을 모아 팀을 조직했다.[7] 감성 분석, 통계학, 컴퓨터 과학 전문가들이었다. 버몬트 대학교를 중심으로 그들은 보니것이 제시한 것처럼 스토리의 감정 곡선의 패턴을 찾을 수 있는지 알아보기 위해 최신 데이터 분석 툴을 몇 가지 사용하기로 했다.

연구진들은 먼저 온라인에서 각종 소설을 다운받았다. 온라인 데이터베이스에는 책의 다운로드 횟수를 알 수 있는 통계도 보이므로, 어떤 책이 독자들에게 인기를 얻고 있는지 파악할 수 있었다. 연구팀은 '단일 값 분해에 의한 매트릭스 분해', '응집에 의한 관리된 학습', '자기 조직적인 지도에 의한 관리받지 않은 학습' 등 알다가도 모를 이름을 가진 일련의 분석 툴을 통해 이들 책의 본문 전체를 스캐닝했다. 이런 과정을 통해, 과학자들은 보니것이 그렸던 것과 비슷한 스토리 곡선을 만들어냈다. 게다가 그들은 책의 특정 부분이 긍정적이거나 부정적인 정서를 담고 있는지도 조사했다. 책 한 권을 통째로 분석하는 과정에서 그들은 데이터를 통해 이야기의 형태를 도표로 그릴 수 있었다. 결과는 보니것이 예측한 그대로였다.

이들은 보니것이 찾아낸 것과 일치하는 스토리 유형을 찾아냈을 뿐 아니라(차이가 있다면 이들이 찾아낸 유형은 총 여섯 개였다는 점이다), 어떤 유형이 다른 것보다 더 인기 있고, 그 이유는 무엇인지도 밝혀냈다. 이 데이터에 따르면, 온라인에서 가장 인기가 많은 유형은 '곤경에 빠진 남자'였다. 보니것의 막연한 추측이 과학적으로 입증된 것이다. 즉 어떤 이야기에는 작가들이 창작 과정에서 사용하는 일정한 스토리 유형이 '있었다.' 그렇다면 작가들은 이러한 패턴을 무의식적으로 만들어내는 것일까, 의도적으로 정해진 패턴을 따르는 것일까? 이를 알아내기 위해 잠깐 TV 속 세계로 들어가 보자.

제약의 기원

누군가는 남다른 성공을 거두려면 패턴부터 깨야 한다고 생각할지 모른다. 하지만 현실에서 색다름을 제대로 드러내려면 패턴을 따르는 수밖에 없다.

〈블랙키시Black-ish〉는 ABC의 인기 시트콤이다. 지금까지 4시즌을 방영했고 스핀오프인 〈그로우니시Grown-ish〉도 준비 중인데, 에미상과 골든글로브에서 코미디 부문 수상 후보에 올랐다. 〈블랙키시〉는 가난하게 자랐지만, 지금은 광고회사 임원이 된 아버지 드레Dre의 이야기다. 그는 혼혈인 아내 레인보Rainbow와 네 아이를 키우고 있다. 이 시트콤은 아이들이 흑인으로서의 정체성과 문화유산을 유지해주기를 바라는 아버지와의 갈등을 조명하면서, 동시에 아이들이 백인 친구들과 동화되려고 애쓰는 데 초점을 맞춘다. 예를 들어, 한 에피소드에서 드레의 열두 살짜리 아들은 유대인 친구들이 부러운 나머지 돌아오는 자신의 생일에 열세 살이 되는 유대인 소년들의 성인식인 바르 미츠바를 치르고 싶어 한다.

〈블랙키시〉는 픽션이지만, 일반적인 TV 프로그램과 달리 자전적인 성격을 띤다. 〈블랙키시〉를 만들어낸 케냐 배리스Kenya Barris[8]는 쇼러너Showrunner(특정 프로그램의 CEO를 뜻하는 할리우드 용어)다. 주인공 드레처럼 배리스도 혼혈인 의사(그녀의 이름도 레인보다)와 결혼했고, 가난하게 자랐으며, 창작 분야에서 일하며 자녀들에게 자신의 정체성을 물려주려고 애쓴다. 〈블랙키시〉는 배리스의 삶을 극으로 만든 것이었다. 나는 TV 드라마가 책에서 볼 수 있는 스토리 곡선과 비슷한 구조나 패턴을 가지고 있는지 궁금했다. 배리스가 이 질문에 대한 답을 찾는 데 도움을 줄 수 있을 것 같았다.

LA에 사는 사람들은 교통체증에서 벗어나기 어렵기 때문에 가끔 울려대는 자동차 경적에도 짜증을 내곤 하는데, 배리스는 출근길에 이뤄진 전화 통화에서 짜증 한번 안 내고 내게 창의적 과정에 관해 이야기해주었다.

그는 네트워크 시트콤 에피소드는 전통적인 3막 구조로 되어 있어서 기원전 335년에 아리스토텔레스가 그의 《시학Poetics》에서 제시한 고전적 구조를 그대로 반영하고 있다고 설명했다. "제1막은 특정한 이야깃거리나 사물의 본질에 관한 서론이나 주제문이 되겠죠." 배리스는 그렇게 말했다. 드레의 아들이 바르 미츠바를 하고 싫어 하는 에피소드에서 현안 주제는 문화 정체성이다.

배리스는 이야기를 이어갔다. "제2막은 몸통입니다. 여기서는 문제를 다루고 풀어내고 정해진 이슈에 조미료를 쳐서 재미를 더한 뒤, 그 문제를 우리 가족과 연결하면서 특정 인물의 생활 속에서 풀어내는 것이 핵심입니다." 이 에피소드에서 제2막은 드레가 아들이 겪는 정체성 위기로 인해 가족회의를 소집하여 결국 아들이 전통적인 아프리카식 통과의례를 치르도록 결정하는 내용이다.

"제3막은 해결 부분입니다. 여기서는 무엇이 됐든 정보나 주제 또는 그 주제를 둘러싼 문제를 제기하고, 이를 스토리텔링의 목적에 아주 만족스러울 정도로 안착시키는 것이 관건입니다." 이 에피소드에서 드레는 아들에게 힙합 위주의 바르 미츠바를 치르도록 허락해줌으로써 문제를 해결한다. 그는 자녀들이 자신과는 다른 어린 시절을 보내게 될 것이며 이런 진화도 삶의 일부라는 것을 깨닫는다.

왜 배리스는 이런 3막 구조에 기대는 걸까? 배리스는 막과 막 사이에 '액트 브레이크Act break'가 들어간다고 설명했다. 액트 브레이크는 모든 프로그램에서 볼 수 있는 장치로, TV식 표현으로 하자면, "짜자잔Dun-dun-dun" 하며 다음 내용에 대한 기대감을 높이기 위한 수법이다. 액트 브레이크에는 늘 광고가 따라붙는다.

결국 TV 네트워크의 광고 요건이 시트콤의 구조를 결정한다. "네트워크에는 광고 타임을 3번 주고, 태그를 하나 추가해야 합니다." 배리스는 설명했다. (태그란 프로그램 끝에 붙는 짧은 추가 영상으로, 마지막 광고가 나간 뒤에 나오므로 시청자는 마지막 광고를 볼 수밖에 없다.) "그래서 결국 광고 시간이 4번 배당되는 것이죠."

다시 말해, 배리스와 그의 작가들에게는 외부의 강제적인 '제약'이 주어진다. 그들만 아니라 다른 프로그램도 규정에 따른 구조에 맞춰야 한다. 비누 회사가 후원하는 TV 프로그램 시절(이때부터 연속극을 '솝 오페라Soap Opera'라고 불렀다) 이후로 늘 그래왔다. 기존 질서가 강요한 독단적인 규정인 만큼 창작가들이 이를 싫어하리라고 생각할지 모르겠다. 하지만 의외로 배리스는 이런 제약이야말로 TV 프로그램을 성공시킨 요소라고 생각했다. "우리는 아주 오랫동안 비누를 팔아왔습니다. 가끔은 창작을 하는 데 꼭 이렇게까지 해야 하나 하는 생각도 들죠. 하지만 액트 브레이크가 없으면 지금처럼 꾸준하게 이야기를 들려주지는 못할 겁니다. 액트 브레이크는 실제로 효과가 있는 것 같아요. 생각을 정리할 시간을 주니까요."

이런 종류의 구조와 패턴은 창의적 분야 전반에 넘쳐난다. 셰프는 요리할 때 비율을 맞춘다. 소금을 너무 많이 뿌리면 파스타를 망치고 베이킹소다를 너무 많이 첨가하면 페이스트리가 고층빌딩이 되고 만다. 작곡가는 라디오에서 방송될 수 있는 길이로 노래를 만들어야 한다. 작가들은 쓰고자 하는 장르에 따라 책에 입력할 수 있는 단어의 개수에 제한을 받는다(이는 독자들에게도 좋다). 트위터의 트윗도 정해진 글자 수를 넘기지 못한다.

창작을 업으로 삼는 사람들과 인터뷰하면서, 나는 그들이 이런 제약을 즐기고 있다는 사실을 알고 놀랐다. 셰프는 레시피 뒤에 있는 과학을 즐긴다. 뮤지션은 3분을 넘기지 않는 노래를 만들어야 하는 쉽지 않은 제약을 즐긴다. 구조나 공식이나 패턴, 레시피, 규범 등이 전혀 부담이 아니며, 오히려 그들은 그런 것들을 제작에 필요한 도구로 여긴다. 창작가들이 '왜' 이런 것들을 즐기는지 그 이유는 앞으로 좀 더 자세히 알아보겠지만, 우선은 좀 더 근본적인 질문부터 하나 하겠다.

창작가들은 이런 패턴을 인정하는 것 같다. 그렇다면 그들의 청중들은 어떨까?

대중음악의 과학

신경과학자 그레고리 번스Gregory Berns[9]는 뜻밖의 소재에서 연구감을 찾아냈다. 바로 〈아메리칸 아이돌American Idol〉이었다.

번스는 어느 날 밤[10] 딸과 함께 〈아메리칸 아이돌〉을 보다가 크리스 앨런Kris Allen이라는 출연자가 원 리퍼블릭One Republic 밴드가 연주한 '어폴로자이즈Apologize'의 커버 곡을 부르는 것을 들었다.

처음 듣는 노래 같은데 무척이나 친숙했다. 하지만 이유를 알 수 없었다. 그러다가 생각이 났다. 3년 전 사람들의 음악 취향에 대해 연구하던 중[11] 10대 피실험자 몇 명을 fMRI에 눕혀놓고 그가 온라인에서 찾아낸 노래들을 들려준 적이 있었다. 그중 하나가 당시 별로 알려지지 않았던 원 리퍼블릭의 '어폴로자이즈'였다.

번스는 추측하지 않을 수 없었다.[12] 그가 3년 전에 수집한 fMRI 데이터는 '어폴로자이즈'가 히트할 것을 예견했을까? 그는 예전에 사용했던 데이터 세트를 다시 끄집어냈다. 당시 그는 다양한 장르에서 뽑은 노래 클립 120곡을 10대들에게 들려주었다. 그가 사용했던 데이터베이스는 노래가 연주되는 횟수에 관한 공용 자료들을 갖고 있었기 때문에, 당시 그 노래들은 당연히 알려지지 않은 곡임을 확인할 수 있었다. 그는 학생들을 fMRI 기기에 눕힌 뒤, 어떤 노래가 가장 좋았는지 물었다. 번스는 그들이 좋다고 '말한' 곡과 그들의 두뇌가 '반응한' 곡의 관계를 알아내려고 했다.

이 연구는 몇 가지 흥미로운 결과를 보여주었다. 하지만 번스가 다시 그때의 자료를 꺼내 든 것은 fMRI 피실험자의 두뇌 반응과 노래의 향후 판매량 사이에 어떤 관계가 있는지 알고 싶었기 때문이었다. 그는 우선 음반 판매 온라인 조사업체인 닐슨 사운드스캔Nielsen's SoundScan 시스템에서 자신의 데이터 세트를 확인했다. 그리고 그가 실험에 사용한 120곡의 3년간의 판매량을 조사했다.

데이터를 분석해 보니, 과연 관계가 있었다! 나중에 히트하게 되는 노래에 피실험자의 두뇌가 특별한 반응을 보인 것이다. 신경학적인 관점에서 말하자면, 중격의지핵Nucleus Accumbens과 향후 노래 판매량 사이에 특별한 상호관계가 나타난 것이다. 중격의지핵은 도파민 분비를 규제하는 두뇌의 보상 시스템이다.

더욱더 놀라운 것은 노래에 대한 학생들의 주관적 평점과 향후 노래 판매량 사이에는 아무런 상관관계가 없다는 사실이었다. 적어도 당시에는 그랬다. 번스의 연구에 참가한 학생들이 좋다고 말한 노래들은 나중에 히트하게 되는 노래가 아니었다. 학생들은 미래의 히트곡을 '의식적으로' 예측하지 못했다. 그들의 응답을 토대로 판단한다면, 그들은 히트곡을 만드는 요인을 거의 알지 못했다고 말할 수 있다. 그러나 그들의 두뇌는 '무의식적으로'(거의 파충류의 수준에서) 나중에 히트하게 되는 노래를 짚어내고 있었다.

학생들의 두뇌가 짚어낸 것은 정확히 무엇이었을까? 번스는 이렇게 말했다. "내 직감으로 볼 때, 그것은 약간 색다른 것, 무언가 호기심을 유발하는 것을 미리 알려주고 있었습니다. 그러니까 아마도 익숙하지만 상투적이지는 않은 것 사이에 자리한 스위트 스폿을 건드렸던 것 같아요."

이를 다르게 말하면, 크리에이티브 커브를 따른 것이다.

학생들의 두뇌는 친숙하지만 적당한 수준의 색다름에 반응했다. 이 책 앞부분에서 나는 대량 소비가 '친숙한' 것을 알아내는 도구를 우리에게 주는 과정에 관해 설명하면서, 그런데도 친숙성만으로는 충분하지 않다고 지적했다. 이번 장에서는 '색다른' 것을 만드는 데 필요한 도구에 초점을 맞추겠다.

리믹스 컬처

버지니아 대학교 3학년생인 알렉시스 오하니언Alexis Ohanian[13]에게는 한 가지 목표가 있었다. '일반적인 직업'을 갖지 않는 것. 그래서 그와 그의 룸메이트인 스티브 허프먼Steve Huffman은 일반적인 직업의 틀에서 벗어날 수 있는 인터넷 스타트업을 구상했다.

그 결과물이 레딧Reddit이었다. 레딧에 들어가 보지 않은 사람은 뉴스, 귀여운 동물, 논쟁 그리고 유명인사들이 찾아와 '질의응답Ask Me Anything(레딧 용어로는 'AMA')'에 참여하는 레딧 커뮤니티의 컬렉션을 놓치는 셈이다. 귀여운 외계인 로고 캐릭터와 함께 레딧은 '인터넷의 제1면Front Page of the Internet'을 슬로건으로 내세운다. 그리고 통계가 그들의 슬로건을 뒷받침한다. 레딧의 월평균 적극 유저들의 수는 3억 명이 넘는다. 웹사이트 트래픽 조사기관인 알렉사Alexa에 따르면, 레딧은 방문자 수로 따지면 세계 7위다(아마존은 10위). 오하니언은 말했다. "영어권에서는 레딧이 글로벌 소통 장소입니다. 시대정신이죠. 레딧에서 시작된 토론이 몇 시간이나 며칠 뒤 다른 인터넷 사이트로 흘러 들어가는 경우가 많습니다."

무엇보다 레딧은 '밈Meme(짤방)'을 확산시키는 기능으로 유명하다. 올라오는 밈 대부분은 유머러스한 글이 딸린 재밌는 이미지들이다. 누군가가 희한한 이미지를 레딧에 올리는 것으로 시작해 유저 커뮤니티가 거기에 텍스트를 추가한다.

'그럼피 캣Grumpy Cat'이 대표적인 사례다.

어느 날 브라이언 번데슨Bryan Bundesen은 누나 타바사Tabatha와 주방에 앉아 있다가 문득 고양이 표정이 무척이나 심술궂다는 생각이 들었다. 타바사의 열 살짜리 딸이 '타르다르 소스Tardar Sauce'라고 이름을 지어준 고양이였다. 그는 고양이 사진을 레딧에 올렸고 하룻밤 사이에 이 사이트의 유저들은 그 사진을 열심히 퍼 날랐다. 곧 사람들은 그럼피 캣의 사진에 자신만의 콘텐츠를 덧붙였다.

그럼피 캣 밈은 구조가 직설적이다. 맨 위에는 긍정적 또는 중립적으로 보이는 문구가 들어간다. "너 생일이었다며." 아래쪽에는 '그럼피니스Grumpiness(적당한 게 없어 내가 이름 붙였다)' 문구가 들어간다. 인터넷 유저들은 이를 기반으로 자신만의 변종을 만들어 친구와 공유하거나 레딧이나 이머저Imgur 같은 웹사이트에 올린다.

그러나 밈은 단순히 웃고 지나가는 농담에서 그치지 않는다.

나는 특히 밀레니엄 세대에 어울리는 직업, 밈 매니저이자 밈 에이전트인 벤 래시스Ben Lashes와 이에 관해 이야기했다. 래시스는 끊임없이 무언가를 생산해내는 믹서 같은 인터넷에서 사방으로 확산하는 사람이나 동물 들의 경력을 개발하고 관리하는 일을 한다. 그러다 가장 유명한 고양이 밈 세 개를 관리하게 되었다. 키보드 캣(피아노를 연주하는 고양이)과 냥캣Nyan Cat(몸이 팝타르트인 애니메이션 속의 고양이)과 그럼피 캣(알다시피 부루퉁한 표정을 한 고양이) 등이다.

래시스는 밈을 만든 사람들의 브랜드를 보호해주고 그들이 이를 현금화할 수 있게 돕는다. 어떤 계약으로 브랜드 가치를 높일 수 있을까? 오히려 인기를 떨어뜨리는 계약은 없나?

래시스는 내게 말했다. "그럼피 캣은 고양이판 신데렐라 스토리입니다. 피닉스 외곽의 한 마을에서 태어났기 때문이죠. 기껏해야 주민 250명이 전부인 사막 한가운데 있는 한적한 마을이죠. 그런 궁벽한 마을 출신의 고양이가 전 세계 사람들이 녀석의 얼굴을 두고 이러쿵저러쿵 시시콜콜 떠들 정도로 유명인사가 된 겁니다." 그럼피 캣의 인터넷 명성은 현실의 명성이 되었고, 주인에게 부를 가져다주었다. 2013년에 애완동물 사료 회사인 프리스키Friskies는 그럼피 캣과 계약을 맺고 녀석을 공식 '대변묘Spokescat'로 임명했다.

물론 나도 이 질문을 빼놓을 수 없었다. "그럼피 캣은 실제로 부루퉁한Grumpy한가요?" 래시스는 웃었다. "천만에요. 아주 착한 고양이에요. 애정 표현도 얼마나 잘하는데요. 하지만 사람들이 그 사실을 알면 녀석의 명성에 큰 손상을 입을 겁니다."

그럼피 캣 같은 밈은 레딧 회원들에게 공유할 수 있는 콘텐츠를 만들어줄 뿐 아니라, "콘텐츠 창작의 장벽도 낮춰준다"고 오하니언은 말했다. "그런 밈은 모두가 이해할 수 있는 가이드라인을 세웁니다. 그래서 정신적 세금을 줄여주는 거죠." 어떤 밈의 경우, 사람들은 이미 웃기는 포인트의 90%를 알고 있다. 그럼피 캣의 경우엔 이 고양이가 부루퉁하다는 걸 사람들이 이미 알고 있다. 오하니언은 내게 말했다. "그걸 재미있게 만드는 것은 나머지 10%입니다. 그것을 어떻게 비틀고 거기에 어떤 자막을 붙이느냐 하는 문제죠. 그래서 더 많은 사람이 콘텐츠를 만들려고 하는 겁니다. 새로운 밈을 창작해내는 것보다 기존의 밈을 리믹스하는 것이 쉽거든요. 그렇지 않았다면, 그들은 콘텐츠를 만들 엄두도 내지 못했을 겁니다." 실제로 밈은 친숙한 구조를 제공함으로써 크리에이티브 커브의 스위트 스폿에서 콘텐츠를 쉽게 만들어낼 수 있게 한다.

크리스틴 애슐리와 로맨스 소설 범주에서 문지기가 바뀌는 과정을 보았듯이, 인터넷은 창의력의 권력 구조를 변형시키는 데 일조했다. 오하니언은 이것이 하향식 문화와 상향식 문화의 차이라고 말했다. "하향식 문화는 우리가 흔히 '문화'라고 말할 때 떠올리는 것입니다. 역사적으로 볼 때 이런 종류의 하향식 문화가 만들어지려면 보급 수단부터 확보되어야 했죠. 음반 회사는 늘 이렇게 말합니다. '좋아. 당신의 음악 말이지, 아주 괜찮아. 우리가 미국의 모든 라디오 방송국에서 당신의 음악이 나오게 해주지.' 하향식 문화의 문지기들은 늘 개인이 만들고 있는 문화를 포장해서 띄우죠. 브롱크스에서 랩을 만드는 어떤 친구가 문화를 만들고 있다고 합시다. 아무리 그래도 문화가 되려면 어떤 기관이 그 노래에 은총을 내려 그 곡을 콕 집어 이렇게 말해야 합니다. '좋아. 우리가 이제 이걸 보급하겠어.' 그래야 드디어 '문화'가 되는 겁니다." 오하니언은 밈이나 자비로 책을 출판하는 저자를 비롯한 비전통적인 문화가 성공할 수 있는 건, 청중들이 온라인에서 이런 창작물을 찾아낼 수 있었기 때문이라고 했다. "현실적으로 문화는 늘 개인이 아래에서 만드는 것이었지만, 보급 기회가 많지 않았기 때문에 대부분은 걸러지고 몇몇만 살아남았습니다. 인터넷은 그런 통로를 어느 정도 민주화했죠. 통로가 있고 그 통로를 활용할 밈이 있으면 플랫폼이 생기는 겁니다. 우리는 지금 인터넷에서 실시간으로 이루어지는 문화 창조를 보고 있습니다."

하향식이든 상향식이든 오하니언은 그 앞에 다른 사람들과 마찬가지로 모든 문화가 '리믹스'되어 있다고 생각했다. 그에게 있어 창작은 대부분 친숙한 어떤 것을 각색하는 문제였다. "정말로 독창적인 아이디어는 그렇게 많지 않습니다. 독창성이나 창의성이라고 해봐야 실제로는 솜씨 좋은 리믹스일 뿐이죠."

밈은 재미있는 동영상의 리믹스다. 유명 영화도 마찬가지다. 〈스타워즈_Star Wars_〉는 서로 쫓고 쫓기는 서부 영화의 리믹스다. 무대가 우주라는 것만 다를 뿐! 폴 매카트니의 '예스터데이' 같은 팝송도 기존 코드 진행의 리믹스이거나 이미 있던 노래의 리믹스다. 셰프가 새로운 고객의 마음을 사로잡으려 할 때도 전통적인 가족 레시피를 '리믹싱'하는 경우가 많다.

사실 '리믹스 문화'를 가능하게 하는 것은 제약이다. 제약은 창작가에게 친숙성을 보장하는 틀을 제공해주는 한편, 조금 다르고 신선한 것을 10, 20, 30% 만들어낼 수 있는 여지를 함께 마련해 놓는다. 제약이 있기 때문에, 창작가는 한 번 히트하고 마는 작품으로 끝나는 것이 아니라 꾸준한 방식으로 크리에이티브 커브를 체계화할 수 있는 것이다.

창작가에게 그런 틀은 단순히 편리한 도구가 아니다. 이는 실제로 생리학의 결과다. 앞서 설명한 대로 우리의 두뇌는 특정 패턴에 반응한다. 크리에이티브 커브는 그런 생물학적 욕구의 활용 방법을 따지지 않고, 그저 지름길만 제공한다. 그 지름길은 성공의 패턴을 탐색하고 탐닉하고 복제하는 창의적인 사람들이 수없이 많은 세월을 통해 찾아낸 사상과 견해다. 역설적이지만, 제약은 창작가가 크리에이티브 커브의 색다른 부분에 초점을 맞출 수 있도록 창작가에게 자유를 준다.

그러나 제약이 '존재한다'는 사실을 아는 것만으로는 도움이 되지 않는다. 그래서 거장이 사용하는 이들 공식을 배워야 한다.

프랭클린 메소드

미국 건국의 아버지가 된 벤저민 프랭클린Benjamin Franklin[14]도 매사추세츠에 살던 젊은 시절에는 자신을 부끄럽게 여겼다.

그는 어떤 친구와 편지로 여성이 교육을 받아야 하는지 아닌지를 두고 토론을 벌였다. 프랭클린은 여성 교육에 찬성하는 쪽이었다. 그 편지를 우연히 보게 된 아버지는 아들에게 화를 냈다. 토론 내용 때문이 아니라, 아들의 형편없는 글솜씨에 화를 낸 것이다. 자신의 의사를 글로 이 정도밖에 드러내지 못한다는 말인가?

대부분의 자녀가 그렇듯 프랭클린도 아버지를 실망하게 만들고 싶지 않았다. 그래서 위대한 문필가가 되겠다고 다짐했다. 이를 위해 그는 우선 〈스펙테이터Spectator〉를 읽기 시작했다. 이는 1700년대 당시 영국과 미국 전역의 커피숍에서 높은 인기를 누리던 출판물이었는데, 수준 높은 글과 세계에서 벌어지는 사건에 대한 예리하고 잘 다듬어진 견해를 제시하는 것으로 유명했다. 프랭클린에게 있어 그 기사와 칼럼들은 완벽한 글쓰기 모델이었다.

그러다 아이디어가 하나 떠올랐다. 감탄이 절로 나오는 어떤 기사를 만나면 그 기사의 얼개를 만드는 것이었다. 그는 각 문단의 요점을 찾아 얼개를 완성한 후, 이와 똑같은 얼개를 사용하여 그 기사를 다시 썼고 올바른 문장을 만드는 데 공을 들였다. 글이 완성되면, 원본과 비교해가면서 자신이 얼마나 잘 썼는지 확인했다.

시간을 들여 문장 하나하나의 구조를 만드는 데 공을 들인 후, 프랭클린은 더 복잡한 과제에 도전했다. 그는 자신이 만든 얼개를 뒤섞었다. 각 문장을 다듬는 일뿐 아니라 기사를 짜임새 있게 만드는 데 필요한 가장 세련되고 설득력 있는 방법을 생각해냈다.

이 모든 절차가 주효했다. 프랭클린은 이 같은 모방과 훈련을 통해 자신의 글솜씨가 점점 더 좋아지는 것을 확인할 수 있었다. 어떻게 보면 자신의 글이 원작보다 더 좋은 것 같기도 했다. 나중에 그는 이렇게 썼다. "다행스럽게도 언어를 다루는 방식이 아주 좋아진 것 같아 즐거움을 느낄 때도 있었다. 분발하여 이런 식으로 계속해나간다면 언젠가는 괜찮은 작가가 될 수 있을 것 같았다. 그리고 꼭 그렇게 되고 싶었다."

이런 유형의 모방은 이 책을 쓰기 위해 내가 인터뷰한 창의적인 사람들로부터 이력이 날 정도로 들은 얘기다. 내가 '프랭클린 메소드'라고 칭한 방법에는 성공한 창의적 작품의 기본 구조를 세심하게 관찰하고 재창조하는 과정이 들어간다. 창작가는 역사적으로 성공했다고 입증된 공식이나 패턴을 이해하기 위해 프랭클린 메소드를 사용한다. 그렇게 하다 보면 기본적인 친숙성을 접하게 된다. 청중이나 독자는 이런 친숙성을 금방 알아본다. 이제 창작가는 필요한 친숙성을 유지하면서, 그 구조의 꼭대기에서 색다름을 덧붙인다. 프랭클린 메소드는 실제 있었던 역사적 사건일 뿐 아니라 전승해야 할 문화유산이다. 디지털 세계에서 창의적인 과정을 이해하고 숙달하는 문제에서도 프랭클린 메소드는 여전히 중요하다.

현대식 응용

앤드루 로스 소킨Andrew Ross Sorkin은 미디어의 르네상스 맨이다. 그는 〈뉴욕타임스〉의 인기 있는 블로그 섹션 딜북DealBook을 만들었고,[15] CNBC 〈스쿼크 박스Squawk Box〉의 앵커이며, 베스트셀러 《대마불사Too Big to Fail》를 쓴 것도 모자라, 쇼타임Showtime의 인기 드라마 〈빌리언스Billions〉를 공동 제작했다.

벤저민 프랭클린처럼 소킨의 이력도 모방에서 시작되었다.

나는 소킨과 스카이프로 대화를 나누었다.[16] 그는 그의 맨해튼 아파트 침실에서 잊을 만하면 아이들이 문을 두드리는 가운데 나와 통화를 이어갔다. 아이들의 괴성이 간간이 들려왔지만, 그는 자신이 현대의 미디어 브랜드를 만들어낸 이야기를 해주었다.

〈뉴욕타임스〉에서 일을 시작할 당시, 그는 열여덟 살의 대학생 인턴이었다. 그는 직원들에게 많은 사랑을 받았고, 기자들에게 귀여움을 받을 수 있는 일이면 무엇이든 했다. 졸업과 동시에 그는 기자 지망생이라면 누구나 부러워할 만한 일자리를 얻었다. 〈타임스〉지 런던 지부의 비즈니스 전문 기자로 채용된 것이다. 그는 자신의 경력을 시작하기 위해 영국으로 향했다.

그런데 문제가 있었다. 아직 스물두 살밖에 되지 않은 데다, 기자로서 실전 경험이 전혀 없었던 것이다. "너무 무서웠죠." 소킨은 이렇게 말했다. 뭘 어떻게 써야 하지? 한 꼭지라도 제대로 쓸 수 있을까? 세계를 대표하는 신문사에 어울리는 기사를 쓸 수 있을까?

소킨은 프랭클린 메소드를 따랐다. 물론 스스로는 그 사실을 깨닫지 못하고 있었다. 그는 몇 해 전부터 〈타임스〉지에 실렸던 기사 중 자신이 써야 할 기사와 비슷한 내용을 찾아 그 포맷을 연구했다. 인용구로 시작했나? 핵심은 언제쯤 드러내지? "나는 내 기사를 매드립Mad Libs(문장의 빈칸을 채워 자기만의 새로운 문장을 만드는 게임 – 옮긴이)으로 만들려고 했어요." 소킨은 그렇게 해서 효과가 있었던 문장을 토대로 이상적인 포맷의 틀을 만들었고, 그다음 자신의 기사를 그 용기에 맞췄다. "말하기 좀 그렇지만, 나는 늘 공식을 찾으려고 했어요." 프랭클린 메소드는 그에게 훌륭한 비즈니스 기사의 기본을 가르쳐주었고, 그것이 결국 고속 출세를 도왔다.

그는 《대마불사》를 쓰기 시작하면서 다시 한번 프랭클린 메소드를 응용했다. "서점에 가서 내가 좋아하는 비즈니스 관련 해설서를 5~10권 정도 샀어요. 그리고 그 내용과 서술 방식, 마음에 드는 점과 마음에 들지 않는 점 등을 연구했죠." 그는 끊기는 부분이 많고 한 장면에서 갑자기 다른 장면으로 건너뛰고, 설명이 속도감 있게 진행되는 글이 마음에 들었다. 소킨은 이를 흉내 내어 알기 쉽고 생동감 있는 문장으로 책을 써냈다. 그것이 끝이 아니었다. 예를 들어, 그는 드라이브 장면으로 시작하는 《바보들의 음모Conspiracy of Fools》의 도입부가 마음에 들었다. 그 도입부엔 책의 전체 내용을 잡아채 끌고 가는 추진력이 있었다. 《대마불사》에 관한 자료를 수집하면서, 소킨은 어떤 차 안에서 일어났던 일을 알게 되는 장면으로 이야기를 시작하기로 했다.

소킨을 비롯한 많은 창작가는 창의적 조상들이 확립해놓은 패턴을 어깨너머로 보고 체득하는 방식으로 비범한 작품을 만들어낼 수 있었다. 그들은 색다름을 제대로 비틀어 친숙함과 결합했다. 실제로 소킨은 모방 덕분에 세월이 검증해준 틀 안에서 자신의 새로운 아이디어를 설득력 있게 전달했다.

소킨과 프랭클린이 그랬듯 이러한 패턴들은 '모방'이라는 방법으로 가장 잘 습득할 수 있다. 존경하는 사람을 따라 하고 그들이 이룩했던 성공사례들을 다시 구축할 수 있다면, 크리에이티브 커브의 정확한 지점의 콘텐츠를 만들기 위해 필요한 패턴을 흡수하는데 한걸음 가까이 갈 수 있다.

지식이든 경험이든 소비와 제약 사이에는 우리 자신의 창의적 산물을 향상시키는 데 필요한 훨씬 더 큰 병기고가 자리 잡고 있다. 소비와 제약, 이 두 가지 도구는 친숙한 것과 색다른 것이 적절히 혼합된 아이디어를 만들어내기 때문에, 크리에이티브 커브의 스위트 스폿을 건드린다. 그러나 이는 히트작을 만들 수 있는 '가능성'일 뿐이다. 가능성이 있는 아이디어를 주류로 편입시키기 위해서는 두 가지 요소가 더 필요하다.

소킨과의 영상 통화가 끝나갈 무렵, 그는 자기 생각을 말했다. "나 역시 내가 존경하는 많은 작가를 알거나 그들을 아는 사람들을 알게 된 덕을 보았습니다. 나는 그들에게 전화를 걸어 직접 인터뷰하려 했고, 그들이 보여준 위대한 업적이나 그들이 저지른 실수를 알아내려 했죠. 나는 그런 실수를 하고 싶지 않았으니까요."

다시 말해, 소킨은 그가 배울 것이 있는 사람들의 커뮤니티를 하나로 묶어냈다. "나의 모든 작품에는 나와 이야기를 나누었던 어떤 사람이나 파트너가 있습니다." 그것이 TV 시리즈 〈빌리언스〉의 공동 제작자이든 그의 책 편집자이든, 소킨은 습관적으로 다른 창의적인 사람들 속에 둘러싸여 일했다. 대중은 창작가를 천재적인 독불장군이라고 오해할지 모르지만, 실제 창작가들을 오래 만나본 결과 그렇지 않다는 사실을 확인할 수 있었다.

사실 올바른 유형의 커뮤니티를 구성하는 것이야말로 창조 과정에서 '가장' 중요한 부분일지 모른다.

———
창작가의 삶에는 곳곳에 정서적 돌출부가 도사리고 있다.
아니, 웅덩이란 말이 더 나을지 모르겠다.
창의적인 사람들에게는 이런 곳을 지날 때
강력한 에너지를 줄 수 있는 사람들이 있어야 한다.

09

제3 법칙 : 창의적 공동체

'천재 크리에이터'라고 할 때 가장 먼저 떠오르는 이미지는, 자신의 분야에서 초인적인 위업을 이룩한 화려한 신경증 환자의 모습이다. 그는 망망대해를 떠도는 배의 선실에서 홀로 키를 잡고 있다.

인기를 좇는 문화에서 이 같은 이미지는 수 세기까지는 아니더라도 수십 년의 세월을 통해 추리고 걸러져 굳어졌다. 만화 〈아이언맨*Iron Man*〉과 이어진 영화 시리즈에서 그려진 토니 스타크*Tony Stark*는 유아독존적인 천재다. 그는 거대한 제국 같은 기업을 운영하면서 자신만의 아이언맨 슈트를 만든다. 그러나 이런 발상이 픽션에서만 존재하는 건 아니다. 테슬라*Tesla*와 스페이스X*SpaceX*의 일론 머스크 역시 곧잘 스타크에 비유되곤 한다.

그렇다고는 해도 혼자서 모든 일을 처리하는 천재라는 신화는 좀 터무니없어 보인다. 실제 일론 머스크는 미래기술을 창조하기 위해 수천 명의 사람을 고용한다. 몇백 년 전에 모차르트는 스승으로부터 무언가를 배우기 위해 수없이 많은 시간을 들였고, 또한 공동으로 창작할 수 있는 사람을 끊임없이 찾아다녔다.

창작이란 '팀 스포츠'에 가까운데, 적어도 미국에서 통용되는 문화적 신화는 여전히 개인에게만 초점을 맞추고 있다는 사실을, 이 책을 쓰는 도중에도 나는 여러 차례 확인할 수 있었다. 물론 내게도 잘못이 있다는 점은 인정한다. 지금 내가 말하고 있는 이야기들도 대부분 개인에 관한 것이지 그들을 둘러싼 집단에 관한 것은 아니니까.

그러나 창의성의 사회적인 면을 무시하면 엉뚱한 결과가 나온다. 창의성을 요구하는 분야에서 세계적인 성공을 거두기 위해서는 주변 사람들과 공동체를 조성하는 것이 무엇보다 중요하다. 캘리포니아 대학교의 한 연구팀은 2,000명이 넘는 과학자와 발명가들의 사회관계망을 분석했다.[1] 그리고 이들은 혁신가의 관계망을 통해 그들의 탁월함과 생산성은 물론 그들 경력의 수명까지 예측할 수 있다는 사실을 입증해 보였다.

예술가부터 운동선수에 이르기까지 세계적으로 대단한 업적을 남긴 사람들은 모두, 한때 가혹한 스승 밑에서 공부했다는 사실을 밝힌 연구도 있다.[2] 그런가 하면 성공한 예술가의 평판 정도가 자신의 세대에서 그리고 자신의 세대를 뛰어넘어 다른 성공한 예술가와 맺은 관계의 범위와 관련 있다는 사실을 입증한 연구도 있다.[3]

이것은 단순히 협업자가 필요하다는 말로 끝낼 개념이 아니다. 나는 창의력과 관련된 네트워크에 '네 가지' 다른 유형의 사람들이 존재한다는 사실을 확인했다. 마스터 티처Master Teacher, 상충하는 협업자Conflicting Collaborator, 모던 뮤즈Modern Muse, 유명 프로모터Prominent Promoter가 그것이다. 이들 각각의 영역은 개인이나 집단으로 채워진다. 넷 중 다른 셋보다 더 중요한 역할을 담당하는 것은 없다. 네 가지 역할 중 하나만 빠져도 창작활동이 성공할 가능성이 줄어든다. 동시에, 이들 역할은 한 사람의 창의적 과정에 직·간접적으로 영향을 미치는 사람들의 공동체를 형성한다. 이를 '창의적 공동체Creative Community'라고 부르자.

창의적 공동체는 창작활동에서 가장 중요한 부분인 동시에 제대로 연구되지 않은 분야다. 많은 이들과 인터뷰하면서 나는 이 네 가지 역할의 중요성을 새삼 확인했을 뿐 아니라, 창의성이 어떻게 이런 중요한 사람들을 찾아내거나 끌어들이는지도 알게 되었다.

이제부터 우리는 두 가지 중요한 질문에 대한 답을 찾게 될 것이다. 왜 이들은 그렇게 중요한가? 그리고 어떻게 그들을 찾을 수 있는가? 우선 라디오부터 켜보자.

마스터 티처

테일러 스위프트의 다섯 번째 정규 앨범 〈1989〉는 지금까지 1,010만 장이 넘게 팔렸다.[4] 이 음반에는 넘버원 싱글이 세 곡이나 들어 있어서 지난 10년 동안 가장 성공한 레코드 중의 하나로 손꼽힌다.

테일러 스위프트라고 하면, 미국인들은 코카콜라 광고를 먼저 떠올릴 것이다. 테일러는 무대 뒤에서 그녀의 히트곡 '22'를 쓰면서 기타 코드를 고르고 다이어리에 가사를 써 내려간다. 아무리 봐도 타고난 천재, 땀이 필요 없는 천재의 모습이다.

그러나 그녀의 레코드 표지에 적힌 해설을 들여다보면(요즘은 인터넷만 뒤져도 다 나오지만), 다른 사연이 있다는 것을 알게 된다. 스위프트의 노래들은 대부분 공동 작품이다. 그 앨범에 있는 넘버원 싱글 트리오가 그녀의 곡이 아니냐고? 그 세 곡도 맥스 마틴Max Martin과 셸백Shellback이 공동으로 작곡한 것이다.

맥스 마틴은 누구이고 셸백은 또 뭐 하는 사람인가? 셸백은 성도 없는 건가?

마틴은 '히트곡 박사Hit Doctor'라고 부를 수 있지만,[5] 그 정도로는 그의 성공과 재능을 제대로 드러내기에 부족하다. 미국 공영 라디오 방송 NPR은 그를 가리켜 '사람들이 좋아하는 모든 노래 뒤에 숨어 있는 스칸디나비아의 비밀'이라고 부르며 치켜세웠다.[6] 실제로 마틴은[7] 넘버원 싱글 제작 순위로 보았을 때 존 레넌과 폴 매카트니 뒤를 이어 3위에 랭크되어 있는 현대 팝 음악의 왕자라고 할 수 있다. 그가 차트 1위에 올린 곡에는 케이티 페리Katy Perry의 '아이 키스드 어 걸I Kissed a Girl', 핑크Pink의 '소 왓So What', 마룬 5Maroon 5의 '원 모어 나이트One More Night' 외 19곡이 있다(이 책이 출판되었을 때는 아마 그 수가 늘어날 것이다).

셸백은 마틴 밑에서 일한다. 그는 마틴의 지도 아래 마틴의 방식대로 훈련받는 수십 명의 작곡가 중 하나다. 예를 들어, 마틴은 닥터 루크Dr. Luke를 가르쳤는데, 루크는 타이오 크루즈Taio Cruz와 켈리 클라크슨Kelly Clarkson에게 히트곡들을 써주었다. 마틴은 또한 사반 코테차Savan Kotecha를 가르쳤고, 코테차는 인기 보이 밴드인 원 디렉션One Direction에게 차트 1위 곡을 여러 곡 써주었다. 마틴의 우산 아래에는 베니 블랑코Benny Blanco도 있다. 블랑코는 닥터 루크에게 배웠기 때문에 마틴의 지적 손자인 셈이다. 블랑코는 저스틴 비버Justin Bieber와 마룬 5에게 넘버원 싱글을 여러 곡 써주었다.

2014년부터 2016년까지 빌보드 넘버원 싱글을 보면, 마틴의 영향력이 어느 정도인지 쉽게 짐작할 수 있다. 그 3년 동안 나온 넘버원 싱글이 모두 29곡인데, 그중 21%가 맥스 마틴이 작곡했거나 공동 작곡한 곡이고, 7%는 마틴의 제자가 작곡했다. 빌보드차트 1위 곡 3곡 중 거의 1곡이 몇몇 친구나 동료들로 구성된 집단에 의해 작곡되었다는 말이다. 그것도 넘버원 싱글만 따졌을 때 그렇다. 마틴과 그의 팀이 작곡했지만 '겨우' 탑 10이나 탑 100 정도에 그친 곡들은 여기에 포함하지도 않았다. 탑 10이나 탑 100에 드는 일이 어디 그리 쉬운 일인가?

그런데 이렇게 소규모인 작곡가 집단이 어떻게 창작의 한 분야를 지배하게 된 것일까?

맥스 마틴의 재능은 그가 대단한 귀를 가졌다는 사실로도 알 수 있지만, 다른 사람에게 작곡 기법을 가르친다는 사실도 그의 탁월함을 엿보게 해주는 증거다. 마틴에게 사사하고 산타나Santana, 셀린 디옹Celine Dion, 자넷 잭슨Janet Jackson에게 히트곡들을 써주었던 작곡가 안서 버기슨Arnthor Birgisson은 어떻게 그렇게 대단한 곡을 만들 수 있느냐는 질문을 받았을 때,[8] 자신보다 나이가 많은 그 스웨덴 작곡가로부터 공식을 하나 배웠다고 털어놓았다. "곡 하나에 멜로디 파트를 세 개 이상 사용하면 안 되고, 세 파트와 순환 파트로 버스Verse를 구성하든가 아니면 코러스에 노래 파트를 넣는 방법이 있어요. 그러니까 코러스를 듣는 순간 이미 버스는 시작되는 것이죠."

마틴은 문하생들에게 친숙한 팝송을 만들기 위해 고려해야 할 제약과 공식을 가르치지만, 한편으로는 그들 스스로 작품을 완벽하게 만들도록 돕는다. 앞서 신중한 연습을 논하면서 설명했지만, 노련한 스승에게 배우고 그들로부터 피드백을 받는 것은 창작 기술을 개발하고 연마하기 위해 반드시 거쳐야 할 단계다.

보니 맥키Bonnie McKee[9]는 마틴 팀과 함께 작업했던 작사가다. 그녀는 타이오 크루즈Taio Cruz가 부른 '다이너마이트Dynamite'와 케이티 페리Katy Perry가 부른 '캘리포니아 걸스California Gurls'를 비롯하여 수많은 가수의 노래에 공동으로 노랫말을 썼다. 〈뉴요커New Yorker〉와의 인터뷰에서, 그녀는 맥스 마틴에게 가사를 써주는 이야기를 했다. "아주 수학적이에요. 행 하나에 정해진 수의 음절이 들어가면 다음 행은 그것의 미러 이미지가 되어야 합니다."

수학은 훌륭한 팝송을 쓰는 데 빠질 수 없는 핵심요소다. 마틴 자신도 그의 창작 과정을 '선율의 수학'이라고 말해왔다. 그의 논리는 직설적이다. 맥키는 말했다. "사람들은 어디선가 들어본 것 같은 노래를 좋아합니다. 어린 시절이나 그들의 부모가 들었던 노래를 추억할 수 있으니까요."

이 말을 사람들은 친숙한 것을 듣고 싶어 한다고 바꿔 말해도 좋을 것이다. 마틴은 맥키에게 기술 향상에 필요한 피드백도 주었다. 맥키는 말했다. "아주 독창적인 곡도 쓸 수 있어요. 하지만 처음 들었을 때 귀에 쏙 들어오지 않으면 맥스가 싫어해요." 창작하려면 맥스 마틴 같은 마스터 티처가 반드시 있어야 한다. 마틴 같은 사람이 '마스터'가 될 수 있는 건, 그들이 전형적으로 노련한 실무 경험 이상의 성공을 거두었기 때문이다. 화가 조너선 하디스티는 사우스다코타의 화실에서 마스터 티처를 찾았다. 앤드루 로스 소킨은 나이가 더 많고 더 지혜로운 작가들과 친구가 됐다.

마스터 티처는 두 가지 중요한 역할을 한다. 그들은 제약을 가르치고, 피드백을 통한 의식적인 훈련으로 제자들을 돕는다. 이런 제약을 체득하면 학생들은 자신만의 기술을 세련되게 다듬으면서 더 빠르게 치고 올라갈 수 있다.

1980년대에 수학자, 조각가, 운동선수 등 다방면에 걸쳐 대단한 업적을 이룩한 사람들의 삶을 조사한 연구가 있었다.[10] 궁극적으로 그들에게 성공을 가져다준 공통 요소가 무엇인지 알아내는 것이 그 연구의 주목적이었다. 이를 위해 연구진은 그들의 초기 시절로 돌아가 그들의 생활을 추적했다. 그렇게 해서 찾아낸 결과물이 《아이들의 재능 개발*Developing Talent in Young People*》이란 제목의 책으로 발간되었다. 여기서 한 가지 중요한 내용이 눈에 띈다. 어느 분야에서든 이 연구의 대상이 된 '모든' 개인은 한때 마스터 티처에게 배웠다는 사실이다.

어떻게 하면 마스터 티처의 마음에 들 수 있을까? 특별한 요령이 있는 것일까? 그 답을 찾기 위해 나는, 슈퍼마켓의 거물부터 요즘 차트를 지배하는 힙합 슈퍼스타에 이르기까지 직종을 가리지 않고 사람을 사귀는 한 록스타를 만나러 LA로 갔다. 그는 얼마 전까지 투자 전문가였다.

누구에게나 배울 수 있다

붉은 머리의 D. A. 왈라치D. A. Wallach[11]는 서른세 살이다. 그의 멘토가 되어준 사람은 가수 퍼렐 윌리엄스Pharrell Williams, 왈라치가 퍼프 대디Puff Daddy라고 부르는 P. 디디P. Diddy, 록 그룹 위저Weezer의 리버스 쿠오모Rivers Cuomo 등 아주 다양하다.

왈라치와 나는 안개가 자욱이 낀 어느 날 아침, 할리우드 힐스에 있는 그의 집 테라스에 자리를 잡고 앉았다. 마침 그의 집은 개보수 중이었다. 나도 좀 쾌활한 편인데, 왈라치는 나보다 훨씬 더 명랑했으며 별로 우습지도 않은 내 농담에도 파안대소했다. 그는 예술가이자 뮤지션이자 투자가인 하이브리드형 인간이었다.

재능을 현실에서 꽃피우기 전부터 왈라치는 한때 인기를 얻은 인디밴드 체스터 프렌치Chester French에서 리드 싱어를 맡았다. 밴드를 결성할 당시 그는 하버드 대학교 재학생이었다. 졸업할 때쯤 이 밴드는 가수이자 음악 PD인 카니예 웨스트Kanye West와 퍼렐의 입찰경쟁 표적이 되었다. 둘 다 그들과 음반 발매 계약을 맺으려 했으니까.

결국 왈라치와 그의 밴드는 퍼렐을 택했고, 그와 계약을 맺어 앨범〈러브 더 퓨처Love the Future〉를 냈다. 밴드는 나중에 해체되었지만 왈라치는 여전히 음악을 하고 있다. 그는 한동안 음악 스트리밍 서비스업체 스포티파이Spotify에서 활동하며 이 신생 기업이 뮤지션들과 좋은 관계를 만들어가도록 거들었다. 대단한 역할은 아니지만, 왈라치는 2017년도 히트 영화〈라라 랜드La La Land〉에서도 싱어로 활약했다.[12]

왈라치는 음악과 예술 활동을 하는 한편, 스포티파이에서부터 스페이스X에 이르기까지 여러 기업에 투자했다. 파란색 셔츠를 차려 입은 전형적인 금융인 타입은 아니지만, 그는 현재 인에비터블 벤처스Inevitable Ventures의 파트너다. 인에비터블 벤처스는 슈퍼마켓 거부인 론 버클Ron Burkle과 그가 공동 설립한 투자회사로, 성장이 빠른 첨단기술 기업을 투자 대상으로 삼는다.

인디밴드의 가수에 불과하던 젊은이가 어떻게 랩 아이콘이나 억만장자, 첨단기술 회사들과 인연이 닿게 된 걸까?

왈라치는 자신의 성공을 그를 가르친 사람들의 공으로 돌렸다. "도움이 필요할 때마다 어떤 분야를 꽉 잡고 있는 거장이 나타나더군요. 그러다 그들과 친해지고 그들에게 한 수 배우곤 했죠." 이를

테면, 하버드 재학생 시절 그는 위저의 리드 싱어인 리버스 쿠오모가 연주 투어를 잠깐 중단하고 하버드에 학생으로 들어왔다는 사실을 알게 됐다. 왈라치는 학생주소록에서 그의 이메일 주소를 알아내어 다짜고짜 자신을 만나줄 수 있는지 물었다. 두 사람은 얼마 지나지 않아 구내식당에서 같이 식사를 했다. 왈라치는 그렇게 모던록에서 가장 유명한 뮤지션으로부터 음악 산업에 대해 배웠다.

왈라치는 스승을 찾는 노력을 멈추지 않았다. "억지를 부려서 멘토로 만들었죠. 그런 사람들이 끊이지 않았습니다." 그는 중요한 건 호기심을 멈추지 않는 것이라고 말했다. "일상의 90%를 질문하면서 보내는 거죠."

누군가가 와서 우산을 펼쳐주기를 기다리면 안 된다. 과정을 직접 만들어내야 한다. 알고 싶은 분야에서 성공한 사람을 만나면 적극적으로 그들에게 다가가야 한다. 호기심을 가지고, 사정을 봐주지 말고! 왈라치는 자신이 보기엔 대부분의 사람이 자신의 경험이나 지식을 기꺼이 나누어주려고 하고 또 그러기를 좋아하는 것 같다고 했다. 그러니 묻기만 하면 된다는 것이다.

어리고 미숙한 사람에게만 마스터 티처나 멘토가 필요한 것이 아니다. 실제로 내가 인터뷰를 위해 만난 사람 중 입지를 확실하게 굳힌 사람들에게는 소위 말하는, 리버스 멘토Reverse Mentor(일반적으로 후배에게 경험과 지식을 전달하는 선배의 멘토링 방식과 반대로, 오히려 후배가 선배나 경영진의 멘토가 되어 함께 경험하고 젊은 생각을 공유하는 것-옮긴이)가 있었다.

세계 굴지의 사모펀드로 1,580억 달러의 운용자산을 갖고 있는 칼라일 그룹Carlyle Group의 공동 설립자이자 공동 CEO인 데이비드 루빈스타인David Rubenstein[13]은 재산이 25억 달러에 이르는 것으로 알려졌다. 게다가 그는 30개 이상의 비영리조직에 이사로 재직하고 있는데, 그중 케네디센터Kennedy Center, 스미스소니언 협회Smithsonian Institution, 미 외교협회Council on Foreign Relations 등 일곱 개 단체에서는 이사장직을 맡고 있다. 그는 또한 블룸버그 TV에서 〈데이비드 루빈스타인 쇼David Rubenstein Show〉를 진행하면서, 오프라 윈프리Oprah Winfrey부터 빌 게이츠Bill Gates에 이르기까지 수많은 명사를 인터뷰한다.

우리는 콜로라도 애스펀에 있는 어떤 야외 테라스에서 마주 앉아 이야기를 나눴다. 마침 이 휴양도시에서는 유명 발레 댄서부터 금융계의 거물에 이르기까지 많은 명사가 연사로 나서는 획기적인 아이디어의 강연 축제인 '애스펀 아이디어 페스티벌Aspen Ideas Festival'이 열리고 있었다. 민트티를 주문한 루빈스타인은 새로운 것을 배우겠다고 찾아다녔던 사연을 내게 털어놓았다.

억만금을 긁어모은 이 60대 사나이는 놀랍게도 D. A. 왈라치와 아주 비슷한 이야기를 했다. "나는 아주 똑똑하고 내가 모르는 분야를 잘 알고 있는 사람들과 만나는 것을 좋아합니다." 루빈스타인은 그렇게 말하면서 덧붙였다. "대부분 시간은 질문하는 데 쓰죠." 왈라치처럼 루빈스타인도 대화를 주로 질문으로 메우는 유형이었다. 그는 언제나 조금이라도 더 많은 정보를 얻으려 했다. "질문하는 것이 내게는 쉬운 일이에요. 그리고 나는 내가 모르는 것을 말해줄 수 있는 사람들을 찾아내기를 좋아합니다."

그가 갑자기 정색하고 내게 물었다. "혹시 내가 알아야 할 것이 있어요? 당신은 빅데이터 전문가잖아요."

인터뷰 내내 이런 식의 질문이 반복되었다. 앞에서 다루었던 인터넷 연쇄창업가 케빈 라이언도 역시 틈새 지식을 가진 사람들로부터 배우는 것이 중요하다고 내게 말했다. "제대로 된 미팅은 내가 대화의 30% 정도만 말하는 겁니다. 내 말이 더 많으면 배우지 못하니까요." 라이언은 억대나 10억 달러 가치를 가진 기업을 만들었지만 그런데도 다른 사람으로부터 하나라도 더 배우려고 했다. "어제 딸 친구와 이야기를 나눴는데, 정말 대단하더군요. 열여섯 살인데 교육과 교육 체계에 관해 아주 탄탄한 이론을 갖고 있었어요." 라이언은 덧붙였다. "누구한테든 배울 수 있는 겁니다."

인터뷰하면서 나는 내가 만나본 사람들 대부분이 열린 자세로 자신의 약점을 숨김없이 드러내고 그 부분을 메우기 위해 무언가를 배우려는 데 주저하지 않는 이들이란 걸 알게 되었다.

어떻게 하면 그런 배움의 계기를 만들 수 있을까?

내가 생각하는 가장 좋은 방법은 색다른 사람들을 궤도 안으로 끌어들이는 것이다. 라이언은 음식을 통해 그런 계기를 마련했다. "한 가지 방법은 디너파티를 이용하는 겁니다. 정치하는 사람, 인터넷 회사에 다니는 사람, 이도 저도 아닌 사람들을 닥치는 대로 만날 필요가 있어요." 이런 요란한 분위기가 마음에 들지 않는다면, 동료를 데리고 커피숍으로 가든가 아니면 조숙한 대학생이 한 수 배우고 싶다고 할 때 수락하기만 하면 된다.

이미 성공했다면 다른 사람들을 자신의 네트워크로 끌어들이기가 훨씬 수월할 것이다. 그러나 이제 막 사회에 발을 내디뎠다면? 모두가 하버드 대학교를 다니며 철학 시간에 록스타와 교분을 가질 수는 없지 않은가(멘토가 될 만한 사람과 인연을 맺는 데 관심이 있는 사람들을 위해 나는 좀 더 상세한 요령을 모은 디지털 가이드를 만들었다. 다음 사이트에서 확인해보라. TheCreativeCurve.com/Resources).

군집화

샌프란시스코 마켓스트리트 남쪽, 소마 지구에 있는 파크 호텔Park Hotel 로비에서 한 젊은 여성이 청소하고 있었다. 연회색의 로비 벽 앞엔 간이식당에서 가져온 것으로 보이는 긴 의자들이 있었다. 말이 호텔이지, 사실 그곳은 다인용 침실이 있는 중·저소득층을 위한 공동 주택이었다. 청소 중이던 그녀는 누군가가 사진을 찍고 있다는 것을 알아차렸다. 그렇게 찍힌 사진들은 35년 뒤에 소마의 주택개선책으로 제시된 사진 시리즈의 일부가 되었다. 그때 이후로 샌프란시스코, 그중에서도 특히 소마는 빈민굴의 오명을 벗고 웬만한 사람들이 엄두 낼 수도 없는 호화 지역으로 변해갔다.

한때 황폐했던 소마 인근의 오피스 타운은[14] 이제 임대료가 제곱피트당 평균 72.50달러여서, 비싸기로 유명한 맨해튼과 맞먹는 수준이 되었다. 원룸은 제곱피트당 평균 1,200달러 이상에 매매된다. 다시 말해, $450ft^2$(약 $40m^2$)짜리 작은 원룸 가격이 54만 달러가 넘는다. 이 정도면 교외에서 흔히 볼 수 있는 맥맨션McMansion도 살 수 있는 금액이다. 파크 호텔만 해도 이미 테크노 빌딩으로 바뀌어, 야심 있는 기업가와 소프트웨어 기술자들이 월세로 1,000달러를 내도 손바닥만 한 방밖에 빌리지 못하는 금싸라기 땅으로 바뀌었다.

그런데 무엇 때문에 사람들은 이곳으로 몰려드는 것일까?

언제부터인가 소마는 스타트업 산업의 중심지로 변모하기 시작했다. 바로 곁에는 트위터, 세일즈포스Salesforce, 핀터레스트Pinterest, 징가Zynga의 본사 외에 구글, 옐프, 어도비Adobe를 비롯한 유명 기업의 사무실이 어깨를 맞대고 늘어섰다. 첨단 기업 몇 곳이 들어서자 그들의 뒤를 따르려는 기업이 갈수록 많아진 것이다. 엔지니어들은 다른 엔지니어의 옆에 자리를 잡으려 하고, CEO들은 다른 CEO와 가까운 곳에 있고 싶어 한다.

사회학자들은 이런 현상을 군집 효과Clustering Effect라고 부른다.

《창의적 변화를 주도하는 사람들The Rise of the Creative Class》이라는 저서로 유명해진 리처드 플로리다Richard Florida[15]는 수십 년 동안 인구 밀도가 창의력에 미치는 영향에 관해 연구해왔다. 그의 연구팀은 대도시 240개 지역을 조사하여, 창의적 직업을 가진 사람들의 밀도와 특허의 수를 비교했다.[16] 특허 수는 혁신의 정도를 가늠하게 해주는 척도다. 그는 창의적인 사람들이 한곳에 많이 모여 그들의 밀도가 높아질수록 특허 수가 늘어난다는 사실을 발견했다.

플로리다는 내게 군집 효과의 영향에 관해 설명해주었다. "창의적인 직업을 가진 사람들의 밀집도가 높은 장소는 그렇지 않은 곳보다 여섯 배 더 혁신적입니다."

그것은 어떤 지리적 장소에서 창의적인 히트작이 탄생하는 것으로 끝나는 문제가 아니다. 사람들을 더욱 혁신적으로 자극하려면 서로 부대끼도록 만들어야 하는 것이다.

그 이유는 학자들이 '지식 확산Knowledge Spillover'이라고 부르는 개념에서 찾을 수 있다. 지식 확산이란 사람들이 만나고 정보를 교환하고 서로 이야기를 나누면서 아이디어를 공유하는 과정을 말한다.[17] 어떤 예술가가 새로운 기법을 찾아냈다는 사실을 다른 예술가에게 알려주거나, 연구원이 신기술을 창업자에게 귀띔해줄 때 지식은 네트워크를 통해 다른 사람에게 전파되고 확산된다. 본질적으로 가르치는 과정이 끊임없이 이어지는 것이다.

인구 밀도는 스승이나 멘토를 찾는 데 쓸모 있을 뿐만 아니라 공동 작업자를 찾는 데도 위력을 발휘한다. 플로리다는 말했다. "대도시에서는 재능 있는 사람들이 경쟁하고 협력하고 결합하고 재결합하고 서로를 훈련하고 다시 훈련합니다. 바로 이러한 진화 과정을 통해 다원주의적 이윤추구 동기를 얻으며, 사람들은 괄목할 만한 성과를 올리기 시작합니다."

이 같은 확산 현상이 일어나기 위해서는 서로 얼굴을 맞대는 관계가 역시 중요하다. 그저 서로를 아는 정도로는 부족하다. 물리적으로 가깝다는 것은 커피숍에서 우연히 부딪히거나 버스를 기다리다가 뜻하지 않게 조우할 수 있는 기회가 많아진다는 뜻이다.

이러한 환경에 들어가기 위해 사람들은 소마 같은 곳에서 거주하고 일하는 데 필요한 프리미엄을 기꺼이 지급한다. 이곳의 건축 형태는 확실히 특이한 구석이 있고 유서 깊은 건물도 몇몇 있다. 그러나 사람들을 이곳으로 끌어들이는 결정적인 흡인력은 무언가를 '배울' 수 있는 사람들이 그곳에서 활동한다는 사실이다. 소마 같은 군집의 일원이 되면 마스터 티처를 찾는 데도 유리하다.

물론 모두에게 이런 값비싼 밀집 지역으로 이사할 여유가 있는 것은 아니다. 그러나 가능한 한 그곳을 자주 찾고 왕래하고 그곳에서 시간을 많이 보내기만 해도, 창작활동에서의 성공을 앞당겨줄 스승을 가까이할 기회가 생긴다.

일단 그곳에 갔다면 이후 스승을 찾는 데 필요한 메커니즘은 아주 단순하다. 바로 호기심이다. 스스로 왈라치가 되어 질문하라. 무엇을 알고 싶은지 분명히 하라. 성공한 사람들은 이러한 재능을 숭배하기 때문에 당신을 그들의 날개 아래로 기꺼이 데려갈 것이다. 경험을 쌓을 만큼 쌓았다고 자부해도 당신이 모르는 특별한 어떤 것을 아는 사람을 찾아서 질문하라. 케빈 라이언은 수십억 달러의 가치를 창출했지만, 그는 여전히 대화 시간 중 30%만 말한다는 규칙을 어기지 않는다.

그렇게 한다면 더 많은 마스터 티처를 찾을 확률이 커진다. 마스터 티처는 창의적 커뮤니티를 구성하는 데 필요한 네 명의 멤버 중 첫 번째다. 이들 스승은 해당 분야를 관통하는 패턴과 공식을 보여주기 때문에 이들이 곁에 있으면 처음부터 시작하지 않아도 된다. 그들은 또한 기술을 좀 더 빨리 습득하는 데 필요한 피드백을 줄 것이다. 맥스 마틴이 그의 문하생들에게 그랬던 것처럼.

의식적인 훈련을 강조하는 과학은 우리보다 좀 더 앞서간 사람에게 배우라고 일러준다. 그러나 기술을 '배우는' 것만으로는 충분하지 않다. 우리도 결국엔 무언가를 '창조해야' 하기 때문이다. 창의적 공동체의 다음 멤버는 아이디어를 실행하는 데 정말 중요하다.

상충하는 협업자

브렌다 채프먼Brenda Chapman의 엄마는 종잇조각에 선을 하나 그었다. 아니 끄적였다고 하는 편이 보다 정확할 것이다.[18]

그녀는 네 살짜리 브렌다에게 그 선으로 무언가를 만들어보라고 했다. 브렌다는 눈앞에 보이는 것 이상의 무언가를 볼 수 있을까? 꼬마 소녀는 엄마가 끄적여놓은 선을 물끄러미 바라보더니 선을 몇 개 덧붙이기 시작했다. 코를 그려 넣고 귀도 덧붙였다. 아니 '귀 같은 것'이라고 하는 편이 맞을 것이다. 그리고 미소를 그렸다. 소녀는 그리기를 멈추고 자신의 작품을 보았다.

"강아지야!"

전혀 강아지처럼 보이지 않았지만, 엄마는 환하게 웃었다. 브렌다는 창작 행위를 하고 있었다. '무'에서 '유'를 창조하는 작업이었다.

이러한 게임이 브렌다 채프먼의 마음속 열정의 씨앗에 불꽃을

당겼다. 브렌다는 학교가 끝나기가 무섭게 집으로 달려와 그림을 그렸고, 몇 시간씩 벅스 버니Bugs Bunny 만화를 보았다. 장소를 가리지 않고 소녀는 장면과 인물을 그림으로 표현했다. 일리노이는 겨울도 길고 우기도 지루해 방 안에 틀어박힐 일이 잦았기에, 브렌다는 커다란 담요의 힘을 빌려 거실에 놓인 탁자를 자신의 요새로 삼았다. 소녀는 탁자 밑으로 기어들어 가 그곳에 누워 탁자 바닥 면에 그림을 그리기 시작했다.

엄마는 탁자 아래에 그림이 그려진 걸 알아차리지 못했지만, 나중에 이사할 때가 되어 그 그림을 발견했을 때도 전혀 화를 내지 않았다. 중요한 것은 딸이 자신의 열정을 확실하게 좇고 있다는 사실이었다.

얼마 지나지 않아, 브렌다는 애니메이터가 되겠다고 선언했다. 하교 후 집에서 보던 모든 만화와 소녀가 그린 모든 스케치는 이제 그녀의 새로운 천직이 되었다. 그녀는 칼아츠California Institute of the Arts 에 입학했고 애니메이션에서 자신의 진로를 모색했다.

소녀의 엄마는 모르고 있었지만, 브렌다에게 어린 시절에 즐겼던 일러스트 게임은 여러 면에서 기록을 경신하게 만든 애니메이션 경력의 밑거름이 되었다. 브렌다는 〈라이언 킹The Lion King〉의 수석 스토리작가로 메이저 애니메이션 영화에서 스토리 부문을 책임진 최초의 여성이 되었고, 이어서 드림웍스Dreamworks의 〈이집트 왕자The Prince of Egypt〉를 공동 감독하여 여성으로는 최초의 메이저 애니메이션 영화감독이 되었다. 나중에 그녀는 디즈니-픽사Disney-Pixar 의 〈브레이브Brave〉에서 각본과 연출을 맡아 또 한 번 유리 천장을 깨면서 여성 최초로 아카데미 장편 애니메이션 작품상을 받았다.

새로운 세계를 창조하는 것은 브렌다 채프먼이 가장 편하게 할 수 있는 일이다. 스카이프 화상통화에서, 그녀는 내게 영화를 만드는 일은 하나의 과정에서 가능한 한 많은 것을 끌어내는 문제라고 말했다. 훌륭한 영화는 많은 재능 있는 목소리의 협업 결과다. 애니메이션 영화를 만드는 데는 스토리 아티스트, 애니메이터, 프로듀서, 시나리오 작가, 연출가, 실무 중역, 마케터까지 필요하다. 작업은 반복적이고 사람들은 서로가 서로에게 피드백을 준다. 이렇게 서로 다른 목소리를 내는 사람들이 함께 일하기 때문에 관객들이 즐길 수 있는 작품 하나를 두고 다양하고 폭넓은 관섭이 만들어진다.

예를 들어, 스토리 아티스트는 애니메이션 팀이 일을 시작하기 오래전부터 프레임 시리즈를 일일이 만들어내고 영화를 만화 버전으로 만든다. 이런 과정을 통해 감독은 등장인물을 찾아내고 그들이 어떤 성격이고 어떻게 행동하고 어떤 정서를 지니는지 확인할 수 있다고 채프먼은 말했다. "이런 스토리가 통할까? 주제가 맞는 건가? 속도는? 이런 것이 사전에 제작되는 청사진이죠. 스토리 아티스트는 쓰고 행동하고 그리는 작업을 동시에 해냅니다."

그렇다. 채프먼은 감독이지만 그녀의 기술과 지식에는 여전히 틈이 많다. 채프먼은 스토리 아티스트에서 감독으로 변신한 것에 불과했다. 오디오 엔지니어나 마케터가 될 수는 없다. 그런 일을 대신해주는 사람들이 주변에 없다면 연출과 창작에 대한 그녀의 비전은 실현될 수 없었을 것이다.

너무 당연한 말 같지만, 창작 작업에서는 협력자가 중요하다. 창작가들을 인터뷰하면서 의외였던 것은 그들이 가장 효율적이라고 생각하는 '유형'의 협력자의 모습이 나의 예측과 아주 달랐다는 점이었다. 이 문제를 풀기 위해 나는 최고의 해를 보내고 있던 두 명의 젊은 창작가를 만났다.

멈추고 협업하고, 들어라

벤제이 파섹Benj Pasek은 어찌나 열정이 넘치던지, 전화 저편에서 펄쩍펄쩍 뛰면서 얘기하는 것이 아닌가 하는 느낌이 들 정도였다.[19] 반면, 저스틴 폴Justin Paul은 너무 조용하고 신중하여, 질문에 답하기 전에 말을 잠깐 멈추는 버릇이 있었다. 언뜻 어울리지 않을 것 같아

보이는 파섹 앤 폴Pasek and Paul 듀오는 그럴듯한 이름 못지않게 작사·작곡에서 대단한 성공을 거두었다. 이들은 2017년 골든 글로브와 아카데미상을 받은 히트 영화 〈라라 랜드〉의 삽입곡에 가사를 썼다. 인터뷰 2주 전에는 뮤지컬 〈디어 에번 한센Dear Evan Hansen〉으로 토니상을 받았다. 이 작품은 브로드웨이에서 그해에 '표를 구하기 어려운' 작품이 되었다.

파섹과 폴은 대학교 발레 수업에서 친구가 되었는데, 둘에겐 공통점이 있었다. 수업에 전혀 협조하지 않았다는 점이다. 파섹은 회상했다. "수업 시간에 선생님이 눈치 못 챌 정도로 우리끼리 몰래 딴짓을 했어요."

처음 만났을 때 폴의 피아노 연주 실력이 보통이 아니라고 생각한 파섹은, 그에게 고등학교 때 썼던 팝송 몇 곡을 고치는 것을 도와달라고 요청했다. 두 사람은 캠퍼스 내의 작은 연습실에 틀어박혀 몇 시간이고 작업에 몰두했다. 뭔가 통했고, 폴의 회상대로 "어느새 노래를 함께 쓰고 있었다."

다음 해 두 사람은 학교 뮤지컬에서 주역을 노렸지만, 뜻을 이루지 못했다. 파섹은 '카메라를 가진 사람'으로 캐스팅되었고 폴은 '검시관 및 백업 댄서'로 기용됐다. 낙담한 그들은 직접 작품을 만들기로 했다. 삶의 의미를 찾는 노래들을 모은 〈엣지Edges〉였다. 나머지 배역들은 학교의 공식 뮤지컬에서 빛나는 배역을 받지 못한 학생들로 채웠다.

〈엣지〉는 단순한 킬링타임용 뮤지컬이 아니었다. 페이스북에 올라온 공연의 비디오 버전이 삽시간에 퍼지면서, 전국의 학생 단체들이 〈엣지〉를 공연하게 해달라고 학교에 허가 요청을 올렸다.

이 듀오는 순식간에 뮤지컬 극장의 유망주로 떠올랐다. 유명 프로듀서들이 그들에게 조언을 자청하고 나섰다. 언론도 두 사람을 치켜세웠다. 파섹과 폴은 서로에게서 무엇을 본 것일까? 무엇이 그들의 파트너십을 가능하게 한 걸까?

저스틴 폴은 벤제이 파섹이 자신의 아이디어를 완성품으로 만드는 데 필요한 구조를 제공했다. "폴은 창작에 임하는 태도나 생활방식, 시간 관리 등에 매우 엄격합니다." 폴이 제공한 이런 식의 체계적 사고는 파섹에게 매우 소중한 자산이 되었다. "폴이 아니었으면 그런 것들을 그렇게 중요하게 여기지 않았을 거예요. 하지만 이제는 그런 것이 저 자신과 창작활동에 대단히 소중하다는 것을 알게 되었습니다."

빅싱커Big Thinker이자 꿈을 꾸는 사람인 동시에 방랑자인 파섹에게는, 기획가이자 수선인이며 살림꾼인 폴이 필요했다. 뮤지컬 제작은 그렇게 간단한 작업이 아님에도, 파섹 앤 폴은 열정과 추진력과 파트너십으로 둘 다 번영할 수 있었다.

뮤지컬은 일단 뉴욕 밖에서 제작되는 경우가 많다. 그러다 시장에서 좋은 성적을 내면 그때는 오프브로드웨이로 옮길 수 있다. 〈디어 에번 핸슨〉은 워싱턴 D.C.의 한 극장에서 초연되었다.[20] 지역 신문은 호평했지만, 한 가지 문제가 있었다. 1막의 마지막 곡이 극적인 효과를 전혀 내지 못했던 것이다. 게다가 '어 파트 오브 미A

Part of Me'는 낙천적인 인상을 주지 못했고 심지어 비관적이라고 생각하는 청중도 있었다. 오프브로드웨이 무대를 위해 파섹과 폴은 새로운 노래 '서라운디드Surrounded'를 넣었지만, 신통치 않기는 마찬가지였다.

폴은 좀 더 괜찮은 작품을 만들고 싶었지만, 방법이 떠오르지 않았다. 이러지도 저러지도 못하던 그는 결국 파섹을 찾아갔다. 파섹은 브레인스토밍을 시작하여 세 쪽짜리 회의록을 이런저런 문구로 메웠다. 이런 아이디어의 홍수야말로 폴이 원하던 것이었다. "멋진 아이디어가 한 다발이든, 아홉 가지 엉터리 아이디어에 한 가지 멋진 아이디어든 상관없어요. 일단 아이디어가 흐르는 것이 중요합니다. 그러다 보면 뭔가 풀리기 시작하거든요. 문제를 한꺼번에 보려 하다가는 아무것도 못할 때가 있어요." 과정에 몰두하다 보면 타성에 젖기 쉽다는 것을 폴은 경험으로 알고 있었다. 그에게는 새로운 아이디어의 불꽃을 튀게 할 협업자가 필요했다. 폴은 말했다. "파섹이 없으면 저는 아무것도 만들지 못할 겁니다."

그 회의록을 내려다보던 폴의 눈에 한 구절이 들어왔다. '유 윌 비 파운드You Will Be Found.' 그 문구는 결국 〈디어 에번 한센〉의 1막 마지막 곡의 제목이 되었다. 더욱이 "그것은 곤경을 극복하고 모든 일이 다 잘 될 것이라고 긍정적으로 생각하는 태도로, 작품 전체를 관통하는 주요한 주제가 되었습니다." 파섹은 그렇게 말했다. 〈디어 에번 한센〉이 브로드웨이에서 초연되었을 때[21] 〈뉴욕타임스〉의 평은 극찬 일색이었다. "특히나 기억에 남는 것은 감정을 고조시키며

1막을 마무리 짓는 송가다. 그 곡은 2막에 다시 나온다. '유 윌 비 파운드.'"

상대방이 혼자 할 수 없는 것을 메꿔줌으로써 파섹과 폴은 초대형 성공을 거두었다. 하지만 이처럼 협업이 복이 되는 경우는 드물다. 두 사람의 의견이 달라 마찰을 일으킬 때도 있다. 그러나 적당히 타협하여 이것도 저것도 아닌 결과를 내놓는 것보다, 관점이 부딪히고 경합하는 편이 더 나은 결과를 만들어낸다고 폴은 말했다. "적당히 타협하는 것이 아닙니다. 평면에서만 움직이는 것이 아니라 상하로도 움직일 수 있게 밀어붙이는 것이죠."

그렇기 때문에 나는 함께 일하기에 좋은 사람을 '상충하는 협업자'라고 부른다. 손발이 너무 척척 맞아서 서로에게 전혀 압박감을 주지 않는 사람과는 협업하지 않는 편이 좋다. 우리의 목표는 우리의 결함을 찾아내고 이를 극복하는 데 도움을 줄 수 있는 사람을 찾는 것이기 때문이다.

이상적인 협업자는 다른 관점을 제시하며 서로의 약점을 보완한다. 창작활동은 결국 팀워크다. 벤제이 파섹이나 저스틴 폴 같은 단짝 파트너가 아니더라도, 세상에 협업할 사람들은 얼마든지 있다. 파섹과 폴도 〈디어 에번 한센〉의 대사를 쓴 작가뿐 아니라 감독과 재정을 책임지는 프로듀서와 함께 작업했다. 내로라하는 배우와 가수들이야 말할 것도 없다.

재능이 밀집된 환경에서는 상충하는 협업자를 찾기가 훨씬 쉽다. 파섹과 폴에게는 확실한 극장 프로그램을 가진 대학이 그런 곳이었다. 브렌다 채프먼에게 그곳은 로스앤젤레스의 칼아츠와 같았다. 내가 언급한 로맨스 소설 작가들은 우정 어린 충고뿐 아니라 피드백을 주고 문제점을 교정해준 로맨스작가협회 Romance Writers of America라는 집단을 통해 협업자를 찾았다.

물론 인터넷에서도 동료를 쉽게 찾아 협업할 수 있다. 화가 조녀선 하디스티는 온라인에서 착상을 얻고 게시판을 통해 팔로워의 조언을 구했다. 창작가들은 집과 '아주' 가까운 곳에서 협업자를 찾는다. 브렌다 채프먼이 새로운 제작사를 차렸을 때 전직 디즈니 애니메이터이자 그녀의 파트너로 수완을 발휘했던 케빈 리마Kevin Lima는 그녀의 남편이기도 했다.

마스터 티처와 상충하는 협업자가 있으면 많은 문제가 해결될 것 같지만, 그것으로 창의적 커뮤니티가 완벽해졌다고 안심할 수는 없다. 아직도 필요한 커뮤니티 멤버가 두 명 더 있다. 하나는 '모던 뮤즈'로, 이들은 애초의 포부를 지속시켜주고 새로운 동기를 부여한다. 평생을 창작에 몰두하다 보면, 졸작도 몇 편 나오게 마련이다. 이럴 때 체계적인 지원을 받으면 기력을 회복하고 슬럼프에서 빠져나와 낙천적인 시각을 되찾게 되니 결국 기대 이상의 성공을 거둘 확률이 높아진다.

게다가 이런 뮤즈들은 창작의 소재와 원료를 제공한다. 뮤즈라고 해서 꼭 조력자여야 할 필요는 없다. 앞으로 자세히 보게 되겠지만, 우정 어린 경쟁 속에서 기발한 영감이 떠오르는 경우도 있으니까 말이다.

모던 뮤즈

〈새터데이 나이트 라이브_Saturday Night Live_〉라고 하면, 부모들이나 보는 프로그램으로 기억하는 이들이 있다. 실제로 이 방송은 어른을 위한 프로그램이었다. 그러나 하리 콘다볼루_Hari Kondabolu_[22]에게 〈새터데이 나이트 라이브〉는 어린 시절 주기적으로 치르는 하나의 의식이었다. 그와 친구들이 원래 코미디라면 사족을 못 썼기 때문에 당연한 일인지도 몰랐다.

"공부한다는 생각도 없이 우리는 코미디를 공부한 셈이죠. 공부인 줄 몰랐지만, 그래도 우리는 SNL을 보고 녹화하고 다시 보고, 〈코넌_Conan_(코넌 오브라이언_Conan O'Brien_이 진행하는 TV 코미디 프로―옮긴이)〉을 보고 녹화하고 다시 보고, 스탠드업 코미디를 보고 듣고 했습니다."

이렇게 무지막지한 소비 덕택에 콘다볼루는 스탠드업 코미디에 남다른 애착과 깊은 이해심을 갖게 되었다. 결국 그는 코미디에 대한 애착과 그에 못지않은 사회 정의에 대한 열정을 하나로 묶어, 그만의 독특한 사회 코미디를 만들어냈다. 〈뉴욕타임스〉는 그를 두고 "요즘 스탠드업에서 가장 흥미로운 정치 풍자객"이라고 일컬었다.[23] 전국 순회공연을 치른 콘다볼루가 최근에 내놓은 앨범 〈메인스트림 아메리칸 코믹_Mainstream American Comic_〉은 빌보드 코미디 앨범 차트 2위에 올랐다.

나는 코미디언들의 창작 과정이 궁금해 그에게 연락했다. 코미디 한 편을 쓰는 과정에 대한 콘다볼루의 자세한 설명을 들으며, 나는 그의 성공이 주로 그가 구축한 커뮤니티에서 비롯되었다는 사실에 적지 않게 놀랐다.

사실 성공은 이미 그가 어렸을 때부터 시작되었다고 할 수 있다. 그의 형도 코미디를 유달리 좋아했고, 그렇게 둘은 서로의 이야기에 청취자가 되어주었다. 나이를 먹으면서 콘다볼루는 친구들 역시 그의 경력에 중요한 역할을 했다는 사실을 깨닫게 되었다. "친구들과 웃기는 이야기를 할 때가 있죠. 사람들은 보통 한 번 웃고 그냥 넘어가요. 하지만 저는 그것을 적습니다. 그게 제 일이니까요. 저는 생각들을 수집합니다. 어느 것 하나 사라지게 내버려 두지 않아요. 나중에 다 쓸모가 있을 테니까요."

친구라지만 그 자체로는 협업자가 아니다. 그러나 그들은 대단한 영감의 원천이다. 이들이 바로 내가 말하는 '모던 뮤즈'의 실례다. 즉 실질적인 동기뿐 아니라 창작가가 활용할 재료를 제공하는 사람들인 것이다. 그의 입장에서 볼 때 다른 코미디언들 역시 모던 뮤즈의 역할을 한다. 콘다볼루는 다른 코미디언들과 함께 있으면 특히 열정이 솟구친다고 했다. "코미디언들과 함께 어울리다 보면 어떤 대단한 에너지를 받는다는 느낌이 듭니다."

창작가의 삶에는 곳곳에 정서적 돌출부가 도사리고 있다. 아니, 웅덩이란 말이 더 나을지 모르겠다. 창의적인 사람들에게는 이런 곳을 지날 때 강력한 에너지를 줄 수 있는 사람들이 있어야 한다. 지원과 영감은 언제나 반갑지만, 최고의 모던 뮤즈는 또한 우정 어린 경쟁의 묘미를 알게 해준다.

관점을 향한 경쟁

케이시 네이스탯Casey Neistat은 전염성이 강한 영상을 창작하는 비디오 스타다. 유튜브가 나오기 전부터 그는 단편 영상을 만들어 온라인에 올렸다. 2003년에 네이스탯은 애플을 상대로, 문제가 생긴 그의 아이팟 배터리를 교체해달라는 3분짜리 동영상을 올렸다.[24] 이 동영상은 순식간에 주류 미디어에 실렸고 수백만 명의 시청자가 그의 짧은 동영상을 보았다. HBO는 그에게 비슷한 콘텐츠로 그만의 쇼를 만들어달라고 요청했지만, 그 프로그램은 1시즌만 방영되고 끝났다.[25]

주류 매체로부터 거절을 당한 후 마음이 상한 네이스탯은 온라인에 전념했다. 그는 이렇게 말했다. "나는 문을 활짝 열고 맞아주는 유튜브로 달려갔습니다." 2010년에 자신의 일상을 담은 동영상을 처음 올린 그의 현재 구독자 수는 890만 명이 넘는다.[26] 그가 올린 동영상 대부분은 100만 번이 넘는 조회 수를 기록한다. 조회 수 2,000만 회를 상회하는 동영상도 있다. 네이스탯은 동영상 공유 스타트업인 비미Beme도 설립했는데, 비미는 CNN이 2,500만 달러에 인수했다.

네이스탯은 분명 동영상 분야의 대스타이지만 그래도 여전히 창작 분야에 야심을 가진 사람들 속에 둘러싸여 생활하고 있다. "내 친구들 모두는 창의력이 성패를 좌우하는 직업을 가지고 있습니다." 네이스탯은 말했다. 이들 부류에는 보석회사 두 곳을 설립해 운영하고 있는 그의 아내도 포함된다. 창의적 에너지에 둘러싸인 환경은 네이스탯의 창작 의욕을 자극할 뿐만 아니라 주변 사람들까지 분발하게 만든다. "우리는 서로를 발판 삼아 발전해갑니다. 아주 유익한 관계죠."

창작가들은 우정 어린 경쟁 상대를 친구로 두기를 좋아한다. 유튜브 스타 코너 프란타를 보면 알 수 있다. "내 친구나 동료 유튜버가 뭔가 흥미롭고 특이하고 다음 단계로 진보한 일을 벌이는 것을 보면, 나도 분발하게 됩니다. 그래서 더욱 신이 나서 나 자신을 밀어붙이고 그 경지에 이르기 위해 노력하죠."

네이스탯처럼 프란타에게도 창의적인 예술가들이 공통으로 가지고 있는 욕심이 있었다. 그것은 다름이 아닌, 같은 꿈을 가진 사람을 만나고 싶어 하는 욕심이다. "흥미롭고 창의적인 일을 하는 사람들과 어울리려고 애씁니다. 제 주위엔 아이튠즈 차트에서 베스트셀러 1위 앨범을 가진 친구도 있고, 에어로포스탈Aeropostale에 노선을 보유하여 1억 달러를 번 친구도 있어요. 그런가 하면 틴초이스 어워드Teen Choice Award(청소년들의 투표로 음악, 영화, TV, 스포츠, 패션, 코미디, 인터넷 분야의 스타를 선정하여 수여하는 상－옮긴이)를 수상한 친구도 있습니다."

분야를 막론하고 창의적인 사람들과 가까이 지내면 슬럼프에 빠졌을 때도 빠져나올 계기를 마련할 수 있다. 창의적 커뮤니티 안에 모던 뮤즈가 있으면 그들로부디 인정을 받고 자신감을 얻어 애초의 포부를 다잡고 새로운 가능성을 확인할 수 있게 되는 것이다. 예를 들어, 코너 프란타의 친구들은 유튜브 스타라고 해서 굳이 동영상만 고집할 필요는 없다는 사실을 입증해 보였다. 동영상은 프란타에게 장차 기업을 만들 수 있는 길을 열어주었을 뿐이다.

이런 사람들을 친구로 두고 있다면 모던 뮤즈를 찾아내는 일도 그리 어렵지 않을 것이다. 그러나 이런 친구가 없다면? 맨바닥부터 시작해야 한다면? 이에 대한 답을 구하려면 다시 예술사의 한 시대를 찾아가야 한다.

로프트의 놀라운 힘

제러미 델러Jeremy Deller는 2004년에 터너상Turner Prize을 수상한 저명한 아티스트다. 논란이 있긴 하지만 터너상은 예술성이 높은 작품을 제작한 현대 미술가를 가려내 그 업적을 인정해주는 권위 있는 상이다. 그러나 델러도 스무 살 때는 미술사 학위증만 달랑 손에 쥔 채 앤디 워홀Andy Warhol에게 흠뻑 빠져 있던 런던의 풋내기에 지나지 않았다.[27] 셀피Selfie(스마트폰 등으로 자신의 사진을 찍는 사람들 – 옮긴이) 세대가 등장하기 수십 년 전, 워홀이 런던을 방문 중이라는 말을 들은 델러는 그와 함께 사진을 찍어야겠다고 생각했다.

델러가 앤서니 도페이 갤러리Anthony d'Offay Gallery에 도착했을 때 워홀은 테이블 앞에 앉아 기념품에 사인하고 있었다. 델러는 그에게 다가갔고, 워홀은 델러의 야구모자에 사인을 해주었다.

나중에 화랑을 둘러보던 델러는 어떤 남성과 대화를 나누게 되었는데, 알고 보니 워홀의 친구였다. 덕분에 그는 그날 저녁 워홀

팀의 술자리에 초대를 받았다. 델러가 도착했을 때, 워홀과 그의 친구 다섯 명은 음향을 줄인 TV 주변에 둘러앉아 눈으로는 TV 속 코미디언을 보면서 귀로는 영국의 글램록을 듣고 있었다. 늦게까지 술잔을 기울이던 델러는 결국 우스꽝스러운 모자를 쓰고 워홀의 피사체가 되어주는 데 동의했다. 그날이 끝나갈 무렵, 델러는 뉴욕시에 있는 워홀의 스튜디오 팩토리Factory에 초대받아 그곳에서 2주를 보내기로 약속했다. 팩토리란 워홀의 사교 모임 장소였다.

제러미 델러는 언젠가 팩토리를 가리켜 요즘 스타트업 오피스의 초기 버전이라고 설명한 적이 있다. "아주 멋지고 펑키한, 일을 하면서 노는 환경이었다. 구글 같은 첨단기술 기업들에게 이런 환경은 절대 필수적인 요소다. 작은 방들이 모두 서로 연결되어 있는데, 문하나를 열면 다른 뒤에 있는 건물, 즉 〈인터뷰Interview(워홀의 잡지)〉사무실로 통했다. 스튜디오의 구조 전체가 워홀의 마음속을 보여주는 것 같았다. 출판부, 영화제작소, 화실, 사업부, 식당 등, 그는 하나의 세계를 창조했다."

델러가 깊은 인상을 받은 것은 워홀이 팩토리에서 보여준 사교술이었다. "그는 말을 아주 많이 했습니다. 그런 식으로 지식을 수집했죠. 그는 늘 네트워크, 즉 가십을 캐고 들었어요. 그런 다음 그것을 전부 예술로 가공해내곤 했지요." 델러는 그렇게 설명했다. 워홀은 "야심이 있고 창의력이 있으면서도 서로 다른 재간을 가진 사람들 속에 둘러싸여 있었어요. 그가 팩토리에 조성한 작업 환경은 지금 창작가들에게는 하나의 규범입니다. 예술에 반영할 아이디어를 던져줄 사람들이 늘 주변에서 움직이게 하는 거죠."

워홀은 상상력과 감수성을 공유할 수 있을 것 같은 모던 뮤즈와 협업자들의 공동체를 구축했다. 우리는 보통 고향이나 대학 시절 친구처럼 과거의 경험을 공유하는 사람을 친구라고 생각하지만, 창작 예술을 하는 사람들에게는 혁신에 대한 열정을 공유하는 사람들이 친구다.

우리가 앤디 워홀이 아니더라도 이런 유형의 공동체를 만들 수 있다. 앞서 말했던 유명한 사회학자 미하이 칙센트미하이[28]는 그의 연구 대상이 된 예술 전공 학생의 커리어를 계속 추적했다. 그는 성공한 사람들이 보여주는 비범한 패턴에 관해 이렇게 썼다. "우리가 연구했던 사람 중 졸업 후에 성공한 젊은 예술가 대부분은 로프트Loft(예전의 공장 등을 개조한 아파트로, 시가 헐값에 예술가들에게 임대해줬다. 천장이 높고 공간도 넓어 창작가들의 공동 작업장이나 대중과 소통하는 장소로 쓰인다—옮긴이)에서 경력을 시작했다. 대단한 성공을 거둔 여섯 명은 모두 학교를 졸업하기 전에 로프트에 세 들어 살았다. 반면 학교를 졸업한 후에 지금까지도 이렇다 할 성공을 거두지 못한 사람 중 누구도 이렇게 하지 않았다."

왜 그럴까? 로프트는 여론을 조사하기에 아주 좋은 장소다. 그러나 이 거대한 공간은 또 다른 목적으로도 사용된다. 예술가들이 협업자와 뮤즈, 또 고객과 어울릴 수 있는 장소인 것이다.

칙센트미하이는 로프트가 예술 세계를 향해 하나의 신호를 보낸다는 사실을 발견했다. 그것은 로프트에 사는 예술가는 대중에게

THE CREATIVE CURVE

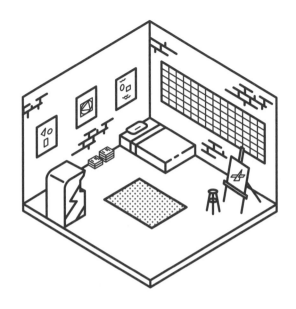

인정을 받는 것에 관심이 있다는 사실을 알려주는 신호였다.

사실 로프트의 가장 중요한 역할은 파티 장소로서의 역할이다. 칙센트미하이는 이렇게 썼다. "로프트는 예술가가 대중과 접촉하기 위해 사용하는 비공식 시설이다. 파티가 열리지 않고 찾아오는 사람도 없는 로프트, 예술계에 알려지지 않은 로프트는 이런 제도적 의미에서 로프트가 아니다."

워홀처럼 거대한 복합 오피스 스튜디오를 지을 사람은 많지 않지만, 예술가의 로프트를 빌리는 것은 모던 뮤즈 같은 창의적 공동체에 필요한 회원을 끌어들일 수 있는 수단 중 가장 돈이 적게 드는 방법이다. 심지어 로프트는 창의적 공동체의 마지막 네 번째 멤버인 '유명 프로모터'를 만날 수 있게 해준다.

유명 프로모터

마리아 괴퍼트 마이어Maria Goeppert Mayer는 여성으로서는 마리 퀴리Marie Curie에 이어 두 번째로 노벨 물리학상을 받았다. 또 제2차 세계대전 당시 맨해튼 프로젝트Manhattan Project에 참가했으며, 화려한 경력을 이루는 사이에도 많은 논문을 발표했다.

오늘날 사람들은 그녀를 위대한 학자로 기억한다. 그러나 1931년, 그녀가 스물여섯 살이었을 때는 무명의 풋내기 연구원에 불과했다.

그런 그녀가 어떻게 과학계 최고의 상을 받게 되었을까? 과학자 해리어트 저커먼Harriet Zuckerman은 괴퍼트 마이어의 이야기와 다른 노벨상 수상자들의 사연에 흠뻑 반했다. 저커먼은 이들 수상자의 초기 시절이 궁금했다. 그때부터 이들의 성공을 보장해주는 확실한 계기가 있지 않았을까?

저커먼은 이를 알아보기 위해 미국인 중 노벨 과학상을 받은 이들 거의 모두를 인터뷰했다. 그렇게 탄생한 책인《과학계의 정예, 미국의 노벨 수상자들Scientific Elite: Nobel Laureates in the United States》은 '위대함'을 연구하는 기본 텍스트가 되었다.

저커먼은 이 노벨 수상자들이 20대에 일반적인 학자들보다 170% 더 생산적이었다는 사실을 밝혀냈다. 그녀가 연구 대상으로 삼은 평균적인 노벨 수상자들은 20대에 7.9편의 논문을 발표했다. 이에 반해 평범한 과학자들은 2.9편만으로 체면을 유지하는 수준에 머물렀다. 그렇다면 이렇게 생각할 수도 있을 것이다. '노벨 수상자들이 좀 더 똑똑하고 더 열심히 일했다는 거잖아. 그 정도야 얼마든지 예상할 수 있는 부분이지. 결국 그 때문에 그들이 노벨상을 타게 된 것이니까 말이야!' 하지만 저커먼이 수상자들을 인터뷰하며 알아낸 답은 예상을 깨는 것이었다.

1931년에 마리아 괴퍼트 마이어[29]는 저명한 물리학자 막스 보른Max Born과 일하며 무더운 여름을 보내고 있었다. 보른은 1954년에 노벨상을 받게 되는 인물이다. 두 사람은 함께 '결정의 동적 격자론Dynamic Lattice Theory of Crystals'이라는 제목의 논문을 발표했다. 선임 연구원들이 젊은 학자들과 함께 작업하는 경우가 드물지 않았기 때문에 이들의 조합도 이상할 것은 없었지만, 여기에는 흔하지 않은 반전이 있었다.

보통 최고 연구원들은 최종 논문에서 젊은 과학자들의 이름을 제외시킨다. 젊은 동료들 역시 이를 '의례적으로 감수해야 하는' 관행으로 받아들인다. 그러나 장래에 노벨상을 받게 된 사람들은 자신의 멘토가 대부분 완전히 그 반대였다고 저커먼에게 말했다.[30] 그들은 명예를 함께 나누었을 뿐 아니라, 젊은 학자들에게 공을 돌리는 경우가 많았다. 저커먼은 이렇게 썼다. "저명한 마스터들은 젊은 동료에게 공동 저술가의 이름을 밝히도록 허락하여 후배의 인용문헌을 늘렸을 뿐만 아니라, 작성자 목록에도 후배의 이름을 앞세워 그들의 이름이 눈에 더 잘 띄도록 배려함으로써 노블레스 오블리주를 실천했다." 심지어 마스터기 논문에서 사신의 이름을 빼고 제자의 이름만 단독으로 내세운 적도 있었다.

수상자들이 다른 학자들보다 두 배의 생산력을 보인 것이 아니라, 그들이 공적을 나누려는 멘토의 밑에서 일한 덕분에 성과가 좋게 나타난 것이다.

이것이 바로 소위 말하는 '누적 이익Cumulative Advantage'이라는 것이다. 누적 이익은 초기의 조그마한 차이가 시간이 가면서 큰 격차를 만들어낸다는 개념이다. 이들은 30대에 이미 다른 학자들보다 더 많이 알려져 있었기에, 다른 이들이 따라 잡기 훨씬 어려운 존재가 되었다. 장래의 노벨 수상자들은 이미 확실한 입지를 가진 멘토들의 지원을 받았다. 그들은 선임 연구원으로부터 유리한 입지를 쌓을 수 있는 영향력과 기반을 제공받은 것이다.

이 책 앞부분에서 나는, '천재'라는 말을 들으려면 '인정'을 받아야 한다고 말했다. 열심히 일하거나 기술적으로 경쟁력 있는 작품을 만드는 것만으로는 부족하다. 사회적으로 신뢰할 만한 인정을 받아야 한다. 이런 이유로, 창의적 공동체의 마지막으로 중요한 멤버는, 유명 프로모터다. 그는 당신과 당신의 작품을 기꺼이 두둔해 줄 신뢰도와 권위를 갖춘 사람이다.

이는 과학에만 통하는 이야기가 아니다. 예를 들어, 음악 산업에서도 유명 프로모터들을 종종 볼 수 있다. 가장 뚜렷한 사례는, 인기가 높은 공연 투어에 잘 알려지지 않은 작품을 오프닝으로 올리는 경우다. 2006년에 컨트리 밴드[31] 래스컬 플래츠Rascal Flatts는 투어 중 마지막 9번의 공연 오프닝 무대에 테일러 스위프트[32]라는 10대 가수를 올렸다. 이 기회야말로 그녀가 컨트리 뮤직의 스타로 발돋움하는 계기가 되었다. 테일러 스위프트 역시 이에 대한 보답으로 2015년 세계 투어를 하면서, 당시 열여섯 살이던 숀 멘디스Shawn Mendes를 오프닝 무대에 세웠다.

유명 프로모터를 찾는 것이 어려워 보일지도 모르겠다(무엇이 아쉬워서 자신의 명성을 남에게 빌려주겠는가?). 그러나 연구 결과에 따르면, 이런 관계에서 혜택을 받는 쪽은 멘티만이 아니었다. 프로모터 역시 혜택을 입었다.

내부자 vs. 외부자

뉴욕 대학교의 연구진들은 이상적인 팀을 꾸리는 데 필요한 요소들을 탐구했다.[33] '새롭고' 또 '신선한' 아이디어로 무장한 재능 있는 초보자로 팀을 꾸리는 것이 좋을까, 아니면 프로젝트에 경험과 신뢰성을 더해줄 기존 플레이어로 팀을 채우는 것이 좋을까?

이에 대한 답을 찾기 위해 그들은 1992년부터 2003년까지 할리우드 메이저 스튜디오가 배포한 영화 2,137편의 크레디트Credit를 연구했다.[34]

그들은 영화의 프로듀서, 감독, 작가, 편집자, 촬영기사, 프로덕션 디자이너, 작곡가 등 일곱 개 분야의 주요 제작진을 검토해 1만 1,974명의 목록을 작성했다. 그다음 온라인 영화 산업 데이터베이스를 사용하여 이들이 구성하고 있는 전문가 네트워크의 지도를 작성했다. 마지막으로 그들은 영화가 창의적인 면에서 성공을 거두었는지 판단하기 위해 각 영화가 받은 주요 상의 개수를 살폈다.

연구진들은 팀을 짜는 데 기존의 인물(유명 프로모터)이 좋은지, 프로모터가 필요한 무명인이 좋은지 알아내고자 했다. 결론부터 말하자면 둘 다 아니었다.

성공 가능성이 가장 큰 것은 기존의 인물과 신예 사이의 중간 어디쯤에 있는 사람이라는 것이 결론이었다. 그들을 말했다. "중간 지점을 이탈하지 않을 때 개인은 사회적 정통성을 인정받는 영역과 직접 접촉하는 혜택을 받을 수 있다. 동시에 신인의 영역에서 완전히 발을 빼지 않음으로써 참신한 아이디어를 계속 접할 수 있고, 주변과 접촉을 계속 유지함으로써 그들은 네트워크의 가장자리에서 꽃을 피울 가능성이 있는 신선하고도 새로운 정보를 접하고, 동시에 그 사회에서 안정적인 지위를 누리는 자들이 흔히 받는 순응에 대한 압력에서 벗어날 수 있다."

기성세대와 신예의 중간에 위치하게 되면, 익숙하고 믿을 만하면서도 색다른 콘텐츠를 창작할 수 있다. 그런데 당신이 이미 성공한 기성세대라면 어떻게 하겠는가? 반대로, 전도유망한 신예라면?

NYU 팀이 내놓은 결론은 두 가지였다. 기성세대와 전도유망한 신예를 모두 갖춘 '팀'은 중간을 지향하는 사람과 같은 이득을 얻었다. 비주류들이 주류를 신선한 아이디어로 자극하고, 주류는 비주류가 필요로 하는 명성과 신용을 제공하기 때문이었다. 이미 성공했더라도 창의적인 부분에서 자신의 성공을 극대화하고 싶다면, 팀에 새롭고 신선한 목소리를 끌어들이는 것이 중요하다. 필요한 것은 색다른 아이디어를 만들어낼 수 있는 근거다. 반면, 전도유망한 비주류라면 유명 프로모터가 있어야 인정받을 수 있다.

어떻게 해야 그런 사람을 찾을 수 있을까?

애석하게도 이에 대한 대답은 썩 마음에 들지 않을지 모른다. 많이 '움직여야' 하기 때문이다. 영화나 TV나 음악 산업에서 일하고 싶다면, 로스앤젤레스로 자리를 옮길 각오를 해야 한다. 현대 미술이나 미술 분야에서 일하고 싶다면, 뉴욕행 비행기에 오르기를 마다하지 말아야 한다.

이런 도시에 이미 살고 있는 주류라면, 자신의 명성을 신예에게 빌려주어 선행 릴레이Pay It Forward를 펼치면서 아울러 다른 사람으로부터 신선한 아이디어를 얻는 것도 방법이다.

창의적 공동체

잡지 표지에 실린 유명 기업가나 배우, 음악가 혹은 시인을 보면 외로운 '창의력에 관한 영감 이론'에 다시 한번 솔깃해지기 쉽다. 그러나 내가 이 책을 쓰기 위해 만나본 거장들은 히트작을 내기 위한 그들의 여정에서 자신에게 꾸준히 도움을 줄 수 있는 사람들로 구성된 '창의적 공동체'를 구축했다.

이들 창의적 공동체는 네 가지 유형으로 구분할 수 있다.

1. **마스터 티처** : 재능이나 근면의 패턴과 공식을 가르쳐주는 사람으로, 적절한 수준의 친숙성을 가진 작품을 창작하게 만들면서

부지런한 연습을 통해 기술을 연마하는 데 필요한 피드백을 준다.

2. **상충하는 협업자** : 결점이 없는 사람은 없는 법. 결점이 치명적으로 되지 않도록 하려면, 그 결함을 보완해줄 개인이나 집단을 찾아야 한다.

3. **모던 뮤즈** : 창작활동을 하다 보면 열정이 시들해질 때가 있다. 따라서 지속해서 창작 욕구를 자극하고 용기를 북돋아줄 사람이 주변에 많아야 한다. 침체기일수록 신선한 아이디어를 제시하고 우정 어린 경쟁자를 자처하면서, 수준 높은 작품을 만들 수 있도록 등을 밀어주는 사람이 필요하다.

4. **유명 프로모터** : 창작 분야에서 성공하려면 인정을 받아야 한다. 유명 프로모터는 이미 신임을 받고 있고 그 기득권을 기꺼이 나눠주려고 한다. 비주류 신인은 그들로부터 큰 혜택을 입지만, 유명 프로모터 역시 혜택의 수혜자가 된다. 그들은 비주류로부터 크리에이티브 커브 위의 적정 지점에 머물 수 있는 참신한 아이디어를 받을 수 있다.

훌륭한 혁신가는 창작활동이 외로운 모험이 아니며, 또 한 명의 핵심 파트너만으로는 충분하지 않다는 점도 알고 있다. 우리에게는 다양한 역할을 맡아서 처리해줄 사람들이 모인 공동체가 필요하다.

중요한 여담

안타까운 것은 창의적 공동체의 중요성이 커질수록 여성과 소수자 들은 창작 분야에서 인정받기가 어렵다는 것이다. 경험적으로 볼 때, '최고' 기업가나 예술가 혹은 셰프, 그밖에 창의적인 분야에 속한 사람들의 목록에는 백인 남성이 압도적으로 많다. 남가주 대학교의 아넨버그 커뮤니케이션 대학원Annenberg School for Communication 이 실시한 연구에 따르면, 할리우드 메이저 프로덕션 414곳 중 감독의 85%, 시나리오 작가의 71%가 남성이고, 감독의 87%는 백인이었다. 분명 뭔가 잘못됐다.

이러한 불평등에 대한 한 가지 반응으로 탄생한 것이 '더 블랙리스트The Black List'라는 인터넷 평가 서비스다. 이는 매카시 돌풍이 불었던 시대에 일부 할리우드 시나리오 작가들에게 붙여진 명칭에서 이름을 딴 서비스인데, 당시 '블랙리스트' 딱지가 붙은 사람들은 대부분 수상한 공산주의자들로 낙인찍혔고, 따라서 할리우드에서 이들의 작품을 찾을 수 없었다. 새로운 더 블랙리스트의 주요 기능은 두 가지다.

더 블랙리스트는 2005년부터 매년 빛을 보지 못한 시나리오 중 작품성이 뛰어난 작품 목록을 발표하기 시작했다. 이 목록은 할리우드 중역 실무진들이 조사한 내용을 근거로 작성되는데, 지금까지 여기에 오른 시나리오 중 300편 이상이 정편영화로 만들어졌다. 〈슬럼독 밀리어네어 Slumdog Millionaire〉, 〈킹스 스피치 The King's Speech〉, 〈스포트라이트Spotlight〉도 그런 영화로, 이 세 편은 박스오피스에서

260억 달러 이상의 수익을 창출했다.

게다가 더 블랙리스트는 시나리오 작가들이 작품을 제출하여 전문 평론가들의 평가를 받을 수 있는 웹사이트를 가지고 있다. 시나리오 작가들은 대본을 제출할 때 자신의 인종과 성별을 밝히곤 하는데, 이 사이트의 평론가들은 사실상 이런 정보를 굳이 알려고 하지 않는다. 또 더 블랙리스트는 작가의 인종과 성별을 그들이 받은 평점과 비교한 자료를 발표하는데, 이에 따르면, 인종이나 성별이 평점에 미치는 영향은 거의 없는 것으로 보인다. 여성 작가는 사실상 남성 작가보다 약간 점수를 높게 받았다. 그런데도 이 산업은 여전히 백인 남성들이 지배하고 있다.

창작 분야에는 마땅히 나와야 할 다양한 목소리를 억누르는 어떤 구조적인 문제가 분명히 있다. 나는 그것이 여성과 소수자에게 창의적 공동체가 부족한 환경과 관계가 있다고 생각한다. 자신과 비슷한 외모를 가지고 비슷한 생각으로 비슷한 말을 하는 사람들을 찾는 세계에서, 여성과 소수자가 그들만의 창의적 공동체를 넉넉하게 채울 이들을 찾기는 분명 쉽지 않을 것이다.

그래도 희망이 있다. 이런 문제에 대한 자각과 더 블랙리스트 같은 툴이 결합되면 한 걸음 더 앞으로 나갈 수 있다. 이 웹사이트를 만든 프랭클린 레너드Franklin Leonard는 이렇게 말했다. "더 블랙리스트는 여성과 유색인종 작가의 공급 루트를 확장하고 건전한 발굴 시스템을 제공함으로써 이런 변화에 기여하려고 애를 씁니다."

물론 레너드는 이런 변화에는 자본주의적 이유가 있다고 덧붙였다. "여성과 유색인종이 주축이 되는 영화를 제작하는 것은 언제나 대단한 사업이었고 지금도 대단한 사업이라는 사실을 깨닫기 시작했기 때문에, 이제 막 변화가 일어나고 있습니다."

자신만의 창의적 공동체를 만들 때는 사회뿐 아니라 자신의 창의력도 향상시킬 수 있는 다양한 사람들과 어울려야 한다.

지금까지 창의성의 역사와 크리에이티브 커브의 과학, 크리에이티브 커브를 지배하는 세 가지 법칙에 배어있는 신화에 관해 설명했다. 이제 마지막 법칙을 설명하기 위해, 나는 세상에서 가장 사랑스럽고 유쾌한 브랜드의 미각 실험실로 여러분을 데려갈 것이다.

내가 연구한 다양한 분야의 창의적인 사람들은
모두 자신의 최종 후보 명단을 최고 지위에 올리기 위해
아이디어를 다듬는 자신만의 방법을 갖고 있었다.

10

제4 법칙 : 반복

　나는 '처비허비Chubby Hubby'라는 이름이 붙은 회의실에 앉았다.[1] 버몬트주 벌링턴에 있는 벤앤제리스 본사 건물에 있는 회의실이었다. 이 건물에 있는 다른 회의실과 마찬가지로, 처비허비는 이 회사에서 가장 유명한 아이스크림 메뉴를 따서 지어진 이름이었다. 내가 머문 호텔의 기프트샵에서는 벤앤제리스의 아이스크림과 버몬트 메이플시럽을 팔았다. 거리 곳곳에서 유난히 전기차를 많이 보게 됐는데, 벤앤제리스의 주차장에는 심지어 벤앤제리스 상표가 붙은 테슬라까지 있었다.

　벤앤제리스 건물은 구글과 페이스북, 벤앤제리스가 문화의 아이콘으로 우뚝 서기 오래전인 1996년에 설계되었지만, 분위기는 실리콘밸리의 스타트업 느낌이 났다. 사무실에는 개를 데려올 수 있

고(내가 방문했을 때도 간간이 개 짖는 소리가 들렸다), 직원들은 정문 옆에 붙은 거대한 붉은색 미끄럼틀을 타고 2층 회의실에서 1층으로 내려왔다. 게다가 애니메이션 주인공 '벤Ben 10'과 맞서 싸울 수 있는 거대한 체육관은 물론, 요가실과 밀키웨이Milky Way라는 이름의 1인용 수유실까지 있었다.

　내가 버몬트주에 간 것은 벤앤제리스만의 창의적인 작업 과정을 눈으로 보기 위해서였다. 어린 시절, 우리 가족에게 아이스크림은 단순한 디저트 이상의 의미였다. 힘겨운 하루를 보낸 우리 어머니에게 아이스크림은 그날의 긴장을 단번에 풀어주는 청량제였다.

　벤앤제리스 건물 곳곳을 어슬렁거리다 보니 책상마다 놓인 빈 아이스크림 파인트 용기가 눈에 들어왔다. 직원들이 자기가 만든 여러 가지 아이스크림 메뉴를 모아 일종의 트로피 진열대처럼 만들어놓은 것이었다.

나는 벤앤제리스는 메뉴가 아주 많으니 새로운 맛을 만들어내는 과정 역시 대단히 효율적이고 직선적이리라 짐작했다. 가령, 식품학자가 메뉴를 하나 생각해내면 여러 맛을 혼합하는 과정을 거친 뒤, 아이스크림 샘플을 만든 다음 '가' 또는 '부' 판정을 내리는 게 아닐까? 물론 일정 수준의 맛을 보장하기 위해 다른 팀들과 상의하겠지만, 그렇지 않을 경우 그 과정은 아주 단순해서 맛있는 기본 아이스크림을 바탕으로 여기에 쿠키를 몇 가지 첨가하고 캐러멜을 뿌리면 '짠!' 하고 벤앤제리스의 목록에 올라갈 또 하나의 새로운 맛이 탄생하게 되는 게 아닐까?

하지만 알고 보니, 벤앤제리스에서 새로운 아이스크림을 만드는 과정은 생각보다 훨씬 진지했다. 나는 그들이 이상적인 새 메뉴를 만들기 위해 적용하는 4단계 과정을 지켜보며 그들과 함께 하루를 보냈다. 그리고 아이스크림을 만드는 데 사용되는 바로 이런 과정이 내가 그동안 지켜본 다른 유형의 창의적인 작업에도 똑같이 적용된다는 사실을 깨달았다.

1978년 제리 그린필드Jerry Greenfield(벤앤제리스의 '제리')에 의해 문을 연 벤앤제리스 1호 매장은 주유소를 개조한 곳이었다. 그린필드는 필요에 의해 시작된 사업이있다고 설명했다. "벤과 같이 일하고 싶었어요. 뭔가 재미있는 사업을 하고 싶었거든요. 아이스크림을 생각해낸 건 우리가 먹는 것을 좋아했기 때문이기도 하지만, 사실

다른 것들을 모두 실패했기 때문이란 게 진짜 이유입니다." 두 사람은 5달러짜리 통신 수업을 통해 아이스크림 만드는 법을 배웠고, 여러 곳에서 전문지식을 찾아낸 다음 아이스크림 가게를 내기로 결정했다.

그들은 순식간에 지역 명사가 되었다.

벌링턴의 두 히피족이 세운 이 회사는 이제 청키몽키(우리 어머니가 가장 좋아한다), 체리 가르시아, 피시푸드 등 문란해 보일 정도로 풍부한 메뉴로 전 세계인의 입맛을 사로잡고 있다. 제리가 가장 좋아하는 메뉴는 지금은 없어진 코코넛 아몬드 퍼지 칩이라고 했다. 그는 회상했다. "내 마음과 혀의 맛봉오리를 찾아 열대 해안을 떠도는 여행 같은 맛이었죠." 나는 그들이 어떻게 그들만의 메뉴를 생각해내고 '누가' 그것들을 만들어냈는지 알고 싶었다.

해마다 벤앤제리스는 6~12개 정도의 새로운 메뉴를 선보인다. 이는 그들이 크리에이티브 커브의 올바른 지점에 안착시켜줄 새 제품을 만들어야 하는 압력에 끊임없이 시달리고 있다는 뜻이다. 그렇다면 어떻게 그런 압력을 사업 운영의 동력으로 활용한 것일까? 그들은 친숙성과 색다름의 그 자랑스러운 스위트 스폿(다분히 의도적인 말장난이다)을 성취하기 위해 반복 가능한 시스템을 개발했다.

좀 더 캐묻자, 그들은 미국에서 가장 멋진 직업을 가졌다고 해도 머리가 끄덕여질 몇몇 사람들을 소개해주었다. 소위 벤앤제리스의 '플레이버 그루들Flavor Gurus'이었다.

아이스크림 눈물

나는 벤앤제리스 본사에 있는 '메뉴 실험실'에 앉았다. 어느 새 내 두 눈에서는 눈물이 흘러내렸다. 기쁘거나 슬퍼서 흘리는 눈물이 아니었다.

메뉴 실험실에는 벤앤제리스에서 '플레이버 그루'라는 말로 통하는 식품학자들과 셰프들이 모여 있었다. 플레이버 그루들은 일상에서도 맛을 탐하는 식도락가들이다. 셰프였던 사람도 있고 화학자도 있었지만, 모두 아이스크림 메뉴를 만들어내는 데 필요한 공인된 요령을 하나씩 가지고 있었다. 당시 플레이버 그루 중 한 명인 나탈리아는 실험실의 스토브를 가지고 아주 유쾌해 보이지만 내 눈에는 아주 위험해 보이는 향긋한 점심을 준비하고 있었다.

흐르는 눈물을 닦아내면서, 나는 새로운 메뉴를 만들어내는 절차를 자세히 설명해달라고 부탁했다. 나는 이들이 밤낮없이 엄청난 양의 아이스크림을 먹어보며 실험을 거듭하다가, 어느 순간 '확' 느낌이 오는 맛이나 감촉의 완벽한 조합이 나오기만을 고대할 것이라고 혼자 상상했다. 실험실에서 많은 양의 아이스크림을 먹는 것(나도 그랬다)은 사실이었지만, 맛을 창조해내는 실제 과정은 복잡하고 매우 과학적이었다. 평가 결과를 두고 결정을 내리는 사람도 많았고 데이터도 충격적일 정도로 많았을 뿐만 아니라, 보이진 않지만 은근히 크리에이티브 커브를 활용하기도 했다.

이러한 과정이 그렇게 체계적인 건 새로운 메뉴를 하나 개발하는 데 보통 18~24개월이라는 적지 않은 시간이 걸리기 때문이다.

플레이버 그루들은 소비자가 요즘 좋아하는 것을 완전히 파악하고 있어야 할 뿐 아니라, 지금부터 2년 뒤에 그들이 좋아하게 될 것까지 예측해야 하므로 그럴 수밖에 없었다.

나는 그들의 절차에서 개념화Conceptualization, 압축Reduction, 큐레이션Curation, 피드백Feedback에 이르는 4단계를 확인할 수 있었다. 그리고 이러한 패턴이 또한 모든 종류의 창작 분야에서 반복된다는 사실을 알았을 때도 크게 놀라지 않았다.

그중 첫 번째인 개념화는, 가능한 한 많은 메뉴를 생각해내기 위한 과정이다. 그들은 그렇게 생각해낸 메뉴를 취합하면서 아이디어를 찾아 트렌드가 된 음식의 많은 소스를, 말 그대로 소비했다. 예를 들어, 이들 팀은 여러 도시를 찾아다니는 '트렌드 탐사'를 벌이는데, 이때는 아이스크림만이 아니라 그 도시의 음식문화와 음주문화까지 체험한다. 여행 중에 플레이버 그루들은 무리를 지어 식품점을 찾아가 사람들이 무엇을 사는지 관찰하고, 식당 안으로 들어가 사람들이 먹는 메뉴를 메모하며, 이 술집 저 술집을 돌아다니며 바텐더가 어떤 배합으로 칵테일을 만드는지 관찰한다. 플레이버 그루의 크리스는 이렇게 설명했다. "사람들은 아침에 눈뜨자마자 먹기 시작하여 온종일 먹어댑니다. 계속 먹다가 하루가 끝날 때쯤 저녁을 먹고 또 계속 먹습니다. 음식을 찾아다니며 계속 입에 무얼 넣는 게 사람 사는 모습이죠."

크리스는 '자전거광'인 덕분에 아이스크림 개발자치고는 놀라울 정도로 마른 체구를 가졌는데, 그는 몇 해 전 떠났던 포틀랜드 여행

이야기를 해주었다. 호텔을 나와 여기저기를 쏘다니던 팀원들은 호텔 근처에서 진 칵테일을 파는 술집에 들어갔다. 플레이버 그루들은 그 맛에 반해버렸고, 버몬트로 돌아온 뒤 그 맛을 만들어내기로 했다. 크리스는 회상했다. "우리는 납품업자들에게 그런 개념의 메뉴나 그와 같은 조합을 그대로 재현해낼 수 있는지 물었죠. 그런데 실제로 그렇게 됐어요!" 2년이 채 안 되어 벤앤제리스는 그들만의 시그너처 블루베리 라벤더 아이스크림을 그들의 그릭요구르트Greek Yogurt 라인으로 내놓았다.

꼭 먼 곳을 찾아다녀야 아이디어나 영감이 떠오르는 것은 아니다. 이들은 잡지나 인터넷에서 메뉴를 찾아내기도 했다. '앵그리 셰프Angry Chef'라는 애칭으로 불리는 플레이버 그루의 에릭은 '테이스팅 테이블Tasting Table'을 수시로 살핀다고 했다. 테이스팅 테이블은 미국 전역에 새로 문을 연 식당의 메뉴를 알려주는 웹사이트다.

플레이버 그루라고 하기엔 신참에 속하는 새라는, 소셜 피드에 드러나는 트렌드를 파악하는 데엔 인스타그램만 한 유용한 도구도 없다고 생각한다고 말했다. 여기에서 그녀는 갖가지 재료로 환상적으로 토핑된 대형 밀크셰이크를 찾아냈다. 플레이버 그루들은 이 밖에도 〈보나페티Bon Appetit〉나 〈푸드앤와인Food & Wine〉 같은 잡지를 많이 활용하고 있었다.

이러한 소비 행위 덕분에 벤앤제리스는 어떤 아이니어가 크리에이티브 커브에서 초기의 상승 단계에 자리 잡고 있는지 알아낼 수 있었다.

플레이버 그루들은 또한 최신 트렌드를 탐색하는 내부 소비자 통찰팀Internal Consumer Insights Team을 비롯한 회사 내부의 지원도 받았다. 통찰팀과 회사는 '플레이버후드FlavorHood'라는 내부 페이스북 그룹을 통해 1년 내내 그들의 아이디어를 공유한다. 여기서 직원들은 흥미로운 레시피나 음식 콘셉트, 경쟁사들이 주목을 받기 위해 무엇을 하는지에 대한 분석을 포스팅했다.

마지막으로 중요한 것은, 벤앤제리스가 맛에 관한 아이디어를 고객으로부터 구한다는 사실이다. 벤앤제리스는 버몬트에 정식 전화 접수팀을 두고 있다. 고객이 전화나 이메일로 아이디어 제안을 하면, 이 제안은 사안에 따라 분류되어 브랜드 운영팀에 전달된다. 운영팀은 그렇게 접수된 매년 약 1만~1만 2,000개의 아이디어를 검토한다. 고객이 제공한 아이디어는 대부분 메뉴에 반영된다. 예를 들어, 내가 그날 오전 시간을 보냈던 회의실은 그런 메뉴 중 하나인 프레첼이 들어간 처비허비인데, 이는 한 고객이 직장에서 벤앤제리스의 파인트에 프레첼을 넣은 다음 동료에게 건네주면서 최근에 새로 나온 메뉴라고 둘러대며 놀린 데서 아이디어를 얻은 것이었다. 그 동료는 그 말을 믿었고 아주 '맛있다'고 감탄했다고 한다.

이처럼 여러 출처에서 나오는 정보 덕분에 이 팀은 한 트렌드가 라이프사이클 초기에 갖추어야 할 요소가 무엇인지 알아낸다. 그렇게 확보한 정보가 거의 2년에 걸쳐 운영되는 회사의 혁신 사이클에 절대적인 영향력을 발휘한다. 아무리 어떤 콘셉트, 즉 어떤 메뉴를 개발할 계획을 세운다고 해도, 어느 순간 진부점에 도달하면 그런 메뉴는 시장에 나갈 때쯤 이미 유행이 끝난 것이 될 수 있다.

2016년에 벤앤제리스는 유당을 제대로 분해하지 못하는 사람들을 위해 우유 대신 아몬드 밀크를 사용한 아이스크림을 선보였다. 플레이버 그루들은 몇 해 전부터 아몬드 밀크에 대한 관심이 증가하고 있다는 사실을 확인했지만, 브랜드 매니저는 아몬드 밀크가 유제품을 거부하는 팔레오 다이어트가 유행한 최근에야 틈새 건강식에서 주류로 편입되기 시작했다고 말해주었다.

간단히 말해, 벤앤제리스의 플레이버 그루와 브랜드 매니저, 마케터 들은 그들의 본능을 신뢰하지 '않는다.' 대신 그들은 목표를 아주 단순하게 잡는다. 즉 고객의 말에 귀를 기울이는 것이다. 어이없어 보일 만큼 단순한 원칙이지만, 이는 성공한 사람들이 자신감이 높아졌을 때 무시하기 쉬운 원칙이기도 하다.

벤앤제리스 팀은 이제 막 떠오르는 트렌드를 찾는 과정에서 아주 다양한 의견의 덕을 보고 다양한 소스에서 나오는 데이터를 수집하여 그들만의 소비 형태를 실천했다. 이들 트렌드를 소화한 다음 플레이버 그루들이 해야 할 일은 직접 시도해볼 만한 아이디어를 찾아내는 것이다. 그러기 위해서 필요한 것이 바로 제약이다.

개념화

아이스크림의 기반은 화학이다. 에릭은 내게 이렇게 말했다. "성분의 균형이 맞지 않으면, 매끄럽고 보드라운 질감을 얻을 수 없습니다. 단백질이 너무 많으면 퍼석해지고, 당분 결정이 너무 많으면 얼리기가 어렵죠." 벤앤제리스는 어떤 제품이든 250cal를 넘지 않아야 하며, 1인분의 당분을 25g 이하로 유지한다는 원칙을 세워놓고 있다. 이러한 제약이야말로 벤앤제리스의 아이스크림 맛에 대한 친숙한 기준선을 만들어 적정한 수준의 색다름을 창조할 수 있는 여지를 마련한다.

뿐만 아니라, 벤앤제리스는 사회정의를 중시하고 고객도 이를 기대하기 때문에, 애초부터 유전자 조작이 되지 않은 식품과 공정무역 상품, 또 코셔KOSHER(유대교 율법에 따라 선정한 식자재로 엄격한 조리 과정과 절차를 거친 음식 – 옮긴이) 인증을 받은 것만 사용한다. 플레이버 그루들은 그런 높은 기준을 충족시키는 성분으로 메뉴를 개발해내야 하므로, 1년 내내 공급업자와의 밀접한 교류를 통해 그들이 사용할 수 있는 재료의 성격을 완전히 꿰뚫고 있어야 한다. 또한 제조 과정에도 매우 까다로운 제약을 정해놓고 있는데, 이런 제약을 깨면 심각한 결과가 초래된다.

사람들은 영화관에서 판매하는 팝콘에 초콜릿을 섞으면 맛의 조합이 얼마나 달라지는지 잘 알고 있다. 벤앤제리스 팀도 이를 잘 알았다. 플레이버 그루들은 블록버스터급 메뉴를 찾아내기 위해 여러 가지 실험을 하는데, 실험은 수도 없이 반복되지만 실험을 마다하는 사람은 아무도 없다. 그러나 벤앤제리스가 팝콘이 들어간 아이스크림을 처음 완성하여 매장에 내보냈을 때, 고객 서비스팀은 쏟아지는 불평에 당황했다. "팝콘이 너무 축축해!"

팝콘이 공장의 작업장에서 냉장 진열대로 옮겨지고, 다시 고객의 냉장고로 들어가기까지는 몇 주일이 걸린다. 그러는 사이에 팝콘이 아이스크림 자체에 있는 수분을 흡수한 것이다. 사실 어떤 것이든 아이스크림과 섞이면 고객의 손에 들어갈 때쯤에는 유연해진다.

이 같은 현상이 팝콘에는 나쁘지만, 그렇지 않은 경우도 있다. 실험실에서 나는 벤앤제리스가 사용하는 쿠키 조각들의 바삭한 질감에 놀랐다. 그러나 쿠키 맛이 난다는 벤앤제리스의 아이스크림을 먹어보면 쿠키 조각이 물렁하다는 사실을 금방 알게 될 것이다. 이런 흡습이 팝콘을 먹을 때는 별로여도, 쿠키 맛으로는 나름대로 효과가 있어 씹히는 맛이 괜찮다.

마지막 제약은 진열대 공간이다. 벤앤제리스는 매장으로 나를 수 있는 파인트의 종류를 제한한다. 너무 비슷한 메뉴를 많이 실으면 고객들이 금방 싫증을 내기 때문이다. 이 회사의 R&D 책임자인 디나 와이메트Dena Wimette는 말했다. "커피 맛이 캐러멜 맛만큼 팔리지는 않을 겁니다. 그런데 캐러멜 맛을 얼마나 갖다 놓아야 할까요?"

이와 같은 제약 때문에 연구진들은 좀 더 가능성이 작은 영역에서 브레인스토밍을 하게 된다. 그들은 연구 결과를 가져가 그들에게 주어진 제약의 렌즈를 통해 들여다본 후, '체리와 퍼지 조각이 들어간 바닐라 아이스크림' 같은 200가지 메뉴의 특징을 목록으로 작성한다. 이를 '개념화' 단계라고 부르자. 창작가들은 개념화를 통해 그럴듯한 아이디어 세트를 만들어낸다. 200이라는 초기의 숫자는 임의적인 것이며, 중요한 것은 합리적인 선택을 폭넓게 생각해내어 계속 다듬어가는 과정이다.

압축

다음 단계는 압축이다. 200개의 후보군을 실제로 실험 가능한 15개 정도의 아이디어로 줄이는 것이다.

원래 예술가들은 완성되지 않은 작품을 다른 사람에게 보여주는 걸 싫어한다. 그러나 위대한 창작가들(그리고 큰 기업들)은 크리에이티브 커브의 스위트 스폿에서 벗어나지 않는 유일한 방법이 무엇인지 알고 있다. 바로 초기에 그리고 이후에도, 작업 중인 작품을 청중 앞에 자주 내놓는 것이다. 창작활동에 투자하기 '전' 이렇게 하여 성공의 '합리적 확률'을 찾아 선택의 폭을 좁히는 것이 중요하다. 이럴 때는 보통 직관과 판단이 최종 선택을 좌우한다.

벤앤제리스는 어떻게 했을까?

벤앤제리스의 이메일 뉴스레터인 청크메일ChunkMail은 70만 명이 넘는 구독자를 확보하고 있다. 모두가 이들 제품의 열렬한 팬이다. 연구진은 200가지 메뉴의 프로필 목록을 작성하고 각 메뉴를 한 문장으로 설명하여 이메일로 설문조사를 한다. 연구진들은 각 메뉴에 대해 두 가지 질문을 하는데, 문제당 점수는 5점 만점이다.

Q. 매장에서 이 메뉴를 고르시겠습니까?

Q. 이 메뉴가 특이하다고 생각합니까?

기본적으로 연구진이 알아내려고 하는 것은 해당 메뉴가 얼마나 친숙하고 얼마나 색다른가 하는 점이다(이들이 실제로 측정하는 것은 크리에이티브 커브의 핵심 요소들이다). "매장에서 이 메뉴를 고르시겠습니까?"라는 질문은 응답자들에게 그들이 이미 알고 좋아하는 맛(그것은 친숙함의 또 다른 표현이다)과 새로운 가능성을 비교해달라는 요구다. "사람들이 제일 많이 찾는 것은 브라우니와 캐러멜로 만든 바닐라 아이스크림이거나 쿠키와 캐러멜로 만든 초콜릿 아이스크림일 겁니다." 다나는 내게 그렇게 말했다. "이들은 언제나 인기가 높죠. 그래서 우리도 웬만하면 캐러멜과 브라우니로 아이스크림을 만들려고 합니다." 그러나 '독특하면서도 사람들이 골라서 콕 찍을 만큼 흥미로운 것을 만들어' 브랜드의 명성을 계속 유지하는 일은 쉽지 않은 문제다. 그래서 독특함이라는 개념이 중요하다. 목표는 소비자가 사겠다는 것을 알아내고 또한 색다르면서도 구매 의도가 아주 높은, 다시 말해 크리에이티브 커브의 이상적 위치에 있는 맛을 찾아내는 일이다.

그것은 엄밀히 말해, 과학은 아니다. 하지만 연구팀은 데이터를 보고 제시된 200가지 메뉴에 대한 고객의 생각을 헤아린다. 이 같은 실험 역시 중요하다. 모든 플레이버 그루들도 그것이 숭요하다고 말했다. 온종일 이런저런 아이스크림을 생각하다 어떤 아이스크림을 만들고 그것을 맛본다고 해서, 벤앤제리스의 고객의 정확한 의중을 파악했다고 볼 수는 없기 때문이다. 얼마나 더 좋은 메뉴를 개발했는지 파악하려면 외부 정보를 충분히 확보해야 한다. 새로운 메뉴의 맛이 얼마만큼 좋은가 하는 정도로는 부족하다. 문제는 팔릴 만큼 팔릴 것인가 하는 점이다.

연구팀은 이런 실험을 통해 색다름과 친숙성이 가장 이상적인 균형을 이룬다고 판단한 메뉴를 15개로 정리한다. 이것이 '압축' 단계다. 확실한 아이디어를 만들어내려면, 그럴듯하지만 너무 광범위한 아이디어를 솎아내어 소비자와 고객의 반응을 수치로 분명하게 보여주는 데이터를 기반으로 필요한 것만 추려내야 한다. 이렇게 하는 것은 하나의 아이디어가 크리에이티브 커브의 어디쯤에 자리 잡고 있는지를 파악하기 위해서다.

많은 창작가들에게 이런 초기의 실험은 두려운 과정일 수 있다. 비판받고 거부당하는 일을 무릅써야 하기 때문이다. 하지만 그것은 또한 성공을 예감할 수 있는 유일한 길이다.

이런 데이터를 동력으로 시동을 걸었다면, 이제 창조 과정의 세 번째 단계로 가야 한다. 바로 큐레이션이다.

큐레이션

이 단계에서부터는 아이스크림을 먹기 시작한다.

이 시점에서 플레이버 그루들은 목록에서 15개 메뉴를 정리해 내는 방식을 이해할 수 있다. 크리스는 내게 이렇게 설명했다. "처음에는 맛을 개발하는 과정이라고 할 수 있죠. 어떨 때는 동네 슈퍼마켓에서 농산물을 사 온 다음, 잼이 됐든 민트 브라우니가 됐든 우리만의 내용물을 만듭니다. 창의성이 흐르도록 하기 위해서죠."

이 부분은 아주 중요하다. 인간적인 요소가 개입되기 때문이다. 한 브랜드 매니저는 이렇게 설명했다. "지금까지는 서류로 해왔지만, 이제부터는 실제로 맛이 좋아지도록 확실히 해야 합니다." 총 15개 아이스크림 메뉴의 작은 수제 세트를 만든 다음, 플레이버 그루들은 맛을 테스트하고 다른 팀과 다른 주주로부터 추가로 피드백을 받는다. 크리스는 말했다. "여기에는 커팅룸이 있습니다. 모두 그 방으로 들어가 10개나 15개 파인트를 떠먹어보고 서빙하고 평가하고 개선한 다음 이야기합니다. '이 맛 너무 이상해.' 그러면 다시 손을 보거나 던져버리죠."

플레이버 그루들은 얼마 안 가 마음에 드는 맛을 전부 고른다. 특정 맛에 대해 결심을 굳히면 샘플을 단골들에게 보내거나 작은 세트를 매장에 보내 팬들의 반응을 살핀다.

이것이 큐레이션 과정이다. 이 단계에서는 내부나 외부로부터 양질의 견해를 제공받을 수 있다는 신뢰가 있어야 한다. 압축 단계에서 이뤄진 조사는 올바른 영역을 확보하는 데 유용하지만, 데이터와 직관을 확인하기 위해서는 더 심도 있는 연관 관계를 수집해야 한다.

최종 메뉴에 대한 큐레이션 작업이 끝나면, 생산 규모를 늘린다. 6pt(파인트. 1/8gal)는 6gal(갤런. 약 22.7L)이 되고 이는 다시 1만

gal(약 37,854L)으로 늘어난다.

그러나 벤앤제리스에서 일하는 사람들에겐 그들이 올바른 방향으로 가고 있다는 확신이 필요하다. 어떻게 해야 할까?

피드백

딜피클 아이스크림을 먹어본 적이 있는가?

플레이버 그루들은 최근에 딜피클 주스로 셔벗Sorbet을 만들었던 실험을 내게 설명해주었다. "굉장했어요!" 에릭이 소리쳤다. 무표정이던 내 얼굴에 조금 놀란 기색이 돌았겠지만, 내가 무슨 말을 하기도 전에 에릭은 동료들 쪽으로 몸을 돌리더니 말했다. "그냥 꺼내봐. 마음에 들어 할 거야."

나는 결국 피클 맛이 나는 아이스크림을 몇 스푼 떠먹고 말았다. 그리고 놀랐다. 정말 맛있었다! 딜피클 셔벗은 황홀했다. 그럭저럭 적당하다거나 괜찮다거나 흥미로운 정도가 아니었다. 다시 가서 한번 더 퍼오고 또 한 번 더 퍼올 정도로 맛있었다. 이 글을 쓰고 있는 순간에도 침이 고인다.

그러면 우리는 언제쯤이나 피클 맛의 아이스크림을 매장에서 만날 수 있을까?

짐작하겠지만, 아마도 영원히 힘들지 모른다. 아무리 대단한 아이디어라도 많은 사람의 마음을 사로잡을 수 있을 정도로 친숙해야 한다는 사실을 이 팀은 알고 있었다. 피클이 들어간 발효식품이나 콤부차Kombuchas는 이제 막 선보인 트렌드이지만, 널리 확산될지는 확실치 않다. 일단 플레이버 그루들이 이 정도면 당장에라도 주류에 진입할 수 있다고 판단할 수 있어야 한다. 크리스는 이렇게 설명했다. "개발 주기가 길기 때문에 쉽지 않을 겁니다. 아주 빠르게 잠깐 반짝하고 마는 트렌드들이 대부분이라서, 그런 트렌드를 정확히 예측하지 않는 한 선뜻 채택하기 어렵습니다. 하지만 예측한다는 것 자체가 쉽지 않은 일이죠. 만약 트렌드를 예측할 수 있다면 그 트렌드가 유행하기 바로 직전에 잡으려고 애를 쓰겠죠."

무엇보다 이 팀은 소비자가 2년 뒤에 원할 것을 예측해야 하므로, 출시 이후의 피드백이야말로 매우 중요한 절차다. 계획을 세우고 실험하고 작전을 짜는 데 몇 달을 보내지만 그렇게 해도 판단이 빗나갈 수 있고 결단이 대실패로 끝날 수도 있다. 이것이 곧 피드백 단계다. 여기서 창의력을 발휘하는 사람들은 그들이 크리에이티브 커브의 스위트 스폿에 있는지 아닌지를 가늠할 수 있다.

이를 위해서는 더 많은 데이터가 필요하다.

초기 데이터는 전화나 이메일, 혹은 소셜미디어를 통해 들어온다. 나중에는 판매와 관련된 데이터를 받겠지만, 초기 단계에서는 긍정적이든 부정적이든 팬들의 반응이 가장 중요하다. 어떤 메뉴가 소비자의 마음을 잡지 못한다면 그 이유를 알아내야 한다. 무엇 때문에 예측을 잘못했을까?

어떤 창작 과정이든 그 목표는 대단한 결과를 만들어내는 것이지만, 과정 자체를 개선하는 것 또한 그에 못지않게 중요하다. 과정

그 자체도 고치고 개선할 수 있는 하나의 '제품'이기 때문이다. 이러한 작업 절차를 개선하면 새로운 아이디어를 더 빨리 생각해낼 수 있을 뿐만 아니라 성공을 재현할 가능성도 커진다.

그리고 크리에이티브 커브에서 설명한 대로 소비자들의 기호는 계속 바뀌기 때문에, 한때 통했던 아이디어도 시간이 흐르면 그 고유한 장점을 잃어버릴 수 있다. 그래서 창작가는 끊임없이 측정하고 평가해야 한다. 크리스는 이 문제를 이렇게 설명했다. "우리는 그릭요구르트를 정확한 타이밍에 유행시켰습니다. 우리로서는 대단한 혁신이었죠. 하지만 이제는 서서히 퇴출시키는 중입니다." 벤 앤제리스의 팬층이 다른 방향으로 움직이고 있기 때문이었다.

메뉴가 생기고 사라지는 것이 이들 창작 과정의 핵심이다. 탐방이 끝나갈 때쯤 내가 공장 언덕 위에 있는 '메뉴의 무덤Flavor Graveyard'을 찾은 것도 그 때문이었다. 버몬트 대리석으로 만들어져 아주 진지해 보이는 묘비석이 눈에 띄는 그곳에는 숱한 세월 속에서 왔다가 가버린 모든 메뉴가 생생한 유언장처럼 서 있었다(블루베리 라벤더 스월, 여기에 편히 잠들다).

크리에이티브 커브의 굴곡진 여정은 무에서 탄생한 아이디어로 명성을 가져다준 다음, 다시 무로 되돌아간다. 그리고 그것이면 족하다.

창의적 반복은 모든 유형의 위대한 제품을 만드는 데 중요하다. 그래서 창작들은 여정을 시작하기 전부터 자신의 아이디어가 인기의 종형 곡선 중 어디쯤 자리를 잡을지 알아야 한다. 내가 연구한

개념화

압축

큐레이션

피드백

다양한 분야의 창의적인 사람들은 모두 자신의 최종 후보 명단을 최고 지위에 올리기 위해 아이디어를 다듬는 자기만의 방법을 갖고 있었다. 나는 이런 과정을 한마디로 표현할 그럴듯한 용어를 찾지 못했지만, 그래도 창작활동을 하는 사람들은 분야를 가리지 않고 내가 벤앤제리스 사례로 설명한 4단계를 사용했다는 사실을 확인할 수 있었다.

바로 개념화, 압축, 큐레이션, 피드백이다. 이러한 반복 과정을 거친다면, 누구든 자신의 작품을 다듬어가며 크리에이티브 커브의 이상 지점을 찾을 수 있다.

그런데 다른 분야는 어떨까? 아이스크림을 만드는 일이나 영화를 만드는 일이나 같은 과정을 거치는 걸까?

영화의 데이터

창작의 성공 비결을 파헤치는 연구를 하면서, 나는 분야가 달라도 창작 과정은 매우 '비슷하다'는 사실에 새삼 놀랐다. 작가의 기법은 기업가의 수법과 아주 비슷했고, 셰프는 작곡가와 같은 방식으로 계획을 짰다. 그리고 영화 제작자는 벤앤제리스가 새로운 맛을 선보이는 것과 같은 방법으로 히트작을 만들었다.

결국 모든 상업적 창작활동은 비슷비슷하다. 특정 시기에 소비자의 취향을 파악하여 그들의 욕구를 만족시킬 수 있는 제품을 만들어내는 것이 그들의 목표인 것이다.

최종 작업에 사용되는 데이터도 그렇지만 영화를 만드는 창작과정에는 관객이 원하는 것에 귀를 기울이는 절차가 꼭 필요하다.

니나 제이컵슨Nina Jacobson[2]은 할리우드에서 대단한 영향력을 가진 인물이다. 월트디즈니 모션 픽처스Walt Disney Motion Pictures의 회장을 역임할 당시 그녀는 〈캐리비안의 해적Pirates of the Caribbean〉부터 〈식스 센스The Sixth Sense〉에 이르기까지 수많은 히트작을 영화관에 올렸다. 지금 그녀는 전 세계에서 30억 달러를 벌어들인 〈헝거 게임Hunger Games〉 시리즈를 제작한 컬러 포스Color Force의 설립자이자 CEO다.[3] 제이컵슨과 컬러 포스는 또한 '상 복'이 터진 TV 시리즈 〈심슨 파일, 아메리칸 크라임 스토리The People v. O. J. Simpson〉를 제작했다. 나와 대화할 당시, 제이컵슨은 말레이시아에서 〈크레이지 리치 아시안Crazy Rich Asians〉이라는 영화를 찍고 있었다. 이 작품은 현재까지 100만 부 이상이 팔린 동명의 베스트셀러를 각색한 것이다.

'치직' 거리는 장거리 통화로 그녀는 자신이 할리우드에 입성하게 된 경위를 내게 들려주었다. 제이컵슨은 브라운 대학교에서 기호학을 전공했다. 그녀는 자신의 전공을 가리켜 "마르크스 냄새도 조금 나고, 페미니스트 요소도 조금 있고, 정신분석학적인 측면도 조금 있었어요. 그게 바로 브라운이죠"라고 말하며 웃었다.

대학교에서 그녀는 영화 이론 수업에 매료되었다. 기호학처럼 무한하고 복잡한 단층을 가진 영화학이 마음에 들었다. "나선형으로 무한히 파고 내려가는 지식의 아이디어, 깊이 더 깊이 계속 들어갈 수 있지만 절대 끝에 도달할 수 없고 그래서 완벽하게 체득했다는 느낌도 절대 들지 않아요."

졸업 후에 그녀는 미국 서부에서 진로를 찾았고, 곧 스크립트 리더로 일자리를 잡았다. 그녀는 하루에 대본을 두 개씩 읽고 영화로 만들 가치가 있는지 없는지를 스튜디오 간부들에게 설명해주는 개요서를 작성했다. 그녀는 몰랐지만, 소비에 집중하던 시기였다. "많이 읽을수록 그 작업이 유발하는 느낌을 또렷하게 드러낼 언어를 더 많이 개발하게 됩니다."

간단히 말해, 제이컵슨은 앞에서 본 비디오 대여점의 점원에서 넷플릭스의 총책임자로 변신한 테드 사란도스가 애리조나에서 영화를 알아가는 것과 같은 과정으로, 대본을 통해 대중의 취향을 터득하기 시작했다.

날카로운 통찰력과 성실성으로 인정받은 그녀는 놀라운 도약을 거듭하여 서른여섯 살에는 월트디즈니 모션 픽처스 그룹의 실권을 쥐게 되었다. 그리고 2007년에 그녀는 컬러 포스를 설립했다.

영화 산업에서 반복되는 과정과 데이터를 활용하는 방식에 흥미를 느낀 나는 영화사들이 완벽한 블록버스터 영화를 제작하는 경위를 알아내기 위해 그녀에게 전화했다.

제일 중요한 것은 시나리오라고 했다. 제이컵슨은 대본 작가는 탈출이 어려워 보이는 숲속에 갇혀 있다가 '끝The End'이라는 글자를 입력한 뒤에야 모습을 드러내는 소설가와는 전혀 다르다고 설명했다. 오히려 대본 작가는 프로듀서와 감독, 심지어 배우와도 함께 작업한다. 요즘에는 대본을 아예 여러 명이 함께 쓰는 경우도 많다. "대본을 작성하는 초기 단계부터 큰 변화를 줄 수도 있습니다." 제이컵슨은 그렇게 말했다. "이 캐릭터를 아예 없애면 어떻게 될까? 이런 구도는 어때?" 이렇게 그림의 큰 조각들이 분명해지면 작은 조각들을 다듬는 작업을 시작할 수 있다. 각 장면이 모두 제대로 기능하는가? 특정 캐릭터의 대사를 늘려야 하나?

그녀는 "어떻게 하면 각 장면이 여러 개의 실린더를 동시에 점화하여 등장인물이 동력을 얻고, 장면이 달려가고 스토리가 흐르게 만들 수 있을까?"를 고민한다. 이러한 목표를 반복해서 이뤄가는 일이 전 과정 내내 지속된다. 각 조각 그림들이 생명력을 얻는 것을 볼 때까지는 그 대본의 적절성 여부를 알 수 없다. 제이컵슨이 동원할 수 있는 모든 사람을 프로젝트에 참여시키는 것도 그 때문이다. "창작가들은 듣는 것을 가볍게 여기는 것 같아요." 그녀는 그렇게 덧붙였다.

제이컵슨은 영화를 만드는 전 과정에서, 관객의 말에 귀를 기울이는 절차를 밟는다. 영화를 편집한 뒤에도 테스트 시사회를 통해 관객의 반응을 헤아린다. "영화인들은 사람들이 이렇게 느꼈으면 하는 마음으로 만듭니다. 그렇다면 그들이 실제 그렇게 느끼는지 알아볼 기회를 마련해야 합니다."

니나 제이컵슨 같이 경험이 많고 저명한 영화 산업의 베테랑도 '관객을 이해하는 것'이 쉽지 않다는 걸 알고 있었다. 할리우드 뒤에 감춰진 데이터로 뛰어 들어가 보면, 창작가가 작품에서 데이터를 어떻게 이용하는지 알아낼 수 있지 않을까? 테스트 시사회는 어떤 효과가 있는가? 영화를 만들 때는 데이터를 어디에 활용하는가?

틀 안으로 들어가기

영화 마케터들은 전통적으로 영화 관객을 4사분면으로 나눈다. 남성, 여성, 25세 이상, 25세 이하 등이다.

이런 표현이 어울리는지 모르겠지만, 이렇게 나누는 중요한 철학적 근거는 영화를 만들거나 마케팅을 할 때 이 네 가지 부류를 타깃으로 삼는 것이 이상적이기 때문이다. 예를 들어, 로맨틱 코미디는 25세 이상과 미만의 모든 여성을 타깃으로 삼을 수 있지만, 〈아바타Avatar〉 같은 거대 자본이 투입된 블록버스터는 네 부류 모두를 마케팅 대상으로 삼아야 한다.

할리우드의 사분면 접근법[4]이 인기를 얻은 것은 내셔널리서치

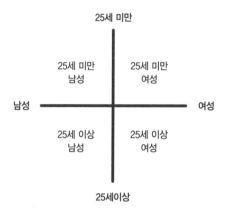

⬇ 영화 인구 사분면

25세 미만

25세 미만
남성

25세 미만
여성

남성 ——————— 여성

25세 이상
남성

25세 이상
여성

25세이상

그룹National Research Group 때문이었다. 이 그룹은 정치 여론조사 전문가 두 명이 선거에서 승리한 기법을 박스오피스에 적용하기 위해 1978년에 세운 영화 조사 기관이다. 공동 설립자들은 2000년대 초에 회사를 그만두었지만, 현재 CEO인 존 펜Jon Penn[5]이 내게 정치를 비유로 들어, 자신들이 하고 있는 일에 관해 설명해주었다. "정치는 자신의 지지 기반을 찾아낸 다음 누가 스윙보터Swing Voter인지 확인하는 게임입니다. 영화에 대해 여론조사를 할 때도 우리는 같은 틀에서 작업합니다. 그래서 이렇게 자문하죠. '우리의 지지 기반은 누구이고 우리 쪽으로 기우는 스윙보터는 누구인가. 그리고 이 두 부류에게는 어떤 메시지를 던져야 효과를 발휘하는가?'"

사분면 접근법은 오랫동안 표적 집단을 찾아내는 데 필요한 기본적인 역할을 했다. 펜은 부연설명을 했다. "사분면은 정치에서 민주당 지지자와 공화당 지지자 그리고 중립 집단을 확보하는 방식을 그대로 재현한 것입니다. 하나의 틀을 만들어 여러 종류의 인구 집단을 이해하는 렌즈로 사용하는 것이죠."

요즘 이 사분면은 몇 가지 수정을 거쳐 환경주의자인 엄마, 이미지를 중요시하는 10대 소년 등 좀 더 미묘한 심리 도식Psychographic 집단으로 대체되는 중이지만, 전반적으로 이런 실험이 영화 산업에서 차지하는 비중에는 큰 변화가 없다.

할리우드를 움직이는 사람들은 데이터를 크게 세 가지 방향으로 분석하고 활용한다. 첫째, 타깃이 된 사분면의 사람들이 정말로 해당 영화를 즐기는가? 둘째, 영화 예고편과 광고가 타깃으로 삼은 집단에 호소력을 발휘하는가? 셋째, 대중은 개봉하는 주말 몇 주 전에 해당 영화를 어떻게 생각하는가? 평판이 좋은가 아니면 나쁜가, 혹은 이도 저도 아닌가? 이런 데이터를 근거로 그들은 그들의 메시지와 전략을 수정한다.

위험한 실험

힘든 한 주를 보낸 탓인지 재닛은 따분하고 피곤한 표정으로 영화관을 걸어 나왔다. 그녀는 1987년 개봉한 〈위험한 정사Fatal Attraction〉의 시사회에 마지못해 앉아 있었다. 다른 관객들과 마찬가지로 그녀는 영화가 마음에 들지 않았다.

이유가 무엇일까? 결말 때문이었다. 영화는 불륜관계의 연인에게 집착하는 여성의 이야기였다. 오리지널 버전에서 그 여인은 자살하지만, 마치 연인에게 살해당한 것처럼 꾸미고 죽는다. 그러나 이와 같은 설정 탓에 관객들은 그 정부情婦가 마땅히 받아야 할 벌을 받지 않았다는 느낌을 받았다.

영화 제작진은 문제를 파악했다. 그런데 어떻게 고칠 것인가?

〈위험한 정사〉[6]는 아카데미 여섯 개 부문에 후보로 올랐고, 전 세계에서 3억 2,000만 달러(요즘 시세로 6억 8,800만 달러)를 벌어들였다. 하지만 놀라운 성과를 끌어낸 이 영화는 시사회 관객이 처음에 봤던 그 영화가 아니었다.

영화사가 결말 부분을 전부 다시 찍은 것이다. 새로운 결말에서 앤 아처Anne Archer가 연기한 주인공의 아내는 유명한 욕조 장면에서 한때 남편의 정부였던 글렌 클로스Glenn Close를 총으로 쏘아 결국 심리 스릴러에 어울리는 결말을 만들어냈다.

시사회, 정확히 이쪽 용어로 '모집 관객 시사회Recruited Audience Screening'는 신작을 시험하는 주요 수단이 되었다. 제이컵슨은 말했다. "작품을 만들면서 얼마 되지도 않는 관객들의 생각을 묻는 걸 대수롭지 않게 여기기 쉽습니다. 하지만 우리가 만드는 영화는 결국 관객들이 보는 영화입니다. 따라서 관객의 의중을 떠보는 절차는 실제로 큰 도움이 되지요."

내셔널리서치그룹이 세워진 후, 영화 리서치 산업은 계속 진화해왔다. 할리우드 리서치 회사의 대표 주자인 스크린엔진/ASIScreen Engine/ASI의 설립자 겸 CEO로 모집 관객 시사회 전문가인 케빈 괴츠Kevin Goetz[7]는 몇 해째 시사회를 "1만 회가 족히 넘게 열었다"고 말했다. 나는 그에게 그런 시사회가 갖는 효과와 또 이런 관행을 영화 산업 밖에서도 적용할 수 있을지 물었다.

영화사는 일반적으로 러프 컷Rough Cut(편집이 끝나지 않은 필름) 상태에서 테스트 시사회를 연다. 그래서 사운드트랙이나 몇 가지 특수효과가 빠질 수는 있지만, 스토리나 영화의 리듬은 대부분 정해져 있는 상태다. 군중 속에는 적어도 사전 마케팅 전략을 근거 삼아 타깃으로 설정한 관객과 일치하는 사람들이 있게 마련이다.

관객들이 영화를 녹화하거나 주요 내용을 외부에 누설할 위험이 있기 때문에 영화사는 보안에 철저히 신경을 쓴다. 관객이 휴대전화를 소지한 채 입장하지 못하게 하고, 입장 시 금속 탐지기를 통과하게 하는 등 사전에 동의를 얻어 보안검사를 하는 것이다. 영화가 끝나고 나면 관객들은 설문조사를 받는데, 여기에는 그들의 마음에 든 등장인물이나 장면은 물론, 영화의 스토리 전개가 너무 느렸는지 아니면 너무 빨랐는지 등을 묻는 문항도 있다. 그런데 그중에서 가장 중요한 질문은 다음 두 가지다.

Q. 이 영화를 '강력히' 추천하시겠습니까?
Q. 전반적으로 이 영화에 몇 점을 주시겠습니까?

이런 조사의 양적 결과는 종종 영화의 운명을 좌우하기도 한다. 다시 찍어야 할 부분이 있는가? 돈을 쏟아부어 홍보하고 마케팅할 가치가 있는가?

설문조사 결과를 토대로 영화 제작자와 영화사 경영진들은 평균을 상회하는 점수를 받을 영화를 만들려고 애쓴다. 그러나 그것으로 끝이 아니다. 다음에는 선별한 정예 관객만 남게 한 후 토론에 참여시켜 데이터에 숨겨진 '이유'를 좀 더 깊이 파고 들어간다. 해당 영화를 추천하고 싶지 않다면, 그 이유는 무엇인가? 주인공이 마음에 들지 않아서? 진행이 너무 늘어지기 때문에?

"테스트 시사회에서 포커스 집단은 종종 예술과 과학이 교차하는 지점에 있습니다." 괴츠는 그렇게 말했다. "우리는 영화팬들이 설문지에서 확실히 밝히지 않아도 그들이 본능적으로 드러내는 반응을 포착해냅니다." 영화 제작자와 영화사 경영진들은 이런 양적 데이터와 질적 데이터를 종합하여 영화가 관객에게 어필하는 부분과 그렇지 못한 부분을 가려내고 그것을 바탕으로 영화를 수정한다.

괴츠의 경험으로 볼 때, 영화 제작자와 간부 들은 이런 시험 과정의 위력과 가치를 잘 알고 있다. 괴츠는 이런 데이터가 영화 제작자를 혼내기 위한 수단이 아니라 관객의 반응을 정확히 파악하기 위한 도구라고 했다. "저는 이러한 접근 방식이 건전하다고 생각합니다. 우리가 만드는 것은 사람들의 마음을 졸이게 하는 성적표가 아닙니다. 하지만 영화를 왜 만듭니까? 많은 사람이 볼 수 있게 하려는 겁니다. 특히 영화사에 소속되어 일할 때는 큰돈이 걸려 있으니 경제적 현실을 외면할 수 없습니다."

본질적으로 영화는 대본 작가와 감독 그리고 제작자의 창의적인 노력의 결과다. 그러나 다른 창작 프로젝트와 마찬가지로, 영화 산업도 관객이 원하는 것에 맞추기 위해 반복 작업과 데이터에 의지해 작품을 다듬는 한편, 동시에 그들의 호기심을 자극할 정도의 색다름을 제공한다.

이 데이터는 영화가 완성되었다고 해서 폐기되지 않는다. 영화 마케터들은 사람들을 극장으로 끌어들이기 위한 캠페인을 최적화하기 위해 데이터에 대한 의존도를 계속 높인다. 이들이 사용하는 기법에는 특이한 출처가 있다. 바로, 백악관이다.

대통령의 데이터

1996년, 대통령 빌 클린턴Bill Clinton[8]은 민주당 전당대회의 연단에 서 있었다.

"그러니 오늘 밤 21세기로 가는 저 다리를 건설하겠다고 결의합시다. 도전을 받아들이고 우리의 가치를 지키겠다고 결의합시다."

연설의 요지는 분명했다. 대통령과 그의 팀은 미국의 모든 유권자 한 사람 한 사람과 공유하는 가치에 초점을 맞추기로 작정한 것이다. '가치'라는 단어가 연설 내내 계속 튀어나왔다. "우리가 21세기로 가는 저 다리를 건설하기 원한다면," 클린턴은 그렇게 소리쳤다. "우리는 분명하게 말할 수 있어야 합니다. 여러분이 미합중국 헌법과 권리장전과 독립선언서의 가치를 믿는다면, 여러분이 규정에 따라 열심히 일하고 쉴 생각이라면, 여러분은 이미 우리 가족입니다. 그리고 우리는 당신을 자랑스럽게 여길 것입니다."

그날 밤, 대통령은 한 여론조사원이 전화와 쇼핑몰 인터뷰를 통해 수집한 데이터의 결과에 따라 행동하고 있었다(실제로 인터뷰는 쇼핑몰에서 실시되었다). 하원에서 민주당이 패배한 1994년 중간 선거 이후 불안해진 대통령과 그의 팀은 사소한 실험에서 유권자들이 가장 좋은 반응을 보인 내용을 기초로 광고와 주제를 선택하고 그들의 메시지를 철저히 점검했다.

여론 실험을 거친 클린턴의 메시지는 효과가 있었다. 1996년 선거에서 빌 클린턴은 379명의 선거인단을 확보하여 159표에 그친 밥 돌Bob Dole을 가볍게 눌렀다. 이후로 양당의 대통령과 정치인들은 지위를 막론하고 선거에서 이기기 위해, 유권자들의 승인을 받기 위해 그리고 법안을 통과시키기 위해 여론조사와 테스트 방식을 사용하여 완벽해질 때까지 메시지를 다듬고 또 다듬게 되었다.

이런 종류의 조사는 영화의 흥행에도 도움이 된다. 영화를 개봉하기 몇 주 전에 리서치 팀은 우리가 보는 영화의 예고편과 TV 광고를 테스트한다. 내셔널리서치그룹의 존 펜은 그 과정에 대해 이렇게 설명했다. "여기 영화가 한 편 있습니다. 우리는 영화를 전부 증류시켜 핵심 정수를 뽑아내려고 하죠. 그다음 영화를 독특하게 해주고 거부하기 힘들게 만들어줄 중요한 주제를 10~12가지 정도 찾아냅니다. 이런 것들이 창의적인 마케팅 캠페인의 기본 단위입니다." 왜 그렇게 하는가? "그들의 자산, 그들의 고민, 그들의 관계, 그들만의 매혹적인 이야기, 결정적인 광고 카피, 이런 것에 대한 멋진 느낌을 찾기 위해서입니다. 그렇게 만든 시각 자료에 대한 테스트에 들어가기 전에 전략적 청사진을 그릴 수 있습니다."

예고편이 완성되면 테스트가 끝나는 걸까? 그렇지 않다. 과거에 영화사들은 쇼핑몰에 들어온 사람들을 골라 예고편을 보여준 다음 그들의 피드백을 구하곤 했다. 그들이 사용한 방법은 '다이얼 테스트'였다. 시청자들은 예고편의 특정 부분이 얼마나 좋거나 싫은지에 따라 다이얼을 왼쪽이나 오른쪽으로 틀었다. 지금은 온라인으로 다이얼 테스트를 하지만 더 크고 더 많은 대표 관객들에게 접근하려는 시도라는 점에서는 별 차이가 없다.

영화 제작자나 영화사 주주들의 목표는 마음을 정하지 못한 잠재 관객들(선거의 스윙보터)이 영화관 앞에 줄을 서서 표를 살 확률을 극대화하는 것이다. 펜은 이렇게 설명했다. "예고편 테스트는 반복 과정입니다. 실험실에 들어가 소비자와 직접 또는 온라인으로 이야기를 나눈 다음, 영화를 팔기에 가장 좋은 자료라고 생각되는 것을 다양하게 창의적으로 탐구하는 것이죠." 그런 테스트 과정을 통해 그들은 관객들이 반응을 보이는 핵심적인 요소들을 찾아낸다. "예고편을 바꿀 수 있습니다. 시작이 달라질 수도 있고 결말이 달라지는 것도 가능합니다. 말투를 고칠 수도 있고 음악을 바꿀 수도 있죠. 코미디라면 예고편에서 관객이 적어도 4~5번 뒤집어지는 순간이 있어야 하고 TV 광고라면 2~3번 정노 웃기는 장면이 들어가야 합니다."

데이터의 활용은 여기서 그치지 않는다.

선거일 24시간 전, 정치인들은 유권자들이 최종적으로 투표할 때 그들이 어떤 선택을 할지에 대한 단서를 찾기 위해 계속 여론조사를 한다. 그러다 뚜렷한 진전이 없으면 데이터를 토대로 전략을 수정한다.

영화사도 마찬가지의 조치를 취한다.

이를 '트래킹Tracking'이라고 한다. 정치인들도 수시로 스트레스를 받지만 영화사는 매 주말이 사실상 선거일이나 다름없다. 어떤 영화가 박스오피스를 선점할까? 경쟁적 우위를 확보하기 위해 영화 리서치 회사들은 전국 규모의 조사를 벌여 사람들이 어떤 영화를 가장 많이 볼지 예측한다. 니나 제이컵슨은 그 과정을 이렇게 설명했다. "시장조사기관은 사람들을 무작위로 선택하여 '어떤 영화가 이번 주말에 나올 예정인가?'라고 묻습니다. 그것이 트래킹입니다." 다시 말해 사람들이 그 영화가 개봉한다는 것을 아는지 확인하는 것이다. 소위 말하는 비보조 인지도Unaided Awareness, 즉 마케팅이 얼마나, 널리 그 문화에 침투했는지를 알아내는 방법이다.

여론조사는 중요한 문제 두 가지를 더 다룬다. 제이컵슨은 내게 이렇게 설명했다. "그다음, '혹시 〈헝거 게임〉이라고 들어봤어요?'라고 묻습니다. '아, 예, 들어봤어요.'라고 답하면 이건 보조 인지도Aided Awareness예요." 마지막으로 여론조사원은 응답자에게 주말에 해당 영화를 볼 계획이 있는지 묻는다. 그런 식으로 영화사 간부는 그들의 광고가 효과가 있었는지 아니면 기대에 못 미쳤는지 평가할 수 있다.

제이컵슨은 말했다. "그것은 때로 아주 좋은 지표가 됩니다. 초반에 좋은 성적을 거둘지 아니면 조금 맥이 빠진 상태로 시작할지 감을 잡을 수 있으니까요." 데이터가 꼭 예측한 대로 흘러가는 것은 아니지만, 영화 제작자들은 이를 드러나지 않은 문제점을 경고해주는 수단으로 삼아 전략을 다듬거나 수정한다. 어떤 작품이 핵심 사분면에서 기대만큼의 성적을 올리지 못하면, 제작사는 남은 예산을 문제 해결에 투입할 수 있다.

정치인이 선거에서 이기기도 하고 지기도 하는 것처럼 영화도 비슷한 성적표를 받는다. 바로 박스오피스 수익이다. 아마도 이것이야말로 영화사들이 반복 과정을 통해 사용한 추측과 시스템을 평가하고 확인할 수 있는 최종적인 피드백일지 모른다.

창작 분야 전반에서 이루어지는 데이터를 기반으로 한 반복 과정은 크리에이티브 커브를 위한 제품과 메시지를 다듬는 데 매우 중요한 역할을 한다. 이처럼 청중의 반응을 점검하고 또 노력을 들인 만큼 결과가 있었는지 판단하려면 데이터를 잘 활용해야 한다. 창작가들 대부분은 예상을 적중시켰을 때 자신감을 얻는다. 예측이 빗나가면 무언가가 잘못됐다는 사실을 본능적으로 안다.

독자적으로 창작활동을 하는 사람이라면 이런 말에 부담감을 느낄지 모르겠다. 비싼 툴이나 기법을 활용할 여유가 없는 경우에는 어떻게 데이터에 접근할 수 있을까? 이 문제를 알아보기 위해 나는 이제 막 창작활동을 시작한 사람과 대화를 나누었다. 앞서 우리는 최고 수준의 로맨스 소설가들을 몇몇 만나보았지만, 이번에는 대형 출판사의 후원 없이 초반에 어느 정도의 성공을 거두고 있는 '떠오르는' 작가를 한 명 만났다.

그녀의 성공은 '무료' 데이터의 덕을 입고 있었다.

하이디의 또 다른 직업

하이디 조이 트레드웨이Heidi Joy Tretheway는 낮에는 첨단기술 회사들을 위해 콘텐츠 마케팅을 하며 기업이 새로운 동력을 얻는 데 필요한 콘텐츠를 제작할 수 있게 조언하고, 밤에는 스스로 '스마트한 음란서적Smart Smut Books'이라고 일컫는 글을 쓴다.

오리건주 포틀랜드에 있는 집에서 그녀는 매일 밤 아이들이 잠들고 나면 늦게까지 컴퓨터 앞에 앉아 키보드를 두드린다. 크리스틴 애슐리가 관례와 다른 비공식 루트를 통해 성공을 거둔 것처럼, 트레드웨이는 직접 출판하는 로맨스 작가들을 배출해낸 문화 운동의 산물이다.

트레드웨이는 자신이 하는 일에 대해 굳이 돌려 말하지 않는다. "정말로 외설서를 써요. 근사해요."

과거 나의 고객이기도 했던 그녀와 나는 함께 점심을 먹었다. 내가 디지털 마케팅에 관한 이야기를 꺼내자, 그녀는 지금 책을 하나 쓰고 있다며 말을 가로챘다. 나는 곧 그녀에게 질문 공세를 퍼부어 취미 삼아 밤에 쓰기 시작한 글로 그녀가 어떻게 팬을 늘려갔는지 알게 되었다.

트레드웨이는 e-북 작가로 잘 알려졌다. 그녀가 집필한 인기 시리즈《문신 도둑Tattoo Thief》은 아마존에서 10만 2,000회의 다운로드 수를 기록했다.

물론 시작은 초라했다. 그녀의 첫 소설《오래 가지 않을 거야Won't Last Long》의 다운로드 수는 125회가 전부였다. 하지만 이제 트레드웨이는 크리스틴 애슐리의 책만큼은 아니어도 부업으로 글을 쓰는 작가라면 누구라도 부러워할 만한 수준의 성공을 거두었다. 그녀는 어떻게 다운로드 횟수를 125회에서 10만 2,000회로 늘릴 수 있었던 걸까?

첫 번째 책이 실패했을 때 그녀는 낙담했다. 10년을 공들여 완성한 작품이었기 때문이다. 다음에는 방법을 바꿔야겠다고 생각했다. 그녀는 아이디어가 떠오르기를 기다리지 않고 직접 나서서 작가들로 구성된 모임을 만들고, 이야기 구조를 연구하기 시작했다. 그리고 관음증이 있는 한 하우스 시터House Sitter(일정 기간 남의 집에 거주하며 집을 관리해주는 사람-옮긴이)를 주인공으로 하는 소설을 써야겠다고 생각했다. 하지만 그녀는 글을 쓰기보다 우선 그녀가 만든 작가 모임에서 나오는 이야기들을 가만히 앉아서 들었다.

트레드웨이는 곧 두 가지를 알아냈다. 첫 번째는 새로운 성인소설, 즉 18세에서 30세 사이(그 이상이 아니라)의 등장인물에 초점을 맞춘 책이 좋은 반응을 얻는다는 것, 두 번째는 몇 가지 이유로 록스타들이 당시에 인기 주인공으로 등장했다는 점이었다.

그녀가 한 젊은 록스타와 관음증이 있는 하우스 시터에 관한 새로운 소설을 쓰기로 마음먹은 것도 그 때문이었다. "나는 내 첫 번째 아이디어를 꺼내 팔릴 것 같은 상자에 맞춰 넣었죠. 실제로 그 책은 '굉장히' 잘 팔렸어요. 정확한 지점에서 정확히 타격한 덕분에 실제로 얻을 수 있는 인기 이상을 얻었죠."

다운로드 횟수가 10만 회를 넘자 트레드웨이는 이런 종류의 분석이 책을 마케팅하는 데 중요하다고 확신하게 되었다. 요즘 그녀는 다른 작가들과 이야기를 나누는 것을 넘어, 킨들의 판매 차트도 연구한다. 그렇게 하면 어떤 책이 팔리고 어떤 내용이 호응을 얻는지에 대한 확실한 감을 잡을 수 있기 때문이다. "요즘은 이복형제 소재가 뜨는 편이에요. 개인적으로는 내키지 않지만 이런 어색한 삼각관계로 성공한 책들이 많습니다."

그녀의 창작 모임과 무료 아마존 데이터 덕분에 트레드웨이는 독자들이 좋아하는 것을 좀 더 정확하게 파악할 수 있었다. 그녀는 장르를 선택하고 등장인물의 범위를 좁히는 것 이상으로, 남다른 구상을 얻기 위해 그 데이터를 사용했다.

로맨스 소설은 여러 파트의 시리즈로 시작되는 경우가 많다. 사람들이 첫 번째 책을 읽은 후 완전히 빠지게 되어 나머지 책까지 읽게 되는 것이 최고의 시나리오다. 그것이 로맨스 소설 사업모델의 핵심 요소이기 때문에, 로맨스 소설 작가들은 그렇게 될 때까지 첫 번째 책을 온라인에 무료로 배포하여 독자들이 나머지 시리즈를 전부 사지 않고는 못 배기게 만들려고 한다.

트레드웨이에게 후속편들은 하나의 기회다. "작가들은 자신의 작품에 대한 독자들의 서평을 읽지 말라고 합니다." 그러나 그녀는 읽기로 했다. "사람들은 내 주인공이 책에 자주 나오지 않는 것을 좋아하지 않더군요." 그녀는 또한 독자들이 두 번째 주인공을 좋아하지 않는다는 사실도 알아냈다.

이러한 실질적인 피드백 덕분에 트레드웨이는 독자들의 기호에 더 부합하는 작품을 쓸 수 있었다. 후속편에서 그녀는 문제가 되는 등장인물의 호감도를 높였고 새로운 남자 주인공을 처음부터 등장시켰다. 그다음 독자들이 중간에 이탈하는 것을 막기 위해 다음 책의 첫 몇 장을 첫 번째 책 마지막에 보너스로 활용했다.

결과가 어땠을까? 두 번째 책은 첫 번째에 비해 눈에 띌 정도로 좋은 평을 받았다.

트레드웨이가 '빅데이터'를 빠삭하게 알고 있지는 않았을 것이다. 그래도 그녀는 시장에서 좀 더 유리한 기회를 잡는 한편, 작품의 수준을 높이기 위해 이용할 수 있는 일반적인 데이터를 활용했다. 꼭 비싸거나 멋진 시스템을 갖춘 데이터일 필요는 없다. 단순한 데이터라고 해도 잘만 활용하면 창작활동에 큰 도움이 될 수 있다.

화가는 온라인으로 피드백을 받을 수 있다. 셰프는 옐프 앱에 올라온 평을 읽으면 된다. 작가는 소셜미디어에서 어떤 주제가 사람들의 관심을 끄는지 확인할 수 있다.

대기업에서 일한다면 보통 데이터 소스에 값을 지러야 할 뿐만 아니라, 그 소스에 접근하는 기술에도 돈을 내야 한다. 그러나 대기업에서도 데이터 기술은 대부분 결정적으로 로테크Low-Tech다. 예를 들어 벤앤제리스는 아이스크림 팬들에게 이메일로 설문조사를 한다. 이 정도는 무료 온라인 툴로 누구나 활용할 수 있는 기술이다. 대기업이 그동안 사용해왔던 고급 기술을 이제는 중소기업이나 개인도 거의 다 이용할 수 있게 되었다. 한 예로, 구글서베이Google Surveys는 문항당 15센트밖에 되지 않은 금액으로 누구든 타깃으로 삼은 유저 집단을 평가할 수 있게 해놓았다. 30달러만 내면 미니 온라인 포커스 그룹에 200명을 모을 수 있는 것이다. 또 다른 서비스인 픽푸PickFu를 이용하면 단돈 20달러로 몇 시간 안에 기본적인 스플릿테스트Split-test(A/B 두 가지 안건을 비교하는 조사 – 옮긴이) 설문조사를 할 수 있다.

다시 한번 강조하지만, 창작활동에서 타깃으로 삼은 청중의 성격을 좀 더 자세히 파악하면 많은 이점이 있다. 데이터 기반의 반복과정을 활용해 성공한 사람들은 창작 행위를 유레카의 순간이나 갑작스러운 계시의 연속으로 보는 것이 아니라, 크리에이티브 커브를 좀 더 확실하게 이해하는 과정으로 생각한다. 작가이든, 영화사이든, 아이스크림 플레이버 그루든 데이터를 기반으로 추진하는 단계를 밟아 청중의 반응을 귀담아듣는다면, 반드시 그에 상응한 보상을 받을 것이다.

나는 이 책을 쓰기 위해 여러 분야에서 창작활동을 하는 사람들과 이야기를 나누면서, 그들이 서로의 작업 과정을 자주 비교하고 참고하는 모습에 적지 않게 놀랐다. 창작 분야에서의 성공은 실제로 하나의 패턴을 가지고 있다. 청중이 좋아할 만한 것을 만들어내

는 가장 큰 비결은 무엇인가? '청중의 말에 귀를 기울이는 것이다.'

데이터 기반의 반복적 과정을 활용해 아이디어를 다듬는 것은 창작의 네 번째이자 마지막 법칙이다. 이제까지 창작의 역사와 트렌드 뒤에 숨은 추진력 그리고 히트할 작품을 만들 확률을 극대화하기 위해 따라야 할 네 가지 법칙을 확인했다.

이제 여러분을 놓아주어야 할 시간이다. 예술이든 사업이든 영감을 받고 새로운 자극을 받아, 모쪼록 위대한 성과를 낼 수 있기를 바란다. 그러나 책을 쓰면서 늘 한 가지가 마음에 걸렸다. 여러분이 다음번 창작의 모험을 시작하기 전, 그 걱정이 무엇인지부터 알려드려야겠다.

당신의 패턴

1990년이었다.

J. K. 롤링은 맨체스터를 출발하여 런던으로 향하는 열차에 몸을 실었다.[1] 하지만 열차는 지연되었고 제시간에 도착할 가능성은 점점 희박해졌다. 그녀의 생각은 옆길로 새기 시작했다. 나중에 그녀는 〈뉴욕타임스〉 기자에게 이렇게 말했다.[2] "정말 놀라운 느낌이었어요. …… 난데없이 불쑥 하늘에서 '뚝' 떨어진 거죠."

마법의 세계에 사는 사람들의 이야기가 갑자기 그녀의 머릿속을 채우기 시작했다. 《해리 포터》는 그렇게 시작됐다. "해리가 똑똑히 보였어요. 마른 체구의 꼬마였죠. 마음속에서 뭔가 꿈틀거리며 치솟는 느낌이었어요. 글을 쓰는 일로 그렇게 흥분해본 적이 없었죠. 아이디어 하나에 몸이 그런 식으로 반응할 줄은 정말 몰랐어요."

사람들은 《해리 포터》가 롤링이 냅킨에 이런저런 생각들을 끄적거리다가 나온 것이라고 알고 있다. 하지만 당시 그녀에겐 종이 한 장도 없었다. "바로 이 가방을 뒤져 펜이든 연필이든 무엇이든 찾으려고 했어요. 그런데 아이라이너조차 없더군요. 그래서 그냥 앉아서 생각만 해야 했어요. 게다가 열차가 지연되었기 때문에 4시간 동안 머릿속에서는 온갖 아이디어가 부글부글 끓어올랐죠."

롤링은 말을 이어나갔다. "여행이 끝날 즈음 일곱 권짜리 책으로 만들면 되겠다고 생각했어요. 책을 한 권도 내보지 않은 사람이 하기엔 아주 시건방진 말로 들리겠지만, 어쨌든 그렇게 된 겁니다."

그날 밤 롤링은 런던의 클래펌 정크션에 있는 아파트에서 공책에 이야기를 써 내려가기 시작했다. 그때만 해도 그녀는 《해리 포터》 시리즈가 2016년까지 약 77억 달러어치나 팔리고, 영화 판권 수익과 테마파크와 전시회 수입 등이 추가되고, 2016년에 런던에서 새로운 연극이 처음 선보이고, 해리 포터를 주제로 하는 상품이 계속 불어나리라고는 상상할 수 없었을 것이다.[3]

매카트니의 '예스터데이'처럼, 《해리 포터》의 자연발생적인 시작은 롤링의 팬들뿐 아니라 문학계 전반에 회자되는 하나의 전설이 되었다. 롤링은 갑작스러운 통찰의 개념을 보강했다. 어디서 아이디어를 얻었는지 설명해달라고 요청받았을 때, 그녀는 항변했다.[4] "아이디어가 어디서 오는지는 나도 모릅니다.[5] 그리고 절대 알아내지 못했으면 좋겠습니다. 내 두뇌의 표면에 우스꽝스러운 주름이 조금 지는 바람에 보이지 않는 열차의 플랫폼을 떠올리게 만들었다는 이야기가 나온다면 흥이 깨질 것 같거든요."

이러한 롤링의 모습은 그녀를 창작력에 관한 영감 이론의 한 가지 전형으로 만들지만, 사실 롤링만큼 완벽하게 크리에이티브 커브의 네 가지 법칙을 따른 작가의 사례도 드물다.

소비와 제약

어렸을 적 롤링은 손에 잡히는 대로 소설을 읽었다. 내가 이 책에서 그려낸 창작 예술가들 대부분이 그렇듯 그녀도 어려운 환경에서 성인이 되었다. 그녀의 어머니가 앓았던 다발성경화증은 가족들의 마음과 재정을 피폐하게 만들었다.[6] 롤링은 아버지와의 관계도 수시로 틀어졌다. 그런 모든 환경에 싫증이 난 그녀는 침실에 틀어박혀 책을 위안으로 삼았다.

책을 펼치면 그녀가 사는 잉글랜드 남부의 작은 마을에서 벗어나 멀리 세상 밖으로 날아갈 수 있었다. 작가를 꿈꾸는 사람들에게 한마디 해달라는 기자의 부탁받았을 때, 롤링은 이렇게 말했다. "중요한 것은 가능한 한 많이 읽는 것입니다. 나처럼 말이죠. 그러면 어떤 것이 좋은 글인지 알 수 있게 되고 어휘 실력도 늡니다."

롤링은 성인이 되어서도 탐욕스럽게 책을 읽었다. 엑시터 대학교에 다닐 때는 대여 기한을 넘긴 책들이 많아 도서관에 50파운드의 벌금을 물기도 했다. 그녀의 공식 전기에는 그녀가 대학교에서 수강한 라틴어 수업이 《해리 포터》에 나오는 주문을 만드는 데 큰 도움이 되었다는 내용이 있다. 천재 크리에이터들이 그렇듯, 롤링은 장차 창작활동을 하는 데 필요한 원료를 공급받기 위해 치열할 정도로 소비에 몰두했다.

이 같은 요소들이 《해리 포터》 시리즈에서 고스란히 집대성되었다. 각 권이 각각의 플롯을 가지고 있지만, 시리즈 전체는 개천에서 용 나는 전통적인 스토리 전개 방식을 따른다. 어린 고아 해리는 몸

에필로그

을 눕힐 침대도 없다. 하지만 시리즈가 끝날 무렵 그는 결국 숙적을 죽이고 사랑하는 사람과 오래오래 행복하게 살게 된다. 롤링은 가엾은 고아가 마침내 위대한 과업을 해낸다는 전통적이고 친숙한 스토리 전개를 선택했고, 거기에 복잡하게 얽힌 성장의 비밀과 싸우는 젊은 마법사라는 그녀만의 색다른 설정을 덧붙였다.

반복, 세계의 창조

런던에 도착하여 기차에서 내린 J. K. 롤링은 영감이 솟구치는 것을 느꼈다. 그녀가 창의력에 관한 영감 이론을 믿었다면, 아마도 집으로 달려가 책상 앞에 앉아 더 많은 계시가 나타나기를 기다렸을지도 모르겠다.

하지만 그녀는 머릿속에서 구도가 잡힌 비전만 믿고 차근차근 체계적으로 스토리를 계획하기 시작했다. 롤링은 이후 5년 동안 창의적 반복 작업에 몰두하여 총 일곱 권의 플롯을 구성한 다음 첫 번째 책을 썼다.

그녀의 성공 사례는 갑작스럽게 떠오른 영감으로 하룻밤 사이에 대성공을 거둔 이야기가 아니다. 사실 롤링은 내가 연구를 거듭하면서 찾아낸 소설가 중 가장 짜임새 있고 추진력 있게 글을 써나가는 작가다. 언젠가 그녀는 TV에 출연해 인터뷰하던 기자에게 자신의 서류를 보여준 적이 있다. 상자 더미에는 제1권 제1장의 변종만 '15종'이 있었고,[7] 롤링이 플롯을 짜기 위해 사용한 호그와트와 해리 포터 교실의 모든 등장인물을 담은 도표도 있었다.

그것으로 끝이 아니었다. 롤링은 그녀가 제5권을 계획하기 위해 만들어낸 플롯 테이블을 웹사이트에 공개했다.[8] 그녀는 테이블 왼쪽에 각 장을 열거하고 이어서 각 서브플롯을 소개하는 내용을 붙인 다음, 다양한 플롯 라인이 책에서 전개되는 방식을 체계적으로 보여주는 지도를 실었다.

그녀의 첫 에이전트인 크리스토퍼 리틀Christopher Little은 롤링을 처음 만났을 때 그녀의 계획이 얼마나 분명하고 구체적이었는지 내게 설명해주었다. "아주 이례적인 것은 그녀가 머릿속에 일곱 권의 책에 대한 그림을 아주 분명하게 그려놓고 있었다는 점이었습니다." 그는 말했다. "어떤 특정 장면, 가령 낭하를 지나 왼쪽 세 번째 문으로 돌아 들어가는 장면에 관해 물었을 때도 그녀는 왼쪽 첫 번째 문과 두 번째 문이 어떤 문인지 설명하더군요."

롤링은 단순히 꿈을 그려가는 작가가 아니었다. 그녀는 엄청나게 노력을 쏟아붓는 야망 있는 기획가였다.

공동체

앞서 말한 대로 창작가를 성취의 길로 인도하는 험난한 여정에서, 창의적 공동체는 매우 중요한 기능을 한다. 롤링의 경우도 예외는 아니었다.

어느 순간 싱글맘이 되어버린 롤링은[9] 동생 다이앤과 좀 더 가까이 있기 위해 에든버러로 이사하기로 결심했다. 동생의 남편은 동네에 '니컬슨 네Nicolson's'라고 이름 붙인 조그만 카페를 운영하고 있었다. 롤링은 카페 한구석에 앉아 딸 제시카Jessica를 유모차에 재워놓고 마법사들 이야기를 써 내려갔다.

상황은 썩 좋지 않았다. 돈이 없어서[10] 일자리를 찾는 동안 그녀는 시에서 주는 매주 68파운드의 지원금으로 버텼지만, 얼마 되지 않아 우울증에 걸려 치료도 받아야 했다.[11] 가족의 지원과 치료사의 도움이 없었다면《해리 포터》가 과연 결실을 볼 수 있었을까?

데뷔작은 곧 '해리 포터 신드롬'으로 바뀌었지만, 그 전에 롤링에게는 협업자와 프로모터가 필요했다.《해리 포터와 마법사의 돌Harry Potter and the Sorcerer's Stone》을 탈고한 롤링은 저작권 에이전트가 필요하다는 사실을 인지하고 에든버러 중앙도서관에 찾아가 이름을 뒤지기 시작했다. 에이전트 명부를 한 장씩 넘기던 그녀에게 눈에 띄는 이름 하나가 있었다.[12] 크리스토퍼 리틀이었다.

예전부터 민담과 동화를 좋아했던 롤링에게 리틀의 이름은 마치 이야기 속 등장인물처럼 다가왔다. 이메일이 나오기 오래전이던 그날 오후, 그녀는 우체국으로 달려가서 리틀에게 자신이 집필한 원고 첫 세 장*의 복사본을 보냈다.

크리스토퍼 리틀은 아동용 책을 달가워하지 않는 편이었지만, 원고를 읽다가 롤링이 만든 세계에 금방 빠져들고 말았다. 그는 급히 답장을 보내 원고의 나머지 부분도 보게 해달라고 청했다. 원고를 전부 읽은 리틀은 출판을 주선해주겠다고 제안했고, 롤링은 수

락했다. 리틀은 출판사를 찾는 일에 돌입했다.

얼마 가지 않아 반응이 오기 시작했다.

독자들이 너무 적다…….

고아 이야기는 환영받지 못한다…….

아이들이 읽기에는 너무 무섭다…….

3만 단어를 넘기지 말아야 한다…….

결국 12개 출판사가 퇴짜를 놓았다.[13]

그러다 블룸스버리Bloomsbury 출판사 배리 커닝엄Barry Cunningham[14]의 손에 원고가 들어갔다. 커닝엄은 당시에는 규모가 작았던 어린이 부서의 편집자였다. 스토리에 반한 커닝엄은 리틀에게 전화를 걸어서, 한 가지 제안을 하고 싶다며 말을 꺼냈다. 그러나 리틀에게도 복안이 있었다. "나는 그들의 제안을 아주 한정시켜 단 한 권만이라고 못박았습니다." 《해리 포터》는 틀림없이 히트할 거라고 그의 본능이 속삭였기 때문에, 얼마 되지 않는 금액에 너무 많은 것을 급하게 내놓고 싶지 않았던 것이다.

금요일 오후에 리틀은 롤링에게 전화를 걸어 소식을 전해주었다. 그녀는 자신의 책이 출간될 거라는 이야기에 말을 잇지 못했다. 수화기 저편에서 아무런 반응이 없자 리틀은 걱정이 되었다. "괜찮아요? 내 말 듣고 있어요?" "아, 예. 그냥 늘 꿈으로만 생각했던 일이어서요."

리틀은 회상했다. "정말로 꿈꾸는 듯한 목소리였어요."

블룸스버리는 선급금으로 겨우 2,500파운드를 지급했다. 그리고 그 돈은 문학 역사상 보기 드문 수익으로 출판사에게 되돌아왔다.

롤링은 꿈을 이루었다. 그녀는 자신의 첫 번째 소설을 팔았다. 프로모터를 신뢰했기에 가능한 일이었다. 그 프로모터는 그녀를 유명 출판사와 이어주었다.

롤링은 처음 만나는 편집자 배리 커닝엄에게서, 크리에이티브 커브와 롤링에게는 낯선 마케팅의 중요성을 이해하는 또 다른 협업자의 모습을 발견했다. 커닝엄은 펭귄북스Penguin Books의 어린이 브랜드인 퍼핀북스Puffin Books에서 마케팅 부서 차장으로 출판 경력을 시작했다. 그는 이 일을 하다 보면 어떤 문학적인 운동을 주도하게 될지도 모른다고 생각했던 것이다. 하지만 문학 운동은커녕 툭하면 커다란 펭귄 복장을 하고 출판사의 귀여운 마스코트 노릇을 하게 되는 일이 많았다.

커닝엄은 펭귄 복장을 하고 로알드 달Roald Dahl 같은 작가와 함께 교실을 찾아다녔다. 어린이들과 많은 시간을 보내면서 그는 아이들이 책에서 찾는 것이 무엇인지 알게 되었다. "아이들이 읽고 싶어 하는 것은 친숙하면서도 새로운 모험이 뒤섞인 이야기입니다. 낯설면서도 동시에 모두에게 위안을 주는 그런 내용 말이죠." 커닝엄은 그런 마케팅 경험을 바탕으로 평생을 편집민 하고 살아온 다른 출판업자들 속에서 두각을 나타내기 시작했다.《해리 포터》 원고를 처음 읽은 순간, 그는 그 작품이 친숙성과 색다름이 완벽한 조화를 이룬, 아이들이 찾는 그런 책이라고 직감했다.

《해리 포터》의 성공이 행운이나 우연처럼 보일 수도 있지만, 사실 그것은 치밀한 사고 과정의 결과였다. 크리스토퍼 리틀은 책이 영국에서 출간되기를 기다린 다음 미국 출판사에 팔기로 마음먹었다. 영국 시장에서라면 초기에 대대적인 판촉 활동을 벌일 수 있을 것으로 생각했기 때문이다.

하지만 그는 하나만 알고 둘은 몰랐다. 《해리 포터》가 영국에서 출판되자 극성팬들이 생겨나기 시작했다. 그리고 이 책의 성공 스토리는 5,000km나 떨어진 미국 출판사들의 귀에까지 흘러들어갔다. 결국 여섯 출판사가 경매에 참가한 끝에 스콜라스틱Scholastic이 10만 5,000달러에 판권을 획득했다.[15]

이 소식은 곧 미디어의 폭발적인 관심을 끌어냈다. 싱글맘인 시간제 교사가 거짓말 같은 일을 해냈다! 〈헤럴드The Herald〉는 이렇게 헤드라인을 뽑았다. "에든버러 카페에서 쓴 책, 10만 달러에 팔리다."[16] 롤링은 자신이 만든 개천에서 용 나는 스토리의 주인공이 되었다. 언론의 비상한 관심 덕분에 그녀는 모든 작가가 그렇게 들어가기 바라면서도 쉽게 들어갈 수 없는 주류에 편입될 수 있었다. 그리고 얼마 가지 않아 《해리 포터》는 하나의 제국이 되었다.

롤링은 아이디어가 떠오를 때까지 기다리지 않았다. 그녀는 몇 해씩 힘들여가며 대단한 무언가를 만들어냈다. 그녀는 계획을 짜고 개요를 만들고 참고 자료를 모아 끝없는 반복 작업을 거쳐, 그녀의 이야기와 등장인물이 제자리를 잡을 때까지 설계를 계속했다. 그 과정에서 개인적인 난관과 경제적 어려움에 봉착했지만, 그녀는 그녀의 에이전트를 포함하여 블룸스버리 팀을 비롯한 창작 공동체의 지원을 받아 글을 계속 써 내려갔다.

다시 말해, 롤링은 크리에이티브 커브의 법칙을 따랐다.

롤링의 이야기에서 내가 가장 좋아하는 부분은 그녀의 창작 과정에 대한 대중의 인식과 실제 사이의 커다란 간극이다.

그녀는 번개를 맞은 적이 없다.

그녀는 창작의 로또에 당첨된 적도 없다.

그녀는 읽고 계획을 짜고 쓰는 데 몇 해를 보냈고, 그 치열한 노고의 결과물이 《해리 포터》였다.

헤어지는 말

어렸을 적 우리는 정말 창의적이라는 칭찬을 귀가 닳도록 들었다. 선생님과 부모님은 우리에게 형형색색의 동물을 그리게 하고 장난감으로(아니면 아무것도 없이) 각종 캐릭터와 친구를 만들고, 블록으로 우리의 어두운 침실을 감시할 마법의 탑을 쌓아보라며 등을 두드려주었다.

그러나 나이가 들면서 그토록 창의력이 남달랐던 우리 안의 아이는 어디론가 홀연히 사라지고 말았다. 학교에서 우리는 삼각함수를 푸는 요령과 시험을 잘 치를 방법을 배운다. 누구도 감히 흉내내기 어려운 천재의 이야기를 담은 영화를 보고 잡지를 읽는다. 기자들은 창의력을 아주 드문 소수들만의 고유 영역으로 포장해 기사로 내놓는다.

마침내 직업을 선택해야 할 때는, 이미 창의력을 가진 사람으로서 자신의 이미지를 모두 잃어버리고 난 뒤다. 창작 분야에서의 성공은 추상적이고 먼 나라의 일이 되었다. 읽을거리에나 있는 것, 바라기는 하지만 실제로 따라 하기는 드문 어떤 것이다.

2년 전 처음 창의력을 연구하기 시작했을 때, 나는 현실과 상충하는 이야기나 이론, 신화를 수도 없이 보았다. 더구나 경력만으로 성공을 보장받을 것 같은 창의적인 사람들도 자신의 창의력이 어디서 비롯되었는지 정확히 모르고 있었다.

롤링을 둘러싼 근거 없는 소문은 마치 선의의 조치와 억세게 좋은 운, 고귀한 의지 등이 결합하여 그녀에게 성공을 가져다준 것처럼 보이게 한다. 그래서 그런 일이 극소수 사람들에게는 일어나기 쉽지만, 대다수 사람에게는 좀처럼 일어나기 힘든 일처럼 보인다. 천재를 둘러싼 날조된 이야기는 사람들의 기를 꺾기에 딱 좋다. 우리 문화는 극소수 개인의 위대함을 예찬함으로써 나머지 사람들에게 세상은 그것을 '가진' 사람과 '갖고 있지 않은' 사람으로 나뉜다고 알려준다.

그러나 여러 분야에서 창의적인 아티스트들을 더 많이 만나면 만날수록, 나는 그 속에 있는 어떤 패턴들을 찾아내게 되었다. 물론 내가 인터뷰한 사람 중 그 패턴을 알고 있는 사람은 거의 없었다. 그런데도 그들은 창의적인 아이디어에 불꽃을 당기고 실행하기 위해 '똑같은' 것들을 하고 있었다.

그 마지막 조각은 내가 연구원과 학자 들을 만나고 크리에이티브 커브, 즉 노출과 호감도의 종형 관계를 알게 되고 나서야 맞춰졌다. 나는 이것이 트렌드가 유행을 타고 유행이 스러지는 방식에 깔린 기본 메커니즘이라는 사실을 깨달았다.

세계적으로 유명한 창작가들은 크리에이티브 커브의 스위트 스폿을 때리는 영화나 소설, 음악, 음식, 그림, 장비, 회사를 창조하는 일정한 행동 패턴을 따랐다. 그들은 거침없는 소비를 통해 친숙하지만 '과도하게 친숙하지는 않은' 생각으로, 세계를 바꿀 수 있는 갑작스러운 영감의 순간을 위한 씨를 뿌렸다. 그들은 모방을 통해 그들 분야에 필요한 제약과 공식을 터득했고, 정확히 필요한 만큼의 색다름을 적용하는 법을 배웠다. 그들은 공동체를 만듦으로써 자신의 기술을 다듬고 자극을 받으며 자신의 프로젝트를 수행하는 데 도움을 줄 협력자들을 찾아냈다. 마지막으로 그들은 타이밍을 알고 반복 과정에 몰두함으로써 데이터와 프로세스를 이용하여 작품을 개선하고, 친숙성과 색다름의 이상적인 배합을 만들어냈다.

사실 창작에서의 성공은 배고픈 예술가이든 광고회사의 대표이든 얼마든지 배워서 이룰 수 있는 것이다. 그리고 바로 그 점이 걱정스럽기도 하다.

저 밖에 어딘가 패턴이 있다고 해서 그것을 찾기가 쉬운 것은 아니다. 사실 크리에이티브 커브를 마스터하기까지 몇 년이 걸릴 수 있다. 최소한의 노력으로 당신이 다음번 모차르트나 피카소, 혹은 엘튼 존이나 J. K. 롤링이 될 수 있다고 알려주는 책은 이 세상에 없다. 이 책은 창작활동에 평생을 바치기로 선택했다면 하나의 길이 있다는 것을 알려주고, 명심해서 실천해야 할 그리고 성공하는 데 필요한 핵심적인 고려사항이 있다는 사실을 알려줄 뿐이다.

크리에이티브 커브의 법칙은 우리 모두가 자신의 잠재된 창의성을 풀어내는 방법에 대한 청사진을 제공한다. 창작에서의 성공 패턴은 배울 수 있고 시간을 들여 마스터할 수 있다.

물론 이러한 이유로 어설픈 핑계를 대며 내일까지 기다렸다가 소설을 쓰기 시작하거나 노래 가사를 만들 수도 있다. 하지만 그렇게 심약한 태도로는 잠재된 창의성을 실현하기 어렵다. 잠재된 창의성에는 셀 수 없는 시간과 나날, 몇 해의 시간이 필요하기 때문이다. 다만, 그것은 더 이상 신비의 영역이 아니다.

감사의 말

그동안 나는 '외로운 창작가Lone Creator'라는 말이 터무니없는 소리라고 생각했다. 하지만 이 책을 쓰면서 그런 말이 정당하다는 생각이 들었다. 물론 책 표지에 올라간 이름은 하나이지만, 이 책은 집단의 노력이 이루어낸 성과다. 인터뷰란 명목으로 내게 귀중한 시간을 빼앗기면서도 진지하게 응해준 많은 분, 나를 지원해준 팀 그리고 그 많은 초안을 읽어준 친구들과 그 모든 것을 취합해준 크라운Crown 출판사의 직원들이 있었기에 이 책을 쓸 수 있었다.

작업에 도움을 준 분들을 일일이 열거하지 못하는 사정을 양해해주기 바란다. 그럼에도 도무지 넘어갈 수 없는 분들이 있다. 트레버Trever는 내게 글을 쓸 시간과 공간을 내주었고, 내게 필요한 피드백과 용기를 주었다. 셰인 스노Shane Snow는 이 책 이야기를 처음 들어준 사람이다. 그가 초기에 보태준 용기와 응원 덕분에 나는 글을 계속 써 내려갈 힘을 얻었다. 셰인은 친절하고 현명한 작가이기 때문에 앞으로도 좋은 책을 더 많이 쓸 거라 믿어 의심치 않는다. 그는 또한 나의 에이전트가 될 짐 레빈Jim Levine을 소개시켜주었고 프랭클린 메소드에 대한 아이디어까지 주었다.

짐은 에이전트라기보다는 셸퍼라는 표현이 어울릴 것 같다. 그의 충고는 하나의 제안이 되었고, 최종적으로 책이 되었다. 나를 보호해주고 난생처음 작가가 될 기회를 준 그에게 두고두고 감사할 것이다. 그의 팀원들 역시 내게는 가족 같았다(고마워, 매튜!). 짐은 또한 나를 크라운 팀과 내 탁월한 편집자 로저 숄Roger Scholl에게 연결해주었다. 숄은 큰일을 해야 할 때 언제 밀어붙이고 언제 숨 고르기를 해야 하는지 잘 알고 있었다. 나를 두고 모험을 무릅쓴 크라운 팀 모두에게 감사하다. 그들 덕분에 언젠가 꼭 책을 써보리라 다짐했던 꿈을 이루게 되었다. 성가신 내 모든 질문을 참아준 그들에게 다시 한번 감사드린다.

많은 친구가 이 책에 대해 피드백을 해주고 여러 방식으로 지원해주었다. 끊임없는 지원과 열정을 아끼지 않은 댄 모스Dan Morse에게 특히 고맙다. 동기부여와 함께 소중한 지혜를 빌려준 피터 스미스Peter Smith와 내 뒤를 변함없이 지켜준 에릭 쿤Eric Kuhn에게도 역시 감사하다는 말을 전한다. 그 지루한 편집 과정에서 현명한 충고를 아끼지 않은 잭 배로Jack Barrow와 8년 전부터 나를 무조건 믿어준 스티브 로플린Steve Loflin 그리고 내 세 번째 큰 누나가 되어준 수재너 퀸Susanna Quinn과 신선한 제안을 해준 조 커노프Joe Chernov에게도 고맙다.

본업이 있는 상황에서 책을 쓸 수 있었던 건, 스티븐 켈리Steven Kelly와 니콜 브링클리Nicole Brinkley의 헌신적인 도움이 있었기 때문이다. 그들이 없었다면 어떻게 그 많은 자료를 찾아내고 정리할 수 있었을지 생각만 해도 아찔하다. 두 사람 모두 재능이 남다르기 때문에 머지않은 장래에 멋진 베스트셀러를 쓸 것이라 믿는다. 또한 브라이언 위시Bryan Wish는 이 책을 읽어줄 독자를 확보하는 쉽지 않은 역할을 아주 멋지게 해주었다. 그레그 피스크Greg Fisk도 대단했다. 언어로는 쉽게 전달되지 않았을 개념을 일러스트라는 그만의 방식을 통해 책에 생기를 불어넣어 주었다. 한 컷의 그림이 백 마디 말보다 낫다고 했던가. 로드리고 코럴Rodrigo Corral은 정말 세련된 표지(원서)를 만들어주었다.

소설가로서 새로운 경력을 추구하면서 내 글쓰기 친구가 되어주신 나의 아버지는 언제나 그렇듯 전폭적인 지지와 충고를 아끼지 않으셨다. 내 책에는 아버지의 책에서만큼 UFO가 많이 나오지 않지만, 아버지는 신진작가가 기대할 수 있는 가장 좋은 펜팔이셨다. 나를 사랑해주고 오늘의 나를 만들어주신 어머니 덕분에 나는 호기심을 자제할 필요가 없었다. 어렸을 적 품은 호기심의 직접적인 산물이 바로 이 책일 것이다. 내 의붓어머니 역시 이 모든 과정을 따뜻한 지지와 사랑으로 지켜봐 주셨다.

이 책에는 직접 반영되지 않았지만, 많은 분의 인터뷰가 여기에 담긴 개념을 형성하는 데 큰 도움이 되었다. 시간을 내준 모든 분께 감사드리고 이 책에 그분들의 이야기를 싣지 못한 것에 대해 송구스럽다는 말씀을 전한다.

트랙메이번 팀은 내가 지난 2년 동안 밤 시간과 주말을 이용해

이 일을 끝낼 수 있도록 지원을 아끼지 않았다. 특히 우리가 바랄 수 있는 최고의 공모자인 팀Tim에게 감사를 표한다. 트랙메이번의 이사진은 전문적인 일에 관해 나의 상상보다 더 많은 것을 내게 가르쳐주었다. 물론 나는 아직 배울 것이 너무 많다. 그래서 나보다 앞서간 사람들의 관대한 지지와 조언에 감사드린다. 조Joe, 션Sean, 척Chuck, 댄Dan, 패트릭Patrick의 수고를 내가 가끔 당연하게 여긴다는 사실을 나도 알고 있지만, 그래도 나를 원망하지 않아 주니 정말 고맙다. 여러분들은 나를 한 명의 CEO가 아닌 한 사람의 인격체로 대해주었다. 여러분은 모두 내가 기대했던 것 이상의 지혜를 내게 베풀어주었다.

내게 첫 번째 '전환점'을 마련해주고 내가 감당하기 힘들 정도로 나를 믿어준 해리Harry도 빼놓을 수 없다. 당신이 너무 그립고, 무엇보다 이 책을 당신이 읽을 수 없다는 사실이 너무 안타깝다. 당신은 훌륭한 아버지였고 남편이었다. 당신은 내가 늘 '저렇게 살아야지' 생각하며 닮으려고 애썼던 표본이었다. 또한 이 자리를 빌려 당신이 늘 내게 바랐던 것만큼 열심히 하겠다고 약속드린다(그래도 아마 조깅하는 동안에 사람들에게 전화하는 일은 없을 것이다).

D.C.의 여러 커피숍에도 감사해야겠다. 나는 슬립스트림Slipstream, 트리스트Tryst, 컴퍼스커피Compass Coffee, 콜러니클럽Colony Club, 에머서리Emissary, 코브Cove, 송버드Songbyrd, 내셔널 포트레이트 갤러리 코트야드 카페National Portrait Gallery Courtyard Cafe 등지에서 이 책을 썼다. 그곳에 오래 앉아 있던 친구를 너무 원망하지 않아 준다면 다행으

THE CREATIVE CURVE

로 여기겠다.

　마지막으로 지난 2년 동안 있어야 할 자리에 있지 않았던 나를 참아준, 나의 친구와 가족 모두에게 감사하다. 그 시간 동안 변함없이 내 곁을 지켜주어 정말 고맙다.

출처와 방법에 관하여

이 책은 많은 사람과의 인터뷰 내용을 토대로 했다. 창작활동을 하는 다양한 분야의 이들이 많은 시간을 할애하여 그들의 창작 과정을 내게 설명해주었다. 인터뷰는 예외 없이 녹음한 다음 활자화했다. 인용 부분은 본문에 분명히 밝혀두었다. 그분들의 허락 없이 한 구절의 내용도 바꾸지 않았다는 점을 말씀드린다. 일부 이야기나 장면에서 나는 다양한 소스에서 나온 복합적인 내용에 의지했다. J. K. 롤링의 첫 번째 출판사와 에이전트와의 인터뷰도 그랬지만, 인터뷰는 가능하면 1차 취재원을 원칙으로 하되, 간혹 외부 여러 곳의 진술에서 얻은 내용도 넣었다.

〈최후의 심판〉에 대한 주변 사람의 반응은 바사리의 진술을 토대로 삼았다. 바사리는 많은 버전의 이야기를 썼는데 세부적인 내용은 조금씩 달랐다. 책에서는 이야기의 허술한 부분이 없도록 그의 진술과 다른 사람의 진술에서 나온 세부적인 내용을 더해 기록했다.

런던 택시기사에 관한 연구에서는 참가자의 자세한 정보를 얻을 수 없어서, 연구의 방식을 쉽게 설명하기 위해 '사울'이라는 가상의 인물을 사용했다. 그를 모집하는 과정은 꾸며낸 것이지만, 실제로 확인해서 알아낸 사실은 바꾸지 않았다.

마지막으로, 이 책은 팩트 체크 절차를 거쳤다. 가능한 한 많은 학자와 실무자들에게 각 부분의 팩트 체크를 맡겼다. 이것은 믿을 수 없을 정도로 중요한 절차였다. 그들이 그 일에 쏟은 열정과 시간에 감사할 따름이다. 이 책의 주요 요지와 연구 결과는 다음에 밝힌다.

1 폴 매카트니가 작곡한 '예스터데이'의 배태 과정과 관련된 세부적인 내용의 출처는 다음과 같다. *The Beatles Anthology* (New York: Chronicle Books, 2000); Ray Coleman, *McCartney: Yesterday and Today* (London: Boxtree, 1995); Phillip McIntyre, "Paul McCartney and the Creation of 'Yesterday': The Systems Model in Operation," *Popular Music* 25 (2) (2006); David Thomas, "The Darkness Behind the Smile," *The Telegraph*, August 19, 2004; Alice Vincent, "Yesterday: The Song That Started as Scrambled Eggs," *The Telegraph*, June 18, 2015, http://www.telegraph.co.uk/culture/music/the-beatles/11680415/Yesterday-the-song-that-started-as-Scrambled-Eggs.html.

2 매카트니가 윔폴스트리트에 머물며 '예스터데이'를 만든 것과 관련된 내용의 출처는 다음과 같다. "People: Jane Asher," *The Beatles Bible* (date unlisted), https://www.beatlesbible.com/people/jane-asher/; Coleman, *McCartney* McIntyre, "Paul McCartney and the Creation of 'Yesterday'" Thomas, "The Darkness Behind the Smile."

3 Sean Magee, *Desert Island Discs: 70 Years of Castaways* (London: Transworld Publishers, 2012).

4 "The Richest Songs in the World," BBC Four, 2012.

5 Gary Wolf, "Steve Jobs: The Next Insanely Great Thing," *Wired*, February 1, 1996, https://www.wired.com/1996/02/jobs-2/.

6 Ian Hammond, "Old Sweet Songs: In Search of the Source of 'I Saw Her Standing There' and 'Yesterday,'" *Soundscapes: Journal on Media Culture* 5 (July 2002), http://www.icce.rug.nl/~soundscapes/VOLUME05/Oldsweet songs.shtml; and McIntyre, "Paul McCartney and the Creation of 'Yesterday.'"

02 거짓말 배우기

1 트랙메이번에 관한 자세한 내용은 다음 사이트를 참조하라. https://
   trackmaven.com/.

2 "Annuitas B2B Enterprise Demand Generation Survey 2014," Annuitas
   (2014), http://go.bright talk.com/ANNUITAS_B2B_Enterprise_
   Demand-Generation_Download.html.

3 "Adobe State of Create," Adobe 2012, http://www.adobe.com/
   aboutadobe/pressroom/pdfs/Adobe_State_of_Create_Global_
   Benchmark_Study.pdf.

4 Morse Peckham, *Man's Rage for Chaos* (New York: Schocken
   Books, 1967).

5 Jonah Berger, *Invisible Influence* (New York: Simon & Schuster,
   2016); and Derek Thompson, *Hit Makers* (New York: Penguin, 2017).

03 천재의 탄생 신화

1 Miloš. Forman, *Amadeus* (The Saul Zaentz Company, 1984).

2 Roger Ebert, "Great Movie: Amadeus," RogerEbert.com, April 14,
   2002, http://www.rogerebert.com/reviews/great-movie-
   amadeus-1984.

3 편지 관련 내용은 다음 자료를 참조하라. Kevin Ashton, "Divine Genius
   Does Not Exist: Hard Work, Not Magical Inspiration, Is Essence of
   Creativity," *Salon*, February 1, 2015, http://www.salon.
   com/2015/02/01/divine_genius_does_not_exist_hard_work_not_
   magical_inspiration_is_essence_of_creativity/.

4 William Stafford, *The Mozart Myths: A Critical Reassessment* (Redwood
   City: Stanford University Press, 1993).

5 모차르트의 실생활과 창작 스타일과 관련된 내용은 다음 자료를 참조하라. "Wolfgang Mozart," *Biography.com,* https://www.biography.com/people/wolfgang-mozart-9417115; and David P. Schroeder, "Mozart's Compositional Processes and Creative Complexity," *Dalhousie Review* 73 (2) (1993), https://dalspace.library.dal.ca/bitstream/handle/10222/63147/dalrev_vol73_iss2_pp166_174.pdf ; and "Biography of Wolfgang Amadeus Mozart," http://www.wolfgang-amadeus.at/en/biography_of_Mozart.php.

6 Ulrich Konrad, *Mozart's Sketches* (Oxford: Oxford University Press, 1992).

7 Phillip McIntyre, *Creativity and Cultural Pro-duction: Issues for Media Practice* (New York: Palgrave Macmillan, 2012); and Robert Spaethling, *Mozart's Letters, Mozart's Life: Se-lected Letters* (New York: W. W. Norton & Company, 2000).

8 "Mozart and Salieri 'Lost' Composition Played in Prague," BBC News, February 16, 2016, http://www.bbc.com/news/world-europe-35589422; and Sarah Pruitt, "Mozart's 'Lost' Collaboration with Salieri Performed in Prague," History Channel, February 17, 2016, http://www.history.com/news/mozarts-lost-collaboration-with-salieri-performed-in-prague.

9 David Brooks, "What Is In-spiration?" *New York Times*, April 15, 2016, https://www.nytimes.com/2016/04/15/opinion/what-is-inspiration.html.

10 Lucille Wehner et al., "Current Approaches Used in Studying Creativity: An Exploratory Investigation," *Cre-ativity Research Journal,* January 1991, http://www.tandfonline.com/doi/abs/10.1080/10400419109534398.

11 Plato, *The Collected Dialogues of Plato* (Prince-ton: Princeton

University Press, 1961).

12 "mimesis," Merriam-Webster Online Diction-ary, https://www.merriam-webster.com/dictionary/mimesis.

13 McIntyre, *Creativity and Cultural Production*.

14 Anna-Teresa Tymieniecka, *The Po-etry of Life in Literature* (Dordrecht: Springer Netherlands, 2000).

15 Walter Scott, "Re-view: The Man of Genius by Cesare Lombroso," *The Spectator*, 1892.

16 Deborah J. Haynes, *The Vocation of the Artist* (New York: Cambridge University Press, 1997).

17 비아지오와 미켈란젤로 사이의 말다툼과 관련된 내용의 주요 출처는 다음과 같다. William D. Montalbano, "It's 'Judgment' Day for Unveiled Sistine Chapel," *Los Angeles Times*, April 9, 1994, http://articles.latimes.com/1994-04-09/news/mn-43912_1_sistine-chapel; and Norman E. Land, "A Concise History of the Tale of Michelangelo and Biagio da Ce-sena," *Source: Notes in the History of Art* 32 (14) (Summer 2013), https://www.academia.edu/11448286/A_Concise_History_of_the_Tale_of_Michelangelo_and_Biagio_da_Cesena.

18 바사리의 문학적 탐구와 관련된 내용의 주요 출처는 다음과 같다. Gior-gio Vasari, *Lives of the Most Eminent Painters Sculptors and Archi-tects*, translated by Gaston du C. de Vere (Project Gutenberg, 2008), https://www.gutenberg.org/files/25326/25326-h/25326-h.htm#Page_xiii; and Alan G. Artner, "The Excellence of Italian Drawing," *Chicago Tribune*, June 19, 1994, http://articles. chicago tribune.com/1994-06-19/entertainment/9406190328_1_ disegno-giorgio-vasari-artists-and-craftsmen.

19 Sir Philip Sidney, "The Defence of Poesy" (1583).

20 William Shakespeare, *A Midsummer Night's Dream* (1595).

21 셸리의 《프랑켄슈타인》 관련 내용의 출처는 다음과 같다. Mary Shelley, *Frankenstein* (Mineola, N.Y.: Dover Publications, 1994); "Mary Shelley," Biography.com (date unlisted), https://www.biography. com/people/mary-shelley-9481497; and "Mary Wollstonecraft Shelley," *Encyclo-pedia Britannica* (date unlisted), https://www. britannica.com/biography/Mary-Wollstonecraft-Shelley.

22 주류 학계의 관심을 끈 책들은 다음과 같다. Francis Galton, *Hereditary Genius* (New York: Macmillan and Co., 1892), http://galton.org/ books/hereditary-genius/text/Gann_9781524761714_ 3p_all_ r1.r.indd 233 3/8/18 6:44 AM *234*/Notes pdf/galton-1869-genius -v3.pdf; Lombroso, *Man of Genius* (New York: Charles Scribner's Sons, 1896), http://www.gutenberg.org/ebooks/50539; and John Ferguson Nisbet, *The Insanity of Genius and the General Inequality of Human Faculty: Physiologically Considered* (Ward & Downey, 1891), https://archive.org/details/insanityofgenius00nisb.

23 루이스 터먼의 생애 및 작품과 관련된 내용의 주요 출처는 다음과 같다. Henry L. Minton, *Lewis M. Terman* (New York: New York University Press, 1988); Mitchell Leslie, "The Vexing Legacy of Lewis Terman," *Stanford Maga-zine* (2009), https://barnyard.stanford.edu/get/ page/magazine/article/?article_id=40678; and Carl Murchison, *Classics in the History of Psychology* (Worcester, Mass.: Clark University Press, 1930), http://psychclassics.yorku.ca/Terman/ murchison.htm.

24 Trisha Imhoff, "Alfred Binet," Muskingum Univer-sity, 2000, http:// muskingum.edu/~psych/psycweb/history/binet.htm.

25 Lewis Madison Terman, *The Measure-ment of Intelligence* (Boston: Houghton Mifflin, 1916).

26 Ann Doss Helms and Tommy Tomlinson, "Wallace Kuralt's Era of

Sterilization," *Charlotte Ob-server*, September 26, 2011, http://www.charlotteobserver.com/news/local/article9068186.html.

27 터마이츠와 관련된 내용의 주요 출처는 다음과 같다. Daniel Goleman, "75 Years Later, Study Still Track-ing Geniuses," *New York Times*, March 7, 1995, http://www.nytimes.com/1995/03/07/science/75-years-later-study-still-tracking-geniuses.html?pagewanted=all; and Richard C. Pad-dock, "The Secret IQ Diaries," *Los Angeles Times*, July 30, 1995, http://articles.latimes.com/1995-07-30/magazine/tm-29325_1_lewis-terman.

28 Leslie, "The Vexing Legacy of Lewis Terman."

04 재능이란 무엇인가?

1 Robert McCrae, "Cre-ativity, Divergent Thinking, and Openness to Experience," *Jour-nal of Personality and Social Psychology* 52 (6) (1987), http://psycnet.apa.org/journals/psp/52/6/1258/.

2 Emanuel Jauk, Mathias Benedek, Beate Dunst, and Aljoscha C. Neubauer, "The Rela-tionship Between Intelligence and Creativity: New Support for the Threshold Hypothesis by Means of Empirical Breakpoint Detection," *Frontiers in Psychology* 41 (4) (July 2013), https://www.ncbi.nlm.nih.gov/pmc/articles/PMC3682183/. 이 연구의 미묘한 차이에 관해 참고할 수 있는 추가 논문이 있다. 예를 들어, 학자들은 IQ와 창작 성과가 잠재력보다 더 높은 수준으로 관련되어 있다는 사실을 알아냈다. IQ가 높은 사람들이 히트작을 만드는 데 필요한 사회적이고 집단적인 역학을 더 잘 찾아낼 가능성이 있기 때문일까?

3 자세한 내용은 다음 자료를 참조하라. James Clear, "Threshold Theory: How Smart Do You Have to Be to Succeed?," *Huffington Post*, January 13, 2015, http://www.huffingtonpost.com/james-clear/

threshold-theory-how-smar_b_6147954.html.

4 조녀선 하디스티에 관한 내용은 대부분 그와의 인터뷰 내용에서 가져왔다.

5 하디스티의 오리지널 스레드는 다음 사이트를 참조하라. http://www. conceptart.org/forums/showthread.php/870-Journey-of-an-Absolute-Rookie-Paintings-and-Sketches.

6 K. Anders Ericsson, "Deliberate Practice and the Modifiability of Body and Mind: Toward a Science of the Structure and Acquisition of Expert and Elite Performance," *International Journal of Sport Psychology* 38 (1) (2007), http://drjj5 hc4fteph.cloudfront.net/ Articles/2007%20IJSP%20-% 20 Ericsson %20-% 20Deliberate%20 Practice%20target%20art.pdf.

7 Robyn Dawes, *House of Cards* (New York: Free Press, 1996).

8 James J. Staszewski, *Expertise and Skill Acquisition: The Impact of William G. Chase* (New York: Psychology Press, 2013).

9 Adriaan de Groot, *Thought and Choice in Chess* (New York and Tokyo: Ishi Press, 2016).

10 Ericsson, "Deliberate Practice and the Modifiability of Body and Mind."

11 Mihaly Csikszentmihalyi, *The Systems Model of Creativity: The Collected Works of Mihaly Csikszentmihalyi* (Dordrecht: Springer Netherlands, 2014).

12 Juliette Aristides, *Classical Drawing Atelier* (New York: Watson-Guptill Publications, 2006).

13 에릭슨과 목적이 있는 연습과 관련된 내용의 출처는 다음과 같다. K. Anders Ericsson, Ralf Th. Krampe, and Clemens Tesch-Romer, "The Role of Deliberate Practice In the Acquisition of Expert Performance," *Psychological Review* 100 (3) (July 1993), http://www.nytimes.com/ images/blogs/freako nomics/pdf/DeliberatePractice(PsychologicalR eview)pdf; my interviews with him; Neil Charness, "The Role of Deliberate Practice in Chess Expertise," *Applied Cognitive Psychology* 19 (2) (March 2005); and Ericsson, "Deliberate Practice and the Modifiability of Body and Mind."

14 이 연구 내용의 출처는 다음과 같다. "The Role of Deliberate Practice in the Acquisition of Expert Performance."

15 다음 사이트를 참조하라. http://www.classicalartonline.com/.

16 Eleanor A. Maguire, Katherine Woollett, and Hugo J. Spiers, "London Taxi Drivers and Bus Drivers: A Structural MRI and Neuropsychological Analysis," *Hippocampus* 16 (12) (2006).

17 Aneta Pavlenko, "Bilingual Cognitive Advantage: Where Do We Stand?," *Psychology Today* blog, November 12, 2014, https://www.psychologytoday.com/blog/life-bilingual/201411/bilingual-cognitive-advantage-where-do-we-stand.

18 K. Ball et al., "Effects of Cognitive Training Interventions with Older Adults: A Randomized Controlled Trial," *Journal of the American Medical Association* 288 (18) (November 13, 2002), https://www.ncbi.nlm.nih.gov/pubmed/12425704.

19 Joyce Shaffer, "Neuroplasticity and Clinical Practice: Building Brain Power for Health," *Frontiers in Psychology* 7 (July 26, 2016), https://www.ncbi.nlm.nih.gov/pmc/articles/PMC4960264/.

20 두뇌의 가소성과 관련된 것은 조이스 셰퍼와의 인터뷰 내용에서 가져왔다.

21 Dan Cossins, "Human Adult Neurogenesis Revealed," *The Scientist*, June 7, 2013, http://www.the-scientist.com/?articles.view/articleno/35902/title/human-adult-neurogenesis-revealed/.

1 알프레드 월리스와 찰스 다윈과 관련된 내용의 출처는 다음과 같다. "Charles Darwin," *Encyclopedia Britannica* (2017), https://www.britannica.com/biography/Charles-Darwin; "Alfred Russel Wallace," *Encyclopedia Britannica* (2017), https://www.britannica.com/biography/Alfred-Russel-Wallace; "Charles Darwin," Famous Scientists (2017), https://www.famousscientists.org/charles-darwin/; and "Biography of Wallace," Wallace Fund, 2015, http://wallacefund.info/content/biography-wallace; "He Helped Discover Evolution, and Then Became Extinct," *Morning Edition*, NPR, April 20, 2013, http://www.npr.org/2013/04/30/177781424/he-helped-discover-evolution-and-then-became-extinct.

2 Charles Darwin, *The Voyage of the* Beagle (New York: Penguin, 1989).

3 편지 내용은 다음 사이트를 참조하라. http://www.rpgroup.caltech.edu/courses/PBoC%20GIST/files_2011/articles/Ternate%201858%20Wallace.pdf.

4 월리스는 《아마존의 종려나무와 그 용도 Palm Trees of the Amazon and Their Uses》와 《아마존 기행 Travels on the Amazon》을 출간했다.

5 '멀티플 발견'으로도 알려진 동시적 발명에 관한 내용은 다음 사이트를 참조하라. http://www.huffingtonpost.com/jacqueline-salit/a-multiple-independent-di_b_4904050.html.

6 Lucretius, *Delphi Complete Works of Lucretius* (Delphi Classics, 2015).

7 Charles Darwin, *The Works of Charles Darwin, Volume 16: The Origin of Species, 1876* (New York: New York University Press, 2010).

8 "Darwin's Theory of Evolution—Or Wallace's?" The Bryant Park

Project, NPR, July 1, 2008, http://www.npr.org/templates/story/ story.php?storyId=92059646& from=mobile.

9 Mihaly Csikszentmihalyi, *The Systems Model of Creativity: The Collected Works of Mihaly Csikszentmihalyi* (Dordrecht: Springer Netherlands, 2014).

10 Mihaly Csikszentmihalyi, *Flow: The Psychology of Optimal Experience* (New York: Harper, 2008); and Mihaly Csikszentmihalyi, "Flow, The Secret to Happiness," TED Talk, 2004, https://www.ted.com/talks/ mihaly_csikszentmihalyi_on_flow.

11 칙센트미하이와 그의 작품에 관한 내용은 주로 내가 그를 인터뷰한 내용에서 가져왔다. 다음 자료를 참조하라. Csikszentmihalyi, *The Systems Model of Creativity* and Jacob Warren Getzels and Miháaly Csíikszentmiháalyi, *The Creative Vision: A Longitudinal Study of Problem Finding in Art* (Hoboken, N.J.: Wiley, 1976).

06 크리에이티브 커브

1 "Get Ready for Baby," Social Security Administration (2017), https://www.ssa.gov/cgi-bin/babyname.cgi.

2 Peggy Orenstein, "Where Have All the Lisas Gone?," *New York Times Magazine*, July 6, 2003, http://www.nytimes.com/2003/07/06/ magazine/where-have-all-the-lisas-gone.html.

3 자이언스의 생애와 작품 관련 내용의 출처는 다음과 같다. Margalit Fox, "Robert Zajonc, Who Looked at Mind's Ties to Actions, Is Dead at 85," *New York Times*, December 7, 2008, http://www.nytimes.com/ 2008/12/07/education/07zajonc.html.

4 Robert B. Zajonc, "Attitudinal Effects of Mere Exposure" *Journal of Personality and Social Psychology* 9 (2) (June 1968), http://www.

morilab.net/gakushuin/Zajonc_1968.pdf.

5 레슬리 지브로위츠와 이 장의 작품과 관련된 내용은 닥터 장과의 인터뷰에서 가져왔다.

6 Leslie A. Zebrowitz and Yi Zhang, "Neural Evidence for Reduced Apprehensiveness of Familiarized Stimuli in a Mere Exposure Paradigm" *Social Neuroscience* 7 (4) (July 2012).

7 에드 하디 브랜드의 인기 등락과 관련된 내용의 출처는 다음과 같다. "The 700 Lombard Street Shop Is the Third Incarnation of Tattoo City," Ed Hardy's Tattoo City (2011), http://www.tattoocitysf.com/history. html; and Matthew Schneier, "Christian Audigier, Fashion Designer, Dies at 57," *New York Times*, July 13, 2015, https://www.ny times. com/2015/07/14/business/christian-audigier-57-fashion-designer. html.

8 Jesse Hamlin, "Don Ed Hardy's Tattoos Are High Art and Big Business," *SFGate*, September 30, 2006, http://www.sfgate.com/ entertainment/article/Don-Ed-Hardy-s-tattoos-are-high-art-and-big-2486891.php.

9 Margot Mifflin, "Hate the Brand, Love the Man: Why Ed Hardy Matters," *Los Angeles Review of Books,* August 25, 2013, https:// lareviewofbooks.org/article/hate-the-brand-love-the-man-why-ed-hardy-matters/.

10 Mo Alabi, "Ed Hardy: From Art to Infamy and Back Again," CNN, September 30, 2013, http://www.cnn.com/2013/09/04/living/ fashion-ed-hardy-profile/index.html.

11 R. B. Zajonc et al., "Exposure, Satiation, and Stimulus Discriminability," *Journal of Personality and Social Psychology* 21 (3) (March 1972), https://www.ncbi.nlm.nih.gov/pubmed/5060747.

12 E. Glenn Schellenberg, "Liking for Happy-and Sad-Sounding Music:

Effects of Exposure" (Psychology Press, 2008), https://www.utm.
utoronto.ca/~w3psygs/FILES/SP&V2008.pdf.

13 글렌 쉘렌버그의 작품 관련 내용은 그를 인터뷰한 내용에서 가져왔다.

14 Kristen Fleming, "That Inking Feeling," *New York Post,* June 16, 2013,
https://nypost.com/2013/06/16/that-inking-feeling/.

15 위와 동일.

16 페이스북과 캠퍼스네트워크의 초기 시절과 관련된 내용의 출처는 다음과 같
다. Christopher Beam, "The Other Social Network," *Slate*,
September 29, 2010, http://www.slate.com/articles/technology/
technology/2010/09/the_other_social_network.html; Nicholas
Carlson, "At Last—The Full Story of How Facebook Was Founded,"
Business Insider, March 5, 2010, http://www.businessinsider.com/
how-facebook-was-founded-2010-3?op=1/#ey-made-a-
mistake-haha-they-asked-me-to-make-it-for-them-2; and my
interviews with Wayne Ting.

17 Jeremy Quach, "Throwback Thursday: Thefacebook vs.
CampusNetwork," *Stanford Daily*, May 7, 2015, http://www.
stanforddaily.com/2015/05/07/throwback-thursday-thefacebook-
vs-campusnetwork/.

18 캠퍼스네트워크의 실패와 페이스북의 성공과 관련된 내용은 내가 팅과 데이
비드 커크패트릭을 인터뷰한 내용에서 가져왔다.

19 Rory Cellan-Jones, "Wayne Ting, Nearly a Billionaire. Or How Facebook
Won," *dot.Rory*, blog, BBC News, December 21, 2010, http://www.
bbc.co.uk/blogs/thereporters/rorycellanjones/2010/12/wayne_ting_
nearly_a_billionair.html.

20 David Kirkpatrick, *The Facebook Effect* (New York: Simon & Schuster,
2011).

21 이 강의는 다음 사이트에서 보라. https://www.youtube.com/watch?v=

zCdTP2Hn26A.

22 University College London, "Novelty Aids Learning," *Science Daily*, August 4, 2006, https://www.sciencedaily.com/releases/2006/08/060804084518.htm.

23 Christie L. Nordhielm, "The Influence of Level of Processing on Advertising Repetition Effects," *Journal of Consumer Research* 29 (3) (December 2002).

24 비틀스의 시타 실험과 관련된 내용의 출처는 다음과 같다. *The Beatles Anthology* (New York: Chronicle Books, 2000); and "The Beatles and India," The Beatles Bible (date unlisted), https://www.beatlesbible.com/features/india/.

25 "Ravi Shankar: 'Our Music Is Sacred'—a Classic Interview from the Vaults," *The Guardian*, December 12, 2012, https://www.theguardian.com/music/2012/dec/12/ravi-shankar-classic-interview.

26 Tuomas Eerola, "The Rise and Fall of the Experimental Style of the Beatles," *Soundscapes,* 2000, http://www.icce.rug.nl/~soundscapes/VOLUME03/Rise_and_fall3.shtml.

07 제1 법칙 : 소비

1 테드 사란도스의 초기 삶과 관련된 내용의 출처는 다음과 같다. David Segal, "The Netflix Fix," *New York Times Magazine*, February 8, 2013, http://tmagazine.blogs.nytimes.com/2013/02/08/the-netflix-fix/; Dominique Charriau, "Ted Sarandos," *Vanity Fair* (date unlisted), http://www.vanityfair.com/people/ted-sarandos; and my interviews with him.

2 Alyson Shontell, "German Publishing Powerhouse Axel Springer Buys Business Insider at a Whopping $442 Million Valuation,"

Business Insider, September 30, 2015, http://www.businessinsider.com/axel-springer-acquiresbusiness-insider-for-450-million-2015-9.

3 Jason Del Rey, "Hudson's Bay Confirms $250 Million Acquisition of Gilt Groupe," *Recode,* 2016, https://www.recode.net/2016/1/7/11588582/hudsons-bay-confirms-250-million-acquisition-of-gilt-groupe.

4 Erin Griffith, "Kevin Ryan, the 'Godfather' of NYC Tech, on Serial Entrepreneurship, Gilt's IPO and a Possible Run for Mayor," *Fortune*, June 30, 2014, http://fortune.com/2014/06/30/kevin-ryan-interview-gilt-groupe/.

5 위와 동일.

6 마틴 로스블래트와 관련된 내용의 출처는 다음과 같다. "Profile: Martine Rothblatt," *Forbes* (May 17, 2017), https://www.forbes.com/profile/martine-rothblatt/; and "How a Millionaire Saved Her Daughter's Life—and Tens of Thousands of Others in the Process," *Business Insider,* May 5, 2016, http://www.businessinsider.com/martine-rothblatt-saved-daughters-life-united-therapeutics-2016-5.

7 "Sirius XM Holdings Inc," Google Finance (2017), https://www.google.com/finance?cid=821110323 948726.

8 "United Therapeutics Corporation," Google Finance (2017) https://www.google.com/finance?q =United +Therapeutics.

9 Robert A. Baron, "Opportunity Recognition as Pattern Recognition: How Entrepreneurs 'Connect the Dots' to Identify New Business Opportunities," *Academy of Management Perspectives,* February 2006, http://www.iedmsu.ru/download/fa4_1.pdf.

10 위와 동일.

11 라이언의 인용 부분은 그를 인터뷰한 내용에서 가져왔다.

12 사란도스의 직업생활과 관련된 것은 대부분 내가 그를 인터뷰한 내용에서 가져왔다.

13 프란타와 관련된 내용의 출처는 다음과 같다. Libby Ryan, "Wipe Those Tears and Meet Connor Franta, Minnesota's YouTube Superstar," *Star Tribune*, April 30, 2015, http://www.startribune.com/wipe-those-tears-and-meet-minnesota-s-youtube-superstar/301705331; and my interviews with him.

14 Norman R. F. Maier, "Reasoning in Humans. II. The Solution of a Problem and Its Appearance in Consciousness," University of Michigan (August 1931).

15 Mark Jung-Beeman et al., "Neural Activity When People Solve Verbal Problems with Insight," *PLOS Biology*, April 13, 2004, https://sites.northwestern.edu/markbeemanlab/files/2015/11/Neural-activity-observed-in-people-solving-verbal-problems-with-insight-1cspclw.pdf.

16 Edward M. Bowden and Mark Jung-Beeman, "Aha! Insight Experience Correlates with Solution Activation in the Right Hemisphere," *Psychonomic Bulletin and Review* 10 (3) (September 2003), http://groups.psych.northwestern.edu/mbeeman/pubs/PBR_2003_Aha.pdf.

17 "Shower for the Freshest Thinking," Hansgrohe Group (December 5, 2014), http://www.hansgrohe.com/en/23002.htm.

18 마이크 아인지거와 관련된 것은 주로 그를 인터뷰한 내용에서 가져왔다. Anthony Ha, "With MIXhalo, Incubus Guitarist Mike Einziger Aims to Deliver Studio-Quality Sound at Live Events," *TechCrunch*, 2017, https://techcrunch.com/2017/05/17/with-mixhalo-incubus-guitarist-mike-einziger-aims-to-deliver-studio-quality-sound-at-live-events/; Marshall Perfetti, "Incubus Is Imperfect on First Album

in Six Years," *Cavalier Daily,* April 25, 2017, http://www.cavalierdaily.
com/article/2017/04/incubus-is-imperfect-on-first-album-in-six-
years; and my interviews with him.

19 Carola Salv et al., "Insight Solutions Are Correct More Often Than
Analytic Solutions," *Thinking & Reasoning* 22 (4) (2016), https://
sites.northwestern.edu/markbeemanlab/files/2015/11/Salvi_etal_
Insight-is-right_TR2016-2n3ns9l.pdf.

08 제2 법칙 : 모방

1 비벌리 젠킨스의 작품과 관련된 것은 그녀의 인터뷰 내용에서 가져왔다.

2 로맨스 소설 업계에 관한 통계 내용의 출처는 다음과 같다. "Romance
Statistics," Romance Writers of America (date unlisted), https://
www.rwa.org/page/romance-industry-statistics.

3 매달 실리는 그녀의 칼럼은 다음 사이트에서 확인할 수 있다. http://www.
sarahmaclean.net/reviews/.

4 맥린의 작품과 관련된 이야기는 그녀와의 인터뷰 내용에서 가져왔다.

5 보니것의 생애와 작품과 관련된 내용의 출처는 다음과 같다. "Kurt Vonnegut,"
Encyclopedia Britannica (2017), https://www.britannica.com/
biography/Kurt-Vonnegut.

6 Kurt Vonnegut, *A Man Without a Country* (New York: Seven
Stories Press, 2005).

7 학계의 슈퍼히어로에 관한 그의 팀이 행한 연구는 다음 자료에서 확인하라.
"The Emotional Arcs of Stories Are Dominated by Six Basic Shapes,"
EPJ Data Science, November 4, 2016, https://epjdatascience.
springeropen.com/articles/10.1140/epjds/s13688-016-0093-1.

8 〈블랙키시〉와 배리스의 관계나 배경과 관련된 것은 주로 내가 그를 인터뷰
한 내용에서 가져왔다.

9 도파민과 관련된 것은 내가 번스를 인터뷰한 내용에서 가져왔다.

10 다음 사이트를 참조하라. https://www.youtube.com/watch?v=3wE5 GBdPY30.

11 번스의 연구와 관련된 내용의 출처는 다음과 같다. Gregory S. Berns and Sara E. Moore, "A Neural Predictor of Cultural Popularity," *Journal of Consumer Psychology* 22(1) (January 2012), https://www.cs. colorado.edu/~mozer/Teaching/syllabi/TopicsInCognitive Science Spring2012/Berns_JCP%20-%20Popmusic%20final.pdf; and my interviews with him.

12 Bianca C. Wittmann et al., "Anticipation of Novelty Recruits Reward System and Hippocampus While Promoting Recollection," *Neuroimage* 38 (1) (October 2007), https://www.ncbi.nlm.nih.gov/ pmc/articles/PMC2706325/.

13 알렉시스 오하니언과 그의 창작과 관련된 내용의 출처는 다음과 같다. Michelle Koidin Jaffee, "The Voice of His Generation," *University of Virginia Magazine,* Fall 2014, http://uvamagazine.org/articles/ voice_of_his_generation; and my interviews with him.

14 글쓰기 실력 향상을 위한 프랭클린의 노력과 관련된 내용의 출처는 다음과 같다. Benjamin Franklin, *The Autobiography of Benjamin Franklin* (Project Gutenberg, 2006), http://www.gutenberg.org/files/20203/ 20203-h/20203-h.htm; and George Goodwin, "Ben Franklin Was One-Fifth Revolutionary, Four-Fifths London Intellectual," *Smithsonian,* March 1, 2016, http://www.smithsonianmag.com/ history/ben-franklin-was-one-fifth-revolutionary-four-fifths- london-intellectual-180958256/.

15 다음 블로그를 참조하라. https://www.nytimes.com/by/andrew-ross- sorkin.

16 소킨의 삶과 작품과 관련된 것은 주로 그를 인터뷰한 내용에서 가져왔다.

1 D. K. Simonton, "The Social Context of Career Success and Course for 2,026 Scientists and Inventors," *Personality and Social Psychology Bulletin,* August 1, 1992.

2 Dr. Benjamin Bloom, *Developing alent in Young People* (New York: Ballantine Books, 1985).

3 D. K. Simonton, "Artistic Creativity and Interpersonal Relationships Across and Within Generations," *Journal of Personality and Social Psychology* 46 (6) (June 1984).

4 "Taylor Swift," *Billboard* (date unlisted), http://www.billboard.com/artist/371422/taylor-swift/chart.

5 마틴과 관련된 내용의 주요 출처는 다음과 같다. John Seabrook, "Blank Space: What Kind of Genius Is Max Martin?," *The New Yorker,* September 30, 2015, http://www.newyorker.com/culture/cultural-comment/blank-space-what-kind-of-genius-is-max-martin; and "List of Billboard number-one singles," Wikipedia (date unlisted), https://en.wikipedia.org/wiki/List_of_Billboard_number-one_singles.

6 "The Scandinavian Secret Behind All Your Favorite Songs," WBUR, 2015, http://www.wbur.org/onpoint/2015/10/02/dr-luke-taylor-swift-katy-perry-pop-music.

7 *Billboard* Staff, "Max Martin's Hot 100 No. 1s as a Songwriter—From Justin Timberlake's 'Can't Stop the Feeling!' to Britney Spears's '... Baby One More Time,'" *Billboard,* May 23, 2016, http://www.billboard.com/photos/7378263/max-martin-hot-100-no-1-hits-as-a-songwriter.

8 "Song Summit 2012: In Conversation—Arnthor Birgisson," Song

Summit, YouTube, 2012, https://www.youtube.com/watch?v=i6jkDdc_b8I.

9 맥키와 관련된 내용의 주요 출처는 다음과 같다. John Seabrook, "The Doctor Is In," *The New Yorker,* October 14, 2013, http://www.newyorker.com/magazine/2013/10/14/the-doctor-is-in.

10 Bloom, "Developing Talent in Young People."

11 왈라치의 생애와 작품과 관련된 내용의 출처는 다음과 같다. Zack O'Malley Greenburg, "For 30 Under 30 Alum D. A. Wallach, a Strong Start to the Next 30," *Forbes,* November 24, 2015, https://www.forbes.com/sites/zackomalley greenburg/2015/11/24/for-30-under-30-alum-d-a-wallach-a-strong-start-to-the-next-30/#18b4b49654bb; and my interviews with him.

12 그는 낮 시간 풀 파티에 등장하는 가수 80명 중 하나였다.

13 루빈스타인과 칼라일 그룹 관련 내용의 출처는 다음과 같다. "About David," davidrubenstein.com (date unlisted), http://www.davidrubenstein.com/biography.html; "Profile: David Rubenstein," *Forbes,* October 10, 2017, https://www.forbes.com/profile/david-rubenstein/; and my interviews with him.

14 다음 자료를 참조하라. "MarketBeat Manhattan Q1 2017," Cushman & Wakefield (2017), http://www.cushmanwakefield.com/en/research-and-insight/unitedstates/manhattan-office-snapshot/; "MarketBeat San Francisco Q1 2017," Cushman & Wakefield (2017), http://www.cushmanwakefield.com/en/research-and-insight/unitedstates/san-francisco-office-snapshot/; and "San Francisco," RedFin (2017), https://www.redfin.com/city/17151/CA/San-Francisco.

15 Richard Florida, *The Rise of the Creative Class* (New York: Basic Books, 2014).

16 Brian Knudsen et al., "Urban Density, Creativ-ity, and Innovation," *Creative Class,* May 2007, http://creative class.com/rfcgdb/articles/Urban_Density_Creativity_and_ Innovation.pdf.

17 지식 확산에 관한 자세한 내용은 다음 자료를 참조하라. David B. Audretsch and Maryann P. Feldman, "Knowledge Spill-overs and the Geography of Innovation," *Handbook of Urban and Regional Economics* 4 (May 9, 2003), http://www.econ.brown.edu/Faculty/henderson/Audretsch-Feldman.pdf.

18 채프먼의 생애와 작품 관련 내용의 주요 출처는 다음과 같다. Jim Vorel, "Lincoln Grad Proud of Her 'Brave' Oscar," *Herald & Review,* May 9, 2013, http://herald-review.com/entertainment/local/lincoln-grad-proud-of-her-brave-oscar/article_689eee72-b8e6-11e2-8919-0019bb2963f4.html; Nicole Sperling, "When the Glass Ceiling Crashed on Brenda Chapman," *Los Angeles Times,* May 25, 2011, http://articles.latimes.com/2011/may/25/entertainment/la-et-women-animation-sidebar-20110525; and my interviews with her.

19 파섹과 폴과 관련된 내용의 주요 출처는 다음과 같다. Michael Paulson, "What It's Like to Make It in Showbiz with Your Best Friend," *New York Times,* No vember 10, 2016, http://nytimes.com/2016/11/13/theater/benj-pasek-justin-paul-dear-evan-hansen.html; Alexa Valiente, "'Dear Evan Hansen' Creators Benj Pasek and Justin Paul Say the Musical Almost Had a Different Storyline," ABC News, 2017, http://abcnews.go.com/Entertainment/dear-evan-hansen-creators-benj-pasek-justin-paul/story?id=47864862; Marc Sne-tiker, "First Listen: Dear Evan Hansen Debuts Inspiring Anthem 'You Will Be Found,'" *Entertainment Weekly* (January 30, 2017), http://ew.com/theater/2017/01/30/dear-evan-hansen-you-will-be-found-first-listen; and my interviews with Pasek.

20 이 극장은 워싱턴 D.C.의 아리나스테이지에 있다.

21 Charles Isherwood, "Re-view: In 'Dear Evan Hansen,' a Lonely Teenager, a Viral Lie and a Breakout Star," *New York Times,* December 4, 2016, https://www.nytimes.com/2016/12/04/theater/dear-evan-hansen-review.html.

22 콘다볼루와 관련된 것은 주로 그를 인터뷰한 내용에서 가져왔다.

23 "Comedy Listings for July 29 – Aug. 4," *New York Times,* July 28, 2016, https://www.nytimes.com/2016/07/29/arts/comedy-listings-for-july-29-aug-4.html.

24 Casey Neistat, "iPod's Dirty Se-cret-from 2003," YouTube, 2003, https://www.youtube.com/watch?v=SuTcavAzopg.

25 "The Neistat Brothers," IMDb (date unlisted), http://www.imdb.com/title/tt1666727/.

26 여기서 그를 보라. https://www.you tube.com/user/caseyneistat/videos

27 델러와 관련된 내용의 주요 출처는 다음과 같다. Alastair Sooke, "Jeremy Deller: 'When I Got Close to Warhol,'" BBC, December 2, 2014, http://www.bbc.com/culture/story/20141202-when-i-got-close-to-warhol.

28 Jacob Warren Getzels and Miháaly Csíikszentmiháalyi, *The Creative Vision: A Longitudinal Study of Prob-lem Finding in Art* (Hoboken: Wiley, 1976).

29 "Maria Goeppert Mayer—Biographical," NobelPrize.org (date unlisted), https://www.nobelprize.org/nobel_prizes/physics/laureates/1963/mayer-bio.html; and "Maria Goeppert-Mayer," Atomic Heritage Foun-dation (date unlisted), http://www.atomicheritage.org/profile/maria-goeppert-mayer.

30 Harriet Zuckerman, *Scientific Elite: Nobel Laureates in the United States* (New Brunswick: Transaction Pub-lishers, 1977).

31 CMT Staff, "Taylor Swift Joins Rascal Flatts Tour," CMT News, 2006, http://www.cmt.com/news/1543489/taylor-swift-joins-rascal-flatts-tour/.

32 Christina Garibaldi, "Taylor Swift Is Making Shawn Mendes' Dreams Come True," MTV News, 2014, http://www.mtv.com/news/1997360/taylor-swift-shawn-mendes-1989-world-tour/.

33 Andrea Gaggioli et al., *Networked Flow: Towards an Understanding of Creative Networks* (New York: Springer, 2013), http://www.springer.com/gp/book/9789400755512.

34 Stacy L. Smith et al., "Inclu-sion or Invisibility?," Annenberg School for Communication and Journalism, February 22, 2016, http://annenberg.usc.edu/pages/~/media/MDSCI/CARDReport%20FINAL%2022216.ashx.

10 제4 법칙 : 반복

1 벤앤제리스와 관련된 내용은 내가 이 회사 본사를 방문하여 제리 그린필드와 직원들과 직접 인터뷰한 내용과 아울러 내가 직접 제품을 맛보고 쓴 자료를 토대로 한 것이다. 그 밖에 다음 자료도 참조했다. "Our History," Ben & Jerry's (date unlisted), http://www.ben-jerry.com/about-us#1timeline.

2 니나 제이컵슨의 생애와 작품과 관련된 것은 주로 내가 그를 인터뷰한 내용에서 가져왔다.

3 Mike Fleming Jr., "'Hunger Games' Producer Nina Jacobson Acquires Kevin Kwan's 'Crazy Rich Asians,'" *Deadline*, August 6, 2013, http://deadline.com/2013/08/hunger-games-producer-nina-jacobson-acquires-kevin-kwans-crazy-rich-asians-557932/.

4 다음 자료를 참조하라. Edward Jay Epstein, "Hidden Persuaders,"

Slate, July 18, 2005, http://www.slate.com/articles/arts/the_hollywood_economist/2005/07/hidden_persuaders.html.

5 존 펜의 생애와 작품 관련 사항은 그를 인터뷰한 내용에서 가져왔다.

6 *"Fatal Attraction,"* IMDb (date un-listed), http://www.imdb.com/title/tt0093010/.

7 케빈 괴츠와 관련된 것은 주로 그를 인터뷰한 내용에서 가져왔으며, 다음 자료도 참조했다. my interviews with him and from "Who We Are," Screen Engine (date unlisted), http://www.screenenginellc.com/who.html.

8 Bill Clinton, "Clinton's Speech Accepting the Democratic Nomination for President," *New York Times,* August, 30, 1996, http://www.nytimes.com/1996/08/30/us/clinton-s-speech-accepting-the-democratic-nomination-for-president.html.

9 트레드웨이와 관련된 것은 주로 내가 그를 인터뷰한 내용에서 가져왔다.

에필로그

1 롤링의 《해리 포터》의 탄생 스토리와 관련된 내용의 주요 출처는 다음과 같다. "Harry Potter and Me," BBC, 2001, https://youtu.be/SrJiAG8GmnQ; Lindsay Fra-ser, "Harry and Me," *The Scotsman,* November 9, 2002, http://www.scotsman.com/lifestyle/culture/books/harry-and-me-1-628320; and "JK Rowling," Jkrowling.com (date unlisted), https://www.jkrowling.com/about/.

2 Doreen Carvajal, "Chil-dren's Book Casts a Spell Over Adults; Young Wizard Is Best Seller and a Copyright Challenge," *New York Times,* April 1, 1999, http://www.nytimes.com/1999/04/01/books/children-s-book-casts-spell-over-adults-young-wizard-best-seller-copyright.html.

3 James B. Stewart, "In the Chamber of Secrets: J. K. Rowling's Net Worth," *New York Times,* November 24, 2016, https://www.nytimes.com/2016/11/24/business/in-the-chamber-of-secrets-jk-rowlings-net-worth.html.

4 "Magic, Mystery, and Mayhem," Amazon.co.uk.

5 "Magic, Mystery, and Mayhem: An Inter-view with J. K. Rowling," Amazon.co.uk (date unlisted), https://www.amazon.com/gp/feature.html?docId=6230.

6 Hayley Dixon, "JK Rowl-ing Tells of Her Mother's Battle with Multiple Sclerosis," *The Telegraph,* April 28, 2014, http://www.telegraph.co.uk/news/celebritynews/10791375/JK-Rowling-tells-of-her-mothers-battle-with-multiple-sclerosis.html.

7 롤링의 사전 자료와 관련된 내용은 다음 작품이 출처다. Rowling, "Harry Potter and Me."

8 롤링이 자필로 쓴 줄거리 구성 자료는 다음 자료를 참조하라. Colin Marshall, "How J. K. Rowling Plotted Harry Potter with a Hand-Drawn Spreadsheet," *Open Cul-ture* (2015), http://www.openculture.com/2014/07/j-k-rowling-plotted-harry-potter-with-a-hand-drawn-spreadsheet.html.

9 Rachel Gillett, "From Welfare to One of the World's Wealthiest Women—The Incredible Rags-to-Riches Story of J. K. Rowling," *Business In-sider,* May 18, 2015, http://www.businessinsider.com/the-rags-to-riches-story-of-jk-rowling-2015-5.

10 Geordie Greig, "'I Was As Poor As It's Pos-sible to Be... Now I Am Able to Give': In This Rare and Inti-mate Interview, JK Rowling Reveals Her Most Ambitious Plot Yet," *Daily Mail,* October 26, 2013, http://www.dailymail.co.uk/home/event/article-2474863/JK-Rowling-I-poor-possible-be.html.

11 J. K. Rowling and Margaret Lenker, "5 Times J.K. Rowling Got Real About Depression," *The Mighty,* August 1, 2015, https://themighty. com/2015/08/5-times-j-k-rowling-got-real-about-depression/.

12 롤링의 초기 작품과 리틀과의 관계에 관한 내용의 출처는 다음과 같다. Chris Hastings and Susan Bisset, "Literary Agent Made £15m Because JK Rowling Liked His Name," *The Telegraph,* June 15, 2003, http://www.telegraph.co.uk/news/uknews/1433045/Literary-agent-made-15m-because-JK-Rowling-liked-his-name.html; Fraser, "Harry and Me" J. K. Rowling, "Harry Potter and Me," BBC, 2001, https://youtu.be/SrJiAG8GmnQ; and David Smith, "Harry Potter and the Man Who Conjured Up Rowling's Millions," *The Guardian,* July 15, 2007, https://www.theguardian.com/business/ 2007/jul/15/harrypotter.books.

13 Alison Flood, "JK Rowling Says She Received 'Loads' of Rejections Before Harry Potter Success," *The Guardian,* March 24, 2015, http://www.foxnews.com/story/2008/03/23/jk-rowling-considered -suicide-while-suffering-from-depression-before-writing.html.

14 배리 커닝엄의 연루와 관련된 내용 대부분은 내가 직접 그와 인터뷰한 내용 에서 가져왔다.

15 Lisa DiCarlo, "Harry Potter and the Triumph of Scholastic," *Forbes,* May 9, 2002, https://www.forbes.com/2002/05/09/0509harrypotter. html.

16 "New Cafe at Building Where JK Rowling Penned Harry Potter Book," *The Scotsman,* October 31, 2009, http://www.scotsman.com/news/ new-cafe-at-building-where-jk-rowling-penned-harry-potter-book-1-1222584 and "Book Written in Edinburgh Cafe Sells For $100,000," *The Herald* (1997).

생각이 돈이 되는 순간

1판   1쇄 발행 2018년 12월 20일
1판 11쇄 발행 2024년 1월 22일

지은이 앨런 가넷
옮긴이 이경남

발행인 양원석
편집장 박나미
영업마케팅 조아라, 이지원, 한혜원
펴낸 곳 ㈜알에이치코리아
주소 서울시 금천구 가산디지털2로 53, 20층 (가산동, 한라시그마밸리)
편집문의 02-6443-8865   **도서문의** 02-6443-8800
홈페이지 http://rhk.co.kr
등록 2004년 1월 15일 제2-3726호

ISBN 978-89-255-6516-3 (03320)